普通话水平测试员实用手册

（增订本）

宋欣桥 编

商务印书馆
2016年·北京

图书在版编目(CIP)数据

普通话水平测试员实用手册/宋欣桥编.—增订本.
北京:商务印书馆,2004(2016.11 重印)
ISBN 978 - 7 - 100 - 04150 - 8

Ⅰ.普… Ⅱ.宋… Ⅲ.普通话 - 水平考试 - 手册
Ⅳ. H102 - 62

中国版本图书馆 CIP 数据核字(2004)第 038560 号

所有权利保留。
未经许可,不得以任何方式使用。

PǓTŌNGHUÀ SHUǏPÍNG CÈSHÌYUÁN SHÍYÒNG SHǑUCÈ
普通话水平测试员实用手册
(增订本)
宋欣桥 编

商务印书馆出版
(北京王府井大街36号 邮政编码 100710)
商务印书馆发行
北京冠中印刷厂印刷
ISBN 978 - 7 - 100 - 04150 - 8

| 2004 年 10 月第 1 版 | 开本 850×1168 1/32 |
| 2016 年 11 月北京第 5 次印刷 | 印张 14⅞ |

定价:33.00 元

目 录

一、普通话水平测试文件 ………………………………… 1
 中华人民共和国国家通用语言文字法 ……………… 1
 国务院关于推广普通话的指示 ………………………… 6
 有关推广普通话的法律条文 …………………………… 10
 国家语言文字工作委员会、国家教育委员会、
  广播电影电视部关于开展普通话水平测试
  工作的决定 ……………………………………………… 12
  附：普通话水平测试实施办法(试行) ……………… 15
 国家语言文字工作委员会关于普通话水平
  测试管理工作的若干规定(试行) …………………… 19
 国家语言文字工作委员会关于颁布《普通话
  水平测试等级标准(试行)》的通知 ………………… 27
 普通话水平测试管理规定 ……………………………… 29
 普通话水平测试大纲(2003年) ……………………… 33
 关于印发《普通话水平测试工作评估指导
  标准》的通知 …………………………………………… 40
  附：普通话水平测试工作评估指导标准 …………… 41
 关于印发《普通话水平测试规程》的通知 …………… 43
  附：普通话水平测试规程 ……………………………… 44
 《教师资格条例》实施办法 ……………………………… 47

人事部、教育部、国家语言文字工作委员会关于
开展国家公务员普通话培训的通知 …………… 53
播音员主持人上岗暂行规定 …………………… 55

二、普通话水平测试概论 …………………………………… 60
论普通话的确立和推广 ………………… 刘照雄 60
推广普通话的重要举措
——普通话水平测试简论 ……………… 刘照雄 78
试论普通话水平测试(PSC) …………… 宋欣桥 91
普通话水平测试的性质 ………………… 仲哲明 111
普通话水平测试的构想与实施 ………… 刘照雄 113
对普通话水平测试走向科学的思考 …… 宋欣桥 118
略论普通话水平测试员信度 …………… 宋欣桥 123

三、普通话水平测试等级标准(试行) ……………………… 132
附:研制普通话水平测试标准的基本思路 …… 孙修章 134

四、普通话水平测试的内容、范围 ………………………… 139
《普通话水平测试实施纲要》(2004年版)总论
………………………………………… 刘照雄执笔 139
简述2003年版(PSC)测试大纲在测试内容、
范围和评分上的调整 ………………… 宋欣桥 152
附1:《普通话水平测试大纲》(1994年版)总论
………………………………………… 刘照雄执笔 162
附2:普通话水平测试的范围、要求和评分办法
………………………………………………… 宋欣桥 175

五、普通话水平测试试卷 …………………………………… 183
普通话水平测试试卷的编制 …………… 宋欣桥 183

附：关于普通话水平测试计算机制卷系统的
　　研究报告 ……………………… 赵伟国　乔丽华 197
六、普通话水平测试评分 ………………………………… 206
　普通话水平测试评分中的几个问题 ………… 宋欣桥 206
　普通话水平测试中的评分差异 ……………… 宋欣桥 222
　"方音成分"不等于"语音错误" …………… 宋欣桥 228
　普通话水平的语言表征与相应的测试等级 …… 宋欣桥 231
　试论普通话水平"一级甲等"的等级表征
　　……………………………………… 宋欣桥　齐　影 241
七、语音评定 ……………………………………………… 250
　语音评定参照细则框架 ……………………… 宋欣桥 250
　附：《普通话水平测试实施纲要》(2004年版)
　　第一部分　普通话语音分析 ………… 宋欣桥执笔 263
八、汉字字音训练 ………………………………………… 310
　普通话异读词的审音问题 …………………… 宋欣桥 310
　《现代汉语词典》修订中的语音规范 ………… 晁继周 315
　广播电视播音中容易误读的词语 ………… 宋欣桥整理 324
　《普通话水平测试实施纲要》(2004年版)
　普通话水平测试用普通话词语表[表二]
　　中的单音节词 ………… 肖　航　计算机程序处理 331
九、双音节词语读音训练 ………………………………… 348
　双音节轻声词表 ………………… 刘新珍　宋欣桥整理 349
　附：普通话轻声词规范的语音依据 …………… 宋欣桥 354
　双音节儿化词表 ………………… 宋欣桥　刘新珍整理 362
　附：说儿化 …………………………………… 刘照雄 365

含"一""不"变调的双音节词语 …………… 刘新珍整理 379
　　上声和上声相连的双音节词语 …………… 刘新珍整理 381
　　普通话"重·次轻"格式的词语 ………………… 宋欣桥 389
十、朗读的基本要求 …………………………………………… 402
　　朗读在语文教学中的作用 ………………………… 徐世荣 402
　　朗读状态 …………………………………………… 张　颂 407
　　附:《普通话水平测试实施纲要》(2004 年版)
　　　　朗读作品 60 篇目录 ………………………………… 421
　　附:《普通话水平测试大纲》(1994 年版)
　　　　朗读作品 50 篇目录 ………………………………… 424
十一、说话的基本要求 ………………………………………… 428
　　说话的要领 ……………………………………… 朱　川执笔 428
　　附:《普通话水平测试实施纲要》(2004 年版)
　　　　普通话水平测试用话题 30 则 …………………… 439
　　附:《普通话水平测试大纲》(1994 年版)
　　　　谈话题目 50 则 …………………………………… 441
十二、普通话水平测试论文篇目索引
　　(1982 年—2001 年) ………………………… 王　晖整理 444
　　附:1994 年以来普通话水平测试研究概述 ………… 王　晖 453
编后话 ……………………………………………………………… 465

一、普通话水平测试文件

中华人民共和国国家通用语言文字法

(2000年10月31日第九届全国人民代表大会
常务委员会第十八次会议通过)

第一章 总则

第一条 为推动国家通用语言文字的规范化、标准化及其健康发展,使国家通用语言文字在社会生活中更好地发挥作用,促进各民族、各地区经济文化交流,根据宪法,制定本法。

第二条 本法所称的国家通用语言文字是普通话和规范汉字。

第三条 国家推广普通话,推行规范汉字。

第四条 公民有学习和使用国家通用语言文字的权利。

国家为公民学习和使用国家通用语言文字提供条件。

地方各级人民政府及其有关部门应当采取措施,推广普通话和推行规范汉字。

第五条 国家通用语言文字的使用应当有利于维护国家主权和民族尊严,有利于国家统一和民族团结,有利于社会主义物质文明建设和精神文明建设。

第六条 国家颁布国家通用语言文字的规范和标准,管理国家通用语言文字的社会应用,支持国家通用语言文字的教学和科学研究,促进国家通用语言文字的规范、丰富和发展。

第七条 国家奖励为国家通用语言文字事业作出突出贡献的组织和个人。

第八条 各民族都有使用和发展自己的语言文字的自由。

少数民族语言文字的使用依据宪法、民族区域自治法及其他法律的有关规定。

第二章 国家通用语言文字的使用

第九条 国家机关以普通话和规范汉字为公务用语用字。法律另有规定的除外。

第十条 学校及其他教育机构以普通话和规范汉字为基本的教育教学用语用字。法律另有规定的除外。

学校及其他教育机构通过汉语文课程教授普通话和规范汉字。使用的汉语文教材,应当符合国家通用语言文字的规范和标准。

第十一条 汉语文出版物应当符合国家通用语言文字的规范和标准。

汉语文出版物中需要使用外国语言文字的,应当用国家通用语言文字作必要的注释。

第十二条 广播电台、电视台以普通话为基本的播音用语。

需要使用外国语言为播音用语的,须经国务院广播电视部门批准。

第十三条 公共服务行业以规范汉字为基本的服务用字。因公共服务需要,招牌、广告、告示、标志牌等使用外国文字并同时使用中文的,应当使用规范汉字。

提倡公共服务行业以普通话为服务用语。

第十四条 下列情形,应当以国家通用语言文字为基本的用语用字:

(一)广播、电影、电视用语用字;

(二)公共场所的设施用字;

(三)招牌、广告用字;

(四)企业事业组织名称;

(五)在境内销售的商品的包装、说明。

第十五条 信息处理和信息技术产品中使用的国家通用语言文字应当符合国家的规范和标准。

第十六条 本章有关规定中,有下列情形的,可以使用方言:

(一)国家机关的工作人员执行公务时确需使用的;

(二)经国务院广播电视部门或省级广播电视部门批准的播音用语;

(三)戏曲、影视等艺术形式中需要使用的;

(四)出版、教学、研究中确需使用的。

第十七条 本章 有关规定中,有下列情形的,可以保留或使用繁体字、异体字:

(一)文物古迹;

(二)姓氏中的异体字;

(三)书法、篆刻等艺术作品;

(四)题词和招牌的手书字;

(五)出版、教学、研究中需要使用的;

(六)经国务院有关部门批准的特殊情况。

第十八条 国家通用语言文字以《汉语拼音方案》作为拼写和注音工具。

《汉语拼音方案》是中国人名、地名和中文文献罗马字母拼写法的统一规范，并用于汉字不便或不能使用的领域。

初等教育应当进行汉语拼音教学。

第十九条 凡以普通话作为工作语言的岗位，其工作人员应当具备说普通话的能力。

以普通话作为工作语言的播音员、节目主持人和影视话剧演员、教师、国家机关工作人员的普通话水平，应当分别达到国家规定的等级标准；对尚未达到国家规定的普通话等级标准的，分别情况进行培训。

第二十条 对外汉语教学应当教授普通话和规范汉字。

第三章 管理和监督

第二十一条 国家通用语言文字工作由国务院语言文字工作部门负责规划指导、管理监督。

国务院有关部门管理本系统的国家通用语言文字的使用。

第二十二条 地方语言文字工作部门和其他有关部门，管理和监督本行政区域内的国家通用语言文字的使用。

第二十三条 县级以上各级人民政府工商行政管理部门依法对企业名称、商品名称以及广告的用语用字进行管理和监督。

第二十四条 国务院语言文字工作部门颁布普通话水平测试等级标准。

第二十五条 外国人名、地名等专有名词和科学技术术语译成国家通用语言文字，由国务院语言文字工作部门或者其他有关部门组织审定。

第二十六条 违反本法第二章有关规定,不按照国家通用语言文字的规范和标准使用语言文字的,公民可以提出批评和建议。

本法第十九条第二款规定的人员用语违反本法第二章有关规定的,有关单位应当对直接责任人员进行批评教育;拒不改正的,由有关单位做出处理。

城市公共场所的设施和招牌、广告用字违反本法第二章有关规定的,由有关行政管理部门责令改正;拒不改正的,予以警告,并督促其限期改正。

第二十七条 违反本法规定,干涉他人学习和使用国家通用语言文字的,由有关行政管理部门责令限期改正,并予以警告。

第四章 附则

第二十八条 本法自2001年1月1日起施行。

国务院关于推广普通话的指示

(1956年2月6日)

汉语是我国的主要语言,也是世界上使用人数最多的语言,并且是世界上最发展的语言之一。语言是交际的工具,也是社会斗争和发展的工具。目前,汉语正在为我国人民所进行的伟大的社会主义建设事业服务。学好汉语,对于我国的社会主义事业的发展具有重大的意义。

由于历史的原因,汉语的发展现在还没有达到完全统一的地步。许多严重分歧的方言妨碍了不同地区的人们的交谈,造成社会主义建设事业中的许多不便。语言中的某些不统一和不合乎语法的现象不但存在在口头上,也存在在书面上。在书面语言中,甚至在出版物中,词汇上和语法上的混乱还相当严重。为了我国政治、经济、文化和国防的进一步发展的利益,必须有效地消除这些现象。

汉语统一的基础已经存在了,这就是以北京语音为标准音、以北方话为基础方言、以典范的现代白话文著作为语法规范的普通话。在文化教育系统中和人民生活各方面推广这种普通话,是促进汉语达到完全统一的主要方法。为此,国务院指示如下:

一、从1956年秋季起,除少数民族地区外,在全国小学和中等学校的语文课内一律开始教学普通话。到1960年,小学三年级以上的学生、中学和师范学校的学生都应该基本上会说普通话,小学和师范学校的各科教师都应该用普通话教学,中学和中等专业学校的教师也都应该基本上用普通话教学。各高等学校的语文教学中也应该增加普通话的内容。中等学校、高等学校的就要毕业的学生和高等学校的青年教师、助教,如果还不会说普通话,应该进行短期的补习,以便于工作。教育部和高等教育部应该分别定出大力加强各级学校汉语教学、促进汉语规范化的专门计划,报国务院批准施行。

二、中国人民解放军部队文化教育中的语文课和中国人民解放军所属各级学校的语文课,都应该用普通话教学。战士入伍一年之内,各级军事学校学员入学一年之内,都应该学会使用普通话。各机关业余学校中的语文教学,也都应该以普通话为标准。

三、青年团的各地支部和工会的各地组织,都应该采用适当的和有效的方式,在青年中和工人中大力推广普通话。青年团员在学习和推广普通话方面应该起带头作用。工厂(首先是大工厂)中的文化补习学校、文化补习班和农村中的常年民校的高级班,都应该尽可能地、逐步地推广普通话的教学。

四、全国各地广播电台应该同各地的推广普通话工作委员会合作,举办普通话讲座。各个方言区域的广播站,在它们的日常播音节目中,必须适当地包括用普通话播音的节目,以便帮助当地的听众逐步地听懂普通话和学习说普通话。全国播音人员、全国电影演员、职业性的话剧演员和声乐(歌唱)演员,都必须接受普通话的训练。在京戏和其他戏曲演员中,也应该逐步地推广普通话。

五、全国各报社、通讯社、杂志社和出版社的编辑人员,应该学习普通话和语法修辞常识,加强对稿件的文字编辑工作。文化部应该监督中央一级的和地方各级的出版机关指定专人负责,建立制度,训练干部,定出计划,分别在二年到五年内基本上消灭出版物上用词和造句方面的不应有的混乱现象。

六、全国铁路、交通、邮电事业中的服务人员,大城市和工矿区的商业企业中的服务人员,大城市和工矿区的卫生事业中的工作人员,大城市和工矿区的警察,司法机关中的工作人员,报社和通讯社的记者,文化馆站的工作人员,县级以上的机关、团体的工作人员,都应该学习普通话。上述各有关机关应该分别情况,定出关于所属工作人员学习普通话的具体计划,并负责加以执行,使它们所属的一切经常接近各方面群众的工作人员在一定时期内都学会普通话。

七、一切对外交际的翻译人员,除了特殊的需要以外,应该一律用普通话进行翻译。

八、中国文字改革委员会应该在1956年上半年完成汉语拼音方案,以便于普通话的教学和汉字的注音。

九、为了帮助普通话的教学,中国科学院语言研究所应该在1956年编好以确定语音规范为目的的普通话正音词典,在1958年编好以确定词汇规范为目的的中型的现代汉语词典,并且会同教育部和高等教育部,组织各地师范学院和大学语文系的力量,在1956年和1957年完成全国每一个县的方言的初步调查工作。各省教育厅应该在1956年年内,根据各省方言的特点,编出指导本省人学习普通话的小册子。教育部和广播事业局应该大量灌制教学普通话的留音片。文化部应该在1956年年内摄制宣传普通话和教学普通话的电影片。

十、为了培养推广普通话工作的干部,教育部应该经常举办普通话语音研究班,训练各地中学和师范学校的语文教师和教育行政干部,各机关、团体、部队也应该派适当的干部参加受训。同样,各省、市和县的教育行政机关也应该普遍地举办普通话语音短期训练班,训练各地中、小学和师范学校的语文教师,当地机关、团体、部队也应该派适当的干部参加学习。

十一、国务院设推广普通话工作委员会,统一领导全国的推广普通话工作。它的日常工作,由中国文字改革委员会、教育部、高等教育部、文化部、中国科学院语言研究所分工进行:中国文字改革委员会负责整个工作的计划、指导和检查;教育部和高等教育部负责全国各级学校和业余学校的普通话教学的领导,普通话师资的训练和普通话教材的供应;文化部负责出版物上的语言规范化工作,有关普通话书刊的出版和留音片、电影片的生产;语言研究所负责普通话语音、词汇、语法的规范的研究和宣传。各省、市人民委员会都应该设立同样的委员会,并以各省、市的教育厅、局为日常工作机关。

十二、各少数民族地区,应该在各地区的汉族人民中大力推广普通话。各少数民族学校中的汉语教学,应该以汉语普通话为标准。少数民族地区广播电台的汉语广播应该尽量使用普通话。各自治区人民委员会可以根据需要设立推广普通话工作委员会,以便统一领导在各自治区的说汉语的人民中推广普通话的工作。

有关推广普通话的法律条文

《中华人民共和国宪法》第 19 条规定:"国家推广全国通用的普通话。"

《中华人民共和国民族区域自治法》第 37 条规定:"招收少数民族学生为主的学校班级和其他教育机构,有条件的应当采用少数民族文字的课本,并用少数民族语言讲课;小学低年级或者高年级开设汉语课程,推广全国通用的普通话和规范汉字。"第 49 条规定:"民族自治地方的自治机关教育和鼓励各民族的干部互相学习语言文字。汉族干部要学习当地少数民族的语言文字,少数民族干部在学习、使用本民族语言文字的同时,也要学习全国通用的普通话和规范汉字。"

《中华人民共和国教育法》第 12 条规定:"学校及其他教育机构进行教学,应当推广使用全国通用的普通话和规范字。"

《中华人民共和国义务教育法》第 6 条规定:"学校应当推广使用全国通用的普通话。招收少数民族学生为主的学校,可以用少数民族通用的语言文字教学。"

《中华人民共和国义务教育法实施细则》第 24 条规定:"实施义务教育的学校在教育教学和各种活动中,应当推广使用全国通用的普通话。师范院校的教育教学和各种活动应当使用普通话。"

《扫除文盲工作条例》第 6 条规定:"扫除文盲教学应当使用全国通用的普通话。"

《幼儿园管理条例》第 15 条规定:"幼儿园应当使用全国通用的普通话。"

《民族乡行政工作条例》第 14 条规定:"民族乡的中小学可以使用当地少数民族通用的语言文字教学,同时推广全国通用的普通话。"

《中华人民共和国广播电视管理条例》第 36 条规定:"广播电台、电视台应当使用规范的语言文字。广播电台、电视台应当推广全国通用的普通话。"

《爱国主义教育实施纲要》列入:"正确使用祖国的语言文字,大力推广普通话。"

国家语言文字工作委员会
国家教育委员会
广播电影电视部
(国语[1994]43号)

关于开展普通话水平测试工作的决定

各省、自治区、直辖市语委、教委、高教、教育厅(局)、广播电视厅(局):

《中华人民共和国宪法》规定:"国家推广全国通用的普通话。"推广普通话是社会主义精神文明建设的重要内容;社会主义市场经济的迅速发展和语言文字信息处理技术的不断革新,使推广普通话的紧迫性日益突出。国务院在批转国家语委关于当前语言文字工作请示的通知(国发[1992]63号文件)中强调指出,推广普通话对于改革开放和社会主义现代化建设具有重要意义,必须给予高度重视。为加快普及进程,不断提高全社会普通话水平,国家语言文字工作委员会、国家教育委员会和广播电影电视部决定:

一、普通话是以汉语文授课的各级各类学校的教学语言;是以汉语传送的各级广播电台、电视台的规范语言,是汉语电影、电视剧、话剧必须使用的规范语言;是全国党政机关、团体、企事业单位干部在公务活动中必须使用的工作语言;是不同方言区及国内不同民族之间的通用语言。掌握并使用一定水平的普通话是社会各行各业人员,特别是教师、播音员、节目主持人、演员等专业人员必备的职业素质。因此,有必要在一定范围内对某些岗位的人员进行普通话水平测试,并逐步实行普通话等级证书制度。

二、现阶段的主要测试对象和他们应达到的普通话等级要求是:

中小学教师、师范院校的教师和毕业生应达到一级或二级水平,专门教授普通话语音的教师应达到一级水平;

县级以上(含县级)广播电台和电视台的播音员、节目主持人应达到一级水平(此要求列入广播电影电视部部颁岗位规范,逐步实行持普通话等级合格证书上岗);

电影、电视剧演员和配音演员,以及相关专业的院校毕业生应达到一级水平。

三、测试对象经测试达到规定的等级要求时,颁发普通话等级证书。对播音员、节目主持人、教师等岗位人员,从1995年起逐步实行持普通话等级证书上岗制度。

四、成立国家普通话水平测试委员会,负责领导全国普通话水平测试工作。委员会由国家语言文字工作委员会、国家教育委员会、广播电影电视部有关负责同志和专家学者若干人组成。委员会下设秘书长一人,副秘书长若干人处理日常工作,办公室设在国家语委普通话培训测试中心。各省、自治区、直辖市也应相应地成立测试委员会和培训测试中心,负责本地区的普通话培训测试工作。

普通话培训测试中心为事业单位,测试工作要合理收费,开展工作初期,应有一定的启动经费,培训和测试工作要逐步做到自收自支。

五、普通话水平测试工作按照《普通话水平测试实施办法(试

行)》和《普通话水平测试等级标准(试行)》的规定进行。(详见附件一、二)

六、普通话水平测试是推广普通话工作的重要组成部分,是使推广普通话工作逐步走向科学化、规范化、制度化的重要举措。各省、自治区、直辖市语委、教委、高教、教育厅(局)、广播电视厅(局)要密切配合、互相协作,加强宣传,不断总结经验,切实把这项工作做好。

附件一:《普通话水平测试实施办法(试行)》
附件二:《普通话水平测试等级标准(试行)》
附件三:《普通话等级证书》(样本)(本书编印时,从略。)

国家语言文字工作委员会　国家教育委员会　广播电影电视部
1994年10月30日

附：

普通话水平测试实施办法(试行)

根据国家语言文字工作委员会、国家教育委员会、广播电影电视部《关于开展普通话水平测试工作的决定》,制定本办法。

一、普通话水平测试委员会

第一条　普通话水平测试工作在国家普通话水平测试委员会的领导下,根据统一的标准和要求,在规定的范围内逐步开展。

第二条　各省(自治区、直辖市)应组建省级普通话水平测试委员会和普通话培训测试中心。中央人民广播电台、中央电视台以及具备条件的国家部委直属师范、广播、电影、戏剧等高等院校,经国家普通话水平测试委员会批准,可以成立本单位的普通话水平测试委员会,负责本单位的普通话水平测试工作。省级和部委直属单位的测试委员会接受国家普通话水平测试委员会的领导。

第三条　在普通话水平测试委员会和培训测试中心成立前,省(自治区、直辖市)内的测试工作在省(自治区、直辖市)语委、教委和广播电视厅的统一领导下进行。

二、普通话水平等级标准和《测试大纲》

第四条　普通话水平划分为三级六等(详见《普通话水平测试等级标准(试行)》),级和等实行量化评分。

第五条　普通话水平测试工作按照国家语委组织审定的《普通话水平测试大纲》统一测试内容和要求。

三、测试员

第六条 普通话水平测试员分国家级和省(自治区、直辖市)级两类。国家级测试员需经国家语委普通话培训测试中心培训、考核并取得测试员证书;省级测试员需经省普通话培训测试中心培训、考核,并经国家语委普通话培训测试中心复审、备案后,由省(自治区、直辖市)普通话培训测试中心颁发省级测试员证书。

评定普通话一级(甲、乙等)水平,必须由国家级测试员主持或复核方为有效。

第七条 测试员应熟悉和拥护国家语言文字工作方针、政策,热心语言文字工作,熟练掌握汉语拼音,普通话水平达到一级乙等以上(省级测试员少部分1946年以前出生的可放宽到二级甲等),具有大专毕业文化程度和三年以上工作实践,并有较高的语音分辨能力,作风正派。

国家级测试员最低上岗年龄为25岁,省级测试员最低上岗年龄为24岁。

第八条 测试员在省(自治区、直辖市)培训测试中心(或部委直属单位的普通话水平测试委员会)的组织领导下承担测试任务。测试工作必须严格按统一的测试标准和要求独立进行。

第九条 等级测试须有三名测试员协同工作(分别测试,综合评议)方为有效。评定意见不一致时,以多数人的意见为准。人员不足时,可用加强上级复审的办法过渡。

第十条 测试员不能正确掌握测试标准或在工作中有徇私舞弊行为时,省(自治区、直辖市)或部委直属单位的普通话水平测试委员会应在一定期间内(半年至一年)停止其测试工作,错误性质严重的应撤销其测试员资格。对国家级测试员的处分和撤销处分的决定应通知国家语委普通话培训测试中心。

四、应试人员

第十一条 1946年1月1日以后出生至现年满18岁(个别可放宽到16岁)之间的下列人员应接受普通话水平测试:

1. 中小学教师;
2. 中等师范学校教师和高等院校文科教师;
3. 师范院校毕业生(高等师范院校里,首先是文科类毕业生);
4. 广播、电视、电影、戏剧,以及外语、旅游等高等院校和中等职业学校相关专业的教师和毕业生;
5. 各级广播电台、电视台的播音员、节目主持人;
6. 从事电影、电视剧、话剧表演和影视配音的专业人员;
7. 其他应当接受普通话水平测试的人员和自愿申请接受普通话水平测试的人员。

第十二条 现阶段对一些岗位和专业人员的普通话等级要求:

1. 教师和师范院校毕业生应达到二级或一级水平,语文科教师应略高于其他学科教师的水平。
2. 专门从事普通话语音教学的教师和从事播音、电影、电视剧、话剧表演、配音的专业人员,以及与此相关专业的毕业生应达到一级甲等或一级乙等水平。

五、普通话等级证书

第十三条 普通话等级证书由省(自治区、直辖市)培训测试中心或部委直属单位普通话水平测试委员会颁发。

第十四条 普通话等级证书全国统一格式(见附件三),由各省(自治区、直辖市)分别编号。

第十五条 测试评定的普通话一级甲等,需分批报国家语委普通话培训测试中心复审。复审比例为:10 名以内复审 1/3,11~50 名以内复审 1/5,51 名以上复审 1/10。复审后,在国家语委普通话培训测试中心备案,省(自治区、直辖市)培训测试中心注册。证书由国家语委普通话培训测试中心盖章后,由省(自治区、直辖市)培训测试中心颁发。

测试评定的一级乙等,在省(自治区、直辖市)培训测试中心注册,在国家语委普通话培训测试中心备案,必要时得由国家语委普通话培训测试中心抽查,然后由省(自治区、直辖市)培训测试中心颁发证书。

测试评定的二级甲、乙等,报省(自治区、直辖市)培训测试中心备案并发证书。

测试工作的重点是工作和学习需要普通话水平应达到一级或二级的人员。普通话三级水平测试由各地按照测试标准和大纲的要求,根据各地的情况和工作的需要组织进行。

第十六条 未进入规定等级或要求晋升等级的人员,需在前次测试 5 个月之后方能提出受试申请。

六、附　则

第十七条 本办法由国家语委普通话培训测试中心负责解释。

第十八条 本办法自 1994 年 10 月 30 日起实施。

国家语言文字工作委员会关于普通话水平测试管理工作的若干规定(试行)

(1997年6月26日)

开展普通话水平测试是保证推广和普及普通话工作走向制度化、规范化、科学化的一项重要措施。按照国家语委、国家教委和广播电影电视部《关于开展普通话水平测试工作的决定》(国语[1994]43号),测试工作正在各地陆续开展起来,积累了宝贵的经验,也遇到一些亟需规范的问题。为了加强对测试工作的宏观管理,使其更加健康地发展,经国家教委、广播电影电视部同意,特做如下规定。

一、普通话水平测试工作的机构和网络

第一条 国家语言文字工作委员会是主管全国语言文字工作的行政机关,对全国普通话水平测试工作进行宏观管理,并协调和组织各有关部门和行业开展测试工作。为避免机构和职能重叠,不再成立国家普通话水平测试委员会。

第二条 国家语委普通话培训测试中心是国家普通话水平测试的实施机构。该中心按照国家语委的工作规划和年度工作计划制定国家普通话培训测试工作的规划和年度计划,建立普通话水平测试题库,培训国家级普通话水平测试员并颁发资格证书,对全国普通话培训测试工作进行指导、检查、监督和评估。

第三条 各省(自治区、直辖市)语言文字工作委员会是主管各省(自治区、直辖市)语言文字工作的行政机关,负责对全省(自治区、直辖市)普通话水平测试工作的统一规划、管理、指导和监督,并协调和组织各有关部门和行业开展本省(自治区、直辖市)的测试工作。为避免机构和职能重叠,不再成立省级普通话水平测试委员会。已经成立了的,由省级语委办公室执行测试委员会办公室职能。省级语委办公室定期向国家语委语言文字应用管理司报告全省(自治区、直辖市)测试工作情况,同时抄报国家语委普通话培训测试中心。

第四条 各省(自治区、直辖市)普通话培训测试中心是各省(自治区、直辖市)普通话水平测试的实施机构,按照本省(自治区、直辖市)语委的工作规划和年度工作计划制定普通话培训测试工作规划和年度计划,建立补充国家题库的本省方言辨正题库,培训省级普通话水平测试员并颁发资格证书,对全省(自治区、直辖市)普通话培训测试工作进行指导、监督、检查和评估。省级普通话培训测试中心在省级语委的领导下,接受省级语委办公室的工作指导和国家语委普通话培训测试中心的业务指导。省级普通话培训测试中心向国家语委普通话培训测试中心报告测试业务工作,同时抄报国家语委语言文字应用管理司。

第五条 鉴于省会(自治区首府)和计划单列市的测试工作量较大,且对省内其他地方的测试工作具有示范作用,经省语委同意,可建立市级普通话培训测试中心。该中心的性质、任务与省级普通话培训测试中心相对应,接受同级语委及其办公室的领导和省级普通话培训测试中心的业务指导,并定期向同级语委办公室和省级普通话培训测试中心报告工作。

第六条 覆盖全省(自治区)其他市(地、州、盟)的普通话水平测试工作网络的建设,由省级语委办公室规划。

二、普通话水平测试员

第七条 普通话水平测试员分国家级测试员和省级测试员。

国家级测试员资格:具有大专以上学历、中级以上专业技术职称的教师、播音员或专职从事语言文字工作5年以上的干部,熟悉推广普通话工作方针政策和普通话语音理论,熟练掌握《汉语拼音方案》和常用国际音标,熟悉方言同普通话的一般对应规律,普通话口语水平达到一级,有较强的普通话水平测试能力和较丰富的测试工作经验,身体健康,作风正派,有高度的事业心、责任感和工作热情,经国家语委普通话培训测试中心考核合格并取得国家级测试员资格证书。

省级测试员资格:具有大专以上学历、3年以上工龄的教师、播音员和语言文字工作干部,熟悉推广普通话工作方针政策和普通话语音理论,熟练掌握《汉语拼音方案》和常用国际音标,熟悉本地方言同普通话的对应规律,普通话口语水平达到一级(南方方言区1946年1月1日以前出生的,可放宽到二级甲等),有较强的普通话水平测试能力和一定的测试工作经验,身体健康,作风正派,有高度的事业心、责任感和工作热情,经省级普通话培训测试中心考核合格并取得省级测试员资格证书。

第八条 各级普通话测试实施机构根据测试工作的需要,向取得国家级和省级普通话水平测试员资格证书者颁发有期限的任职聘书;接受聘书的测试员在聘任单位组织的测试工作中执行测试任务,并获得相应的报酬。

省级普通话培训测试中心应将取得省级测试员资格的人员名

单和全省(自治区、直辖市)测试员聘任情况报国家语委普通话培训测试中心备案。

第九条 国家级和省级测试员的资格证书由国家语委统一印制。

第十条 普通话水平测试员的职责和纪律：

1. 努力学习语言文字工作的方针、政策、法律、法规和业务理论。

2. 认真学习并严格执行国家有关普通话水平测试的规定和国家语委颁布的《普通话水平测试等级标准》和《普通话水平测试(PSC)大纲》。

3. 严格遵守"认真负责、团结协作、公正廉洁"的测试工作纪律。

4. 任何测试员均须在测试实施机构的组织下实施测试工作，非组织的个人测试行为和测试结果一概无效。

第十一条 国家语委普通话培训测试中心对国家级测试员，省级普通话培训测试中心对省级测试员，每2～3年进行一次工作考核。考核的主要内容有：工作态度、测试能力、测试工作量、遵守工作纪律情况等。

根据考核结果，对表现出色的测试员进行表彰；对表现差和违反纪律的测试员进行批评，情节严重的由聘任单位给予收回测试员聘书且3年内不得聘任的处分，对情节特别严重的由颁发资格证书的单位收回其测试员资格证书；对因个人原因承担测试工作量过少的测试员予以解聘。

第十二条 为保证测试工作的正常进行和长远需要，各省(自治区、直辖市)语委应做好测试员队伍建设规划。该规划应合理测算国家级和省级测试员的需求量,国家级测试员数量须严格控制,省级测试员数量为国家级测试员数量的5~8倍。

第十三条 各省(自治区、直辖市)及省会(自治区省府)、计划单列市的普通话培训测试中心可根据需要聘任3~5名普通话水平测试视导员。

测试视导员资格:具有高级专业技术职务或正处级以上行政职务,精通现代汉语语音理论,对本地方言有专门研究,具有丰富的普通话水平测试实践经验,在本地推广普通话工作领域有较高威望的专家、教授。测试视导员经省级语委办公室审批并报国家语委普通话培训测试中心备案后,由省级或省会(自治区首府)、计划单列市普通话培训测试中心颁发聘书。

测试视导员职责:宣传国家语委关于普通话水平测试的标准、大纲和规定,指导本省(市)方言辨正题库的建设和普通话培训教材的编写,指导普通话师资培训和省级测试员培训,进行普通话水平测试的科研,对本省(市)测试工作提出具体建议。

国家语委普通话培训测试中心设立视导处,对各省(自治区、直辖市)的培训测试工作进行业务指导、检查和监督。

三、普通话水平测试的标准和大纲

第十四条 国家语委颁布的《普通话水平测试等级标准》是划分普通话等级的全国统一标准。按照该标准规定,普通话等级自上而下分为一、二、三级,每个级别内分为甲、乙两个等次。

第十五条 国家语委颁布的《普通话水平测试(PSC)大纲》是全国进行普通话水平测试工作的统一大纲。该大纲是编写普通话培训教材和拟制测试试题的依据,是实施测试、评定等级的依据,也是对普通话水平测试工作进行检查评估的依据。

四、测试成绩的认定和证书

第十六条 测试成绩的认定机构由省级语委办公室确定,但其中一级甲等成绩须在认定前由国家语委普通话培训测试中心复审,一级乙等成绩在认定前由省级普通话培训测试中心复审。复审比例为:10名以内复审三分之一,11~50名复审五分之一,51名以上复审十分之一。

第十七条 认定后的普通话等级经测试实施机构申报,由省级语委办公室或由其授权的省会(自治区首府)、计划单列市语委办公室颁发《国家普通话水平测试等级证书》。

第十八条 国家语委普通话培训测试中心对各省(自治区、直辖市)的测试机构,省级普通话培训测试中心对本省(自治区、直辖市)各测试机构的测试成绩可随时进行抽查。

第十九条 《国家普通话水平测试等级证书》全国通用,有效期限为5年。该证书由国家语委统一制作,各省(自治区、直辖市)语委办公室分别编号、颁发。

五、普通话水平测试试卷

第二十条 各级测试实施机构依照《普通话水平测试(PSC)大纲》编制普通话水平测试试卷,试题由国家语委普通话培训测试中心题库提供。其中普通话与方言对比"判断"部分的试题,地方如需补充,须经国家语委普通话培训测试中心审核;涉及行业特殊用语的试题,由行业主管部门会同国家语委普通话培训测试中心研制。

六、测试对象及其达标要求

第二十一条 1946年1月1日以后出生的下列人员应接受普通话水平测试并达到规定的等级:

1. 师范系统的教师和毕业生,普通话水平不得低于二级,其中普通话语音课教师和口语课教师必须达到一级;

2. 普教系统的教师以及职业中学与口语表达密切相关专业的毕业生,普通话水平不得低于二级;

3. 非师范类高等院校的教师以及与口语表达密切相关专业的毕业生,普通话水平不得低于二级;

4. 广播电视教学的教师,普通话水平不得低于二级;

5. 报考教师资格的人员,普通话水平不得低于二级;

6. 国家级和省级广播电台、电视台的播音员和节目主持人,普通话水平必须达到一级甲等,其余广播电台、电视台的播音员和节目主持人的达标要求由广播电影电视部另行规定;

7. 电影、话剧、广播剧、电视剧等表演、配音人员,播音、主持人专业和电影、话剧表演专业的教师和毕业生,普通话水平必须达到一级;

8. 其他应当接受普通话水平测试的人员(如公务员、律师、医护人员、导游员、讲解员、公共服务行业的营业员等),其达标等级可根据不同地区、不同行业特点由省级语委确定。

七、其他

第二十二条 国家部委直属各级院校和企事业单位的普通话水平测试工作实行属地管理,由所在省市的语委统一组织实施。广播影视系统的普通话水平测试工作按广播电影电视部和国家语委联合颁发的广发人字[1997]146号文件执行。

第二十三条 各级语委要积极争取各级教育部门、广播电视部门和其他有关部门的支持和配合,共同做好普通话水平测试工作。

第二十四条 各级测试实施机构实施测试的收费标准须经同级物价部门核准,并建立规范的财务制度。

第二十五条 各级语委办公室和测试实施机构要注意积累资料,总结经验,加强科研,促进普通话水平测试尽快形成完整、科学的考试体系。

第二十六条 国家语委、国家教委和广播电影电视部《关于开展普通话水平测试工作的决定》(国语[1994]43号)的精神继续贯彻执行,其中与本《规定》不一致的,以本《规定》为准。

国家语言文字工作委员会
关于颁布《普通话水平测试
等级标准(试行)》的通知

国语[1997]64号

(1997年12月5日)

各省、自治区、直辖市及新疆生产建设兵团语委(语文工作机构):

  为适应新时期推广普通话工作的需要,1986年全国语言文字工作会议提出制定"普通话水平测试等级标准"的设想。根据会议精神,国家语委于1988年成立由国家社会科学基金会资助的"普通话水平测试等级标准"课题组。该课题组历时三年深入调查研究,广泛征求意见,并在若干省市对学校师生和"窗口"行业职工进行试测,在此基础上拟订了《普通话水平测试等级标准》,于1991年通过专家论证。1992年由国家语委原普通话推广司印发给各省、自治区、直辖市试行(国语普[1992]4号文件)。该《标准》把普通话水平划为三个级别(一级可称为标准的普通话,二级可称为比较标准的普通话,三级可称为一般水平的普通话),每个级别内划分甲、乙两个等次。1994年,国家语委普通话水平测试课题组对该《标准》做了文字修订。国家语委、国家教委、广播电影电视部联合发出的《关于开展普通话水平测试工作的决定》(国语[1994]43号)将修订后的《标准》作为附件印发给各省市继续试行。试行六年来,该《标准》已为广大群众所熟悉,各地测试实施机构也积累了一定经验。实践证明,该《标准》具有科学性和可行性。为使该《标准》在推广普通话工作中发挥更大的作用,该《标准》经我委再次审订,作为部级标准予以正式颁布,请按照执行。

附件:《普通话水平测试等级标准(试行)》(见本书第三部分)

国家语言文字工作委员会

普通话水平测试管理规定

中华人民共和国教育部令第 16 号

（2003 年 6 月 15 日起施行）

第一条 为加强普通话水平测试管理，促其规范、健康发展，根据《中华人民共和国国家通用语言文字法》，制定本规定。

第二条 普通话水平测试（以下简称测试）是对应试人运用普通话的规范程度的口语考试。开展测试是促进普通话普及和应用水平提高的基本措施之一。

第三条 国家语言文字工作部门颁布测试等级标准、测试大纲、测试规程和测试工作评估办法。

第四条 国家语言文字工作部门对测试工作进行宏观管理，制定测试的政策、规划，对测试工作进行组织协调、指导监督和检查评估。

第五条 国家测试机构在国家语言文字工作部门的领导下组织实施测试，对测试业务工作进行指导，对测试质量进行监督和检查，开展测试科学研究和业务培训。

第六条 省、自治区、直辖市语言文字工作部门（以下简称省级语言文字工作部门）对本辖区测试工作进行宏观管理，制定测试工作规划、计划，对测试工作进行组织协调、指导监督和检查评估。

第七条 省级语言文字工作部门可根据需要设立地方测试机

构。

省、自治区、直辖市测试机构(以下简称省级测试机构)接受省级语言文字工作部门及其办事机构的行政管理和国家测试机构的业务指导,对本地区测试业务工作进行指导,组织实施测试,对测试质量进行监督和检查,开展测试科学研究和业务培训。

省级以下测试机构的职责由省级语言文字工作部门确定。

各级测试机构的设立须经同级编制部门批准。

第八条 测试工作原则上实行属地管理。国家部委直属单位的测试工作,原则上由所在地区省级语言文字工作部门组织实施。

第九条 在测试机构的组织下,测试由测试员依照测试规程执行。测试员应遵守测试工作各项规定和纪律,保证测试质量,并接受国家和省级测试机构的业务培训。

第十条 测试员分省级测试员和国家级测试员。测试员须取得相应的测试员证书。

申请省级测试员证书者,应具有大专以上学历,熟悉推广普通话工作方针政策和普通语言学理论,熟悉方言与普通话的一般对应规律,熟练掌握《汉语拼音方案》和常用国际音标,有较强的听辨音能力,普通话水平达到一级。

申请国家级测试员证书者,一般应具有中级以上专业技术职务和两年以上省级测试员资历,具有一定的测试科研能力和较强的普通话教学能力。

第十一条 申请省级测试员证书者,通过省级测试机构的培训考核后,由省级语言文字工作部门颁发省级测试员证书;经省级语言文字工作部门推荐的申请国家级测试员证书者,通过国家测试机构的培训考核后,由国家语言文字工作部门颁发国家级测试员证书。

第十二条 测试机构根据工作需要聘任测试员并颁发有一定期限的聘书。

第十三条 在同级语言文字工作办事机构指导下,各级测试机构定期考查测试员的业务能力和工作表现,并给予奖惩。

第十四条 省级语言文字工作部门根据工作需要聘任测试视导员并颁发有一定期限的聘书。

测试视导员一般应具有语言学或相关专业的高级专业技术职务,熟悉普通语言学理论,有相关的学术研究成果,有较丰富的普通话教学经验和测试经验。

测试视导员在省级语言文字工作部门领导下,检查、监督测试质量,参与和指导测试管理和测试业务工作。

第十五条 应接受测试的人员为:

1. 教师和申请教师资格的人员;
2. 广播电台、电视台的播音员、节目主持人;
3. 影视话剧演员;
4. 国家机关工作人员;
5. 师范类专业、播音与主持艺术专业、影视话剧表演专业以及其他与口语表达密切相关专业的学生;
6. 行业主管部门规定的其他应该接受测试的人员。

第十六条 应接受测试的人员的普通话达标等级,由国家行业主管部门规定。

第十七条 社会其他人员可自愿申请接受测试。

第十八条 在高等学校注册的港澳台学生和外国留学生可随所在校学生接受测试。

测试机构对其他港澳台人士和外籍人士开展测试工作,须经国家语言文字工作部门授权。

第十九条 测试成绩由执行测试的测试机构认定。

第二十条 测试等级证书由国家语言文字工作部门统一印制,由省级语言文字工作办事机构编号并加盖印章后颁发。

第二十一条 普通话水平测试等级证书全国通用。等级证书遗失,可向原发证单位申请补发。伪造或变造的普通话水平测试等级证书无效。

第二十二条 应试人再次申请接受测试同前次接受测试的间隔应不少于3个月。

第二十三条 应试人对测试程序和测试结果有异议,可向执行测试的测试机构或上级测试机构提出申诉。

第二十四条 测试工作人员违反测试规定的,视情节予以批评教育、暂停测试工作、解除聘任或宣布测试员证书作废等处理,情节严重的提请其所在单位给予行政处分。

第二十五条 应试人违反测试规定的,取消其测试成绩,情节严重的提请其所在单位给予行政处分。

第二十六条 测试收费标准须经当地价格部门核准。

第二十七条 各级测试机构须严格执行收费标准,遵守国家财务制度,并接受当地有关部门的监督和审计。

第二十八条 本《规定》自2003年6月15日起施行。

普通话水平测试大纲

(教育部　国家语委发教语用[2003]2号文件)

根据教育部、国家语言文字工作委员会发布的《普通话水平测试管理规定》《普通话水平测试等级标准》,制定本大纲。

一、测试的名称、性质、方式

本测试定名为"普通话水平测试"(PUTONGHUA SHUIPING CESHI,缩写为PSC)。

普通话水平测试测查应试人的普通话规范程度、熟练程度,认定其普通话水平等级,属于标准参照性考试。本大纲规定测试的内容、范围、题型及评分系统。

普通话水平测试以口试方式进行。

二、测试内容和范围

普通话水平测试的内容包括普通话语音、词汇和语法。

普通话水平测试的范围是国家测试机构编制的《普通话水平测试用普通话词语表》《普通话水平测试用普通话与方言词语对照表》《普通话水平测试用普通话与方言常见语法差异对照表》《普通话水平测试用朗读作品》《普通话水平测试用话题》。

三、试卷构成和评分

试卷包括 5 个组成部分,满分为 100 分。

(一) 读单音节字词(100 个音节,不含轻声、儿化音节),限时 3.5 分钟,共 10 分。

1. 目的:测查应试人声母、韵母、声调读音的标准程度。

2. 要求:

(1) 100 个音节中,70% 选自《普通话水平测试用普通话词语表》"表一",30% 选自"表二"。

(2) 100 个音节中,每个声母出现次数一般不少于 3 次,每个韵母出现次数一般不少于 2 次,4 个声调出现次数大致均衡。

(3) 音节的排列要避免同一测试要素连续出现。

3. 评分:

(1) 语音错误,每个音节扣 0.1 分。

(2) 语音缺陷,每个音节扣 0.05 分。

(3) 超时 1 分钟以内,扣 0.5 分;超时 1 分钟以上(含 1 分钟),扣 1 分。

(二) 读多音节词语(100 个音节),限时 2.5 分钟,共 20 分。

1. 目的:测查应试人声母、韵母、声调和变调、轻声、儿化读音的标准程度。

2. 要求:

(1) 词语的 70% 选自《普通话水平测试用普通话词语表》"表一",30% 选自"表二"。

(2) 声母、韵母、声调出现的次数与读单音节字词的要求相同。

(3) 上声与上声相连的词语不少于 3 个,上声与非上声相连的词语不少于 4 个,轻声不少于 3 个,儿化不少于 4 个(应为不同的儿化韵母)。

(4) 词语的排列要避免同一测试要素连续出现。

3. 评分:

(1) 语音错误,每个音节扣 0.2 分。

(2) 语音缺陷,每个音节扣 0.1 分。

(3) 超时 1 分钟以内,扣 0.5 分;超时 1 分钟以上(含 1 分钟),扣 1 分。

(三) 选择判断*,限时 3 分钟,共 10 分。

1. 词语判断(10 组)

(1) 目的:测查应试人掌握普通话词语的规范程度。

(2) 要求:根据《普通话水平测试用普通话与方言词语对照表》,列举 10 组普通话与方言意义相对应但说法不同的词语,由应试人判断并读出普通话的词语。

(3) 评分:判断错误,每组扣 0.25 分。

2. 量词、名词搭配(10 组)

(1) 目的:测查应试人掌握普通话量词和名词搭配的规范程度。

(2) 要求:根据《普通话水平测试用普通话与方言常见语法差异对照表》,列举 10 个名词和若干量词,由应试人搭配并读出符合普通话规范的 10 组名量短语。

(3) 评分:搭配错误,每组扣 0.5 分。

3. 语序或表达形式判断(5 组)

(1) 目的:测查应试人掌握普通话语法的规范程度。

(2) 要求：根据《普通话水平测试用普通话与方言常见语法差异对照表》，列举5组普通话和方言意义相对应，但语序或表达习惯不同的短语或短句，由应试人判断并读出符合普通话语法规范的表达形式。

(3) 评分：判断错误，每组扣0.5分。

选择判断合计超时1分钟以内，扣0.5分；超时1分钟以上（含1分钟），扣1分。答题时语音错误，每个错误音节扣0.1分；如判断错误已经扣分，不重复扣分。

(四) 朗读短文（1篇，400个音节），限时4分钟，共30分。

1. 目的：测查应试人使用普通话朗读书面作品的水平。在测查声母、韵母、声调读音标准程度的同时，重点测查连读音变、停连、语调以及流畅程度。

2. 要求：

(1) 短文从《普通话水平测试用朗读作品》中选取。

(2) 评分以朗读作品的前400个音节（不含标点符号和括注的音节）为限。

3. 评分：

(1) 每错1个音节，扣0.1分；漏读或增读1个音节，扣0.1分。

(2) 声母或韵母的系统性语音缺陷，视程度扣0.5分、1分。

(3) 语调偏误，视程度扣0.5分、1分、2分。

(4) 停连不当，视程度扣0.5分、1分、2分。

(5) 朗读不流畅（包括回读），视程度扣0.5分、1分、2分。

(6) 超时扣1分。

(五) 命题说话，限时3分钟，共30分。

1．目的：测查应试人在无文字凭借的情况下说普通话的水平,重点测查语音标准程度、词汇语法规范程度和自然流畅程度。

2．要求：

（1）说话话题从《普通话水平测试用话题》中选取,由应试人从给定的两个话题中选定1个话题,连续说一段话。

（2）应试人单向说话。如发现应试人有明显背稿、离题、说话难以继续等表现时,主试人应及时提示或引导。

3．评分：

（1）语音标准程度,共20分。分六档：

一档：语音标准,或极少有失误。扣0分、0.5分、1分。

二档：语音错误在10次以下,有方音但不明显。扣1.5分、2分。

三档：语音错误在10次以下,但方音比较明显；或语音错误在10次～15次之间,有方音但不明显。扣3分、4分。

四档：语音错误在10次～15次之间,方音比较明显。扣5分、6分。

五档：语音错误超过15次,方音明显。扣7分、8分、9分。

六档：语音错误多,方音重。扣10分、11分、12分。

（2）词汇语法规范程度,共5分。分三档：

一档：词汇、语法规范。扣0分。

二档：词汇、语法偶有不规范的情况。扣0.5分、1分。

三档：词汇、语法屡有不规范的情况。扣2分、3分。

（3）自然流畅程度,共5分。分三档：

一档：语言自然流畅。扣0分。

二档：语言基本流畅,口语化较差,有背稿子的表现。扣0.5

分、1分。

三档:语言不连贯,语调生硬。扣2分、3分。

说话不足3分钟,酌情扣分:缺时1分钟以内(含1分钟),扣1分、2分、3分;缺时1分钟以上,扣4分、5分、6分;说话不满30秒(含30秒),本测试项成绩计为0分。

四、应试人普通话水平等级的确定

国家语言文字工作部门发布的《普通话水平测试等级标准》是确定应试人普通话水平等级的依据。测试机构根据应试人的测试成绩确定其普通话水平等级,由省、自治区、直辖市以上语言文字工作部门颁发相应的普通话水平测试等级证书。

普通话水平划分为三个级别,每个级别内划分两个等次。其中:

97分及其以上,为一级甲等;

92分及其以上但不足97分,为一级乙等;

87分及其以上但不足92分,为二级甲等;

80分及其以上但不足87分,为二级乙等;

70分及其以上但不足80分,为三级甲等;

60分及其以上但不足70分,为三级乙等。

*说明:各省、自治区、直辖市语言文字工作部门可以根据测试对象或本地区的实际情况,决定是否免测"选择判断"测试项。如免测此项,"命题说话"测试项的分值由30分调整为40分。评分档次不变,具体分值调整如下:

(1) 语音标准程度的分值,由20分调整为25分。

一档:扣 0 分、1 分、2 分。

二档:扣 3 分、4 分。

三档:扣 5 分、6 分。

四档:扣 7 分、8 分。

五档:扣 9 分、10 分、11 分。

六档:扣 12 分、13 分、14 分。

(2) 词汇语法规范程度的分值,由 5 分调整为 10 分。

一档:扣 0 分。

二档:扣 1 分、2 分。

三档:扣 3 分、4 分。

(3) 自然流畅程度,仍为 5 分,各档分值不变。

关于印发《普通话水平测试工作评估指导标准》的通知

教语用司函[2003]17号

各省、自治区、直辖市及新疆生产建设兵团教育厅(教委)语言文字工作处(语委办公室):

  普通话水平测试是对应试人运用普通话的规范程度的口语考试,开展普通话水平测试是推广普及普通话的基本措施之一,是不断提高全社会普通话应用水平的重要途径,为贯彻落实教育部2003年5月21日颁布的《普通话水平测试管理规定》(教育部令第16号),确保此项工作在制度化、规范化、科学化的轨道上健康发展,特制定《普通话水平测试工作评估指导标准》,现印发给你们。请将此件及时转发给你省(自治区、直辖市)各级语言文字工作部门和测试机构,并按此《标准》精神,对测试工作进行自我评估,加强测试基础建设,提高测试管理水平。请将实施情况及相关意见、建议及时报我司。

  我司将在适当时候,依据此《标准》,对各省、自治区、直辖市测试工作进行检查评估。

附件:《普通话水平测试工作评估指导标准》

教育部语言文字应用管理司
二〇〇三年五月二十七日

附：

普通话水平测试工作评估指导标准

一级指标	二级指标	检测内容	分	值
A 工作定位	A₁ 工作地位	1. 全面贯彻执行《普通话水平测试管理规定》	2	10
		2. 测试行政管理列入语委办主要职责	2	
		3. 测试工作与语言文字工作其他方面协调发展	2	
	A₂ 实施规划	4. 制定培训测试工作规划，并报主管部门备案	1	4
		5. 有相应的地方性实施措施	1	
		6. 统计工作真实准确并规范填写工作报表	1	
		7. 按时向上级主管部门报告年度计划、总结、报表	1	
B 省级机构	B₁ 测试机构	8. 经省级编制部门批准设置，规范运作	2	8
		9. 有专职工作人员	2	
		10. 有必要的工作设施	1	
		11. 实行计算机信息化管理	3	
	B₂ 工作网络	12. 市地区县、高校、行业网络布局合理，便于属地管理	2	8	25
		13. 各级测试机构在同级语委办领导下，运作协调	4	
		14. 各级测试机构职责明确，运转正常	2	
	B₃ 财务管理	15. 各项收费项目和标准经财政部门核准，并严格执行	3	9
		16. 经费独立核算，遵守国家财务制度并接受国家审计	3	
		17. 无财经违纪事件	3	

续表

C 测试队伍	C_1 队伍组成	18. 测试员、视导员人数和分布满足工作需要	2	7	25
		19. 测试员素质符合规定条件,95%以上胜任工作	3		
		20. 视导员素质符合规定条件,并充分发挥作用	2		
	C_2 队伍管理	21. 测试员评聘分开,有任期;未满测试员不得承担测试任务	4	10	
		22. 定期考查测试员,建立测试员业务档案和视导工作记录	2		
		23. 对测试员、视导员奖惩分明,并能调动积极性	2		
		24. 测试员、视导员无违纪违规事件和非组织测试事件	2		
	C_3 队伍建设	25. 有测试员队伍建设计划并实施	2	8	
		26. 严格规范测试员资格考试,定期对全体测试员进行培训	3		
		27. 有计划组织测试科研,定期开展研讨活动,有科研成果	3		
D 测试过程及管理	D_1 测试规程	28. 测试由省级测试机构统一组织进行	1	10	25
		29. 严格执行国家统一的测试规程	4		
		30. 有进行过程监督的有效措施	2		
		31. 有完整、规范的测试录音档案和文字档案	3		
	D_2 教材试卷	32. 培训内容遵循测试等级标准和测试大纲	2	7	
		33. 选用符合等级标准、测试大纲并结合本地实际需要的教材	2		
		34. 使用国家制定题库提供的试卷,试卷运转规范	3		
	D_3 证书管理	35. 发证前严格执行成绩复审和备案制度	2	8	
		36. 证书发放执行有关规定	2		
		37. 使用全国统一证书,杜绝假证书	4		
E 工作效果	E_1 测试结果	38. 全省年度测试任务总完成率90%以上	2	11	15
		39. 二级、三级成绩油查年度总合格率95%以上	4		
		40. 一级乙等省级复审年度总通过率90%以上	3		
		41. 一级甲等国家级复审年度总通过率90%以上	2		
	E_2 社会效果	42. 经调查,90%以上应试人员对培训测试过程和结果满意	2	4	
		43. 经调查,测试的作用和效果得到绝大多数被测单位认可	2		

关于印发《普通话水平测试规程》的通知

教语用司函[2003]18号

各省、自治区、直辖市及新疆生产建设兵团教育厅(教委)语言文字工作处(语委办公室)：

　　为贯彻落实教育部2003年5月21日颁布的《普通话水平测试管理规定》(教育部令第16号)，确保测试工作在制度化、规范化、科学化的轨道上健康发展，特制定《普通话水平测试规程》，现印发给你们。请将此件转发给你省(自治区、直辖市)的各级语言文字工作部门和测试机构，并按此《规程》对测试工作进行规范。在此《规程》基础上，可制定相应的细则。

附件：《普通话水平测试规程》

教育部语言文字应用管理司
二〇〇三年五月二十七日

附：

普通话水平测试规程

[报 名]

1. 申请接受普通话水平测试(以下简称测试)的人员,持有效身份证件在指定测试机构报名(亦可由所在单位集体报名)。

2. 接受报名的测试机构负责安排测试的时间和地点。

[考 场]

3. 测试机构负责安排考场。每个考场应有专人负责。考场应具备测试室、备测室、候测室以及必要的工作条件,整洁肃静,标志明显,在醒目处应张贴应试须知事项。

4. 每间测试室只能安排1个测试组进行测试,每个测试组配备测试员2~3人,每组日测试量以不超过30人次为宜。

[试 卷]

5. 试卷由国家语言文字工作部门指定的测试题库提供。

6. 试卷由专人负责,各环节经手人均应签字。

7. 试卷为一次性使用,按照考场预定人数封装。严格保管多余试卷。

8. 当日测试结束后,测试员应回收和清点试卷,统一封存或销毁。

[测 试]

9. 测试员和考场工作人员佩戴印有姓名、编号和本人照片的胸卡,认真履行职责。

10. 应试人持准考证和有效身份证件按时到达指定考场,经查验无误后,按顺序抽取考题备测。应试人备测时间应不少于10分钟。

11. 执行测试时,测试室内只允许1名应试人在场。

12. 测试员对应试人身份核对无误后,引导应试人进入测试程序。

13. 测试全程录音。完整的测试录音包括:姓名、考号、单位以及全部测试内容。录音应声音清晰,音量适中,以利复查。

14. 测试录音标签应写明考场、测试组别、应试人姓名、测试日期、录音人签名等项内容;录音内容应与标签相符。

15. 测试员评分记录使用钢笔或签字笔,符号清晰、明了,填写应试人成绩及等级应准确(测试最后成绩均保留一位小数)。

16. 测试结束时,测试员应及时收回应试人使用的试卷。

17. 同组测试员对同一应试人的评定成绩出现等差时由该测试组复议,出现级差时由考场负责人主持再议。

18. 测试评分记录表和应试人成绩单均签署测试员全名和测试日期。

19. 测试结束,考场负责人填写测试情况记录。

[质量检查]

20．省级测试机构应对下级测试机构测试过程进行巡视。

21．检查测试质量主要采取抽查复听测试录音的方式。抽查比例由省级测试机构确定。

22．测试的一级甲等成绩由国家测试机构复审,一级乙等成绩由省级测试机构复审。

23．复审应填写复审意见。复审意见应表述清楚、具体、规范,有复审者签名。

24．复审应在收到送审材料后的30个工作日内完成,并将书面复审意见反馈送审机构。

[等级证书]

25．省级语言文字工作部门向测试成绩达到测试等级要求的应试人发放测试等级证书,加盖省级语言文字工作部门印章。

26．经复审合格的一级甲等、一级乙等成绩应在等级证书上加盖复审机构印章。

[应试人档案]

27．应试人档案包括:测试申请表、试题、测试录音、测试员评分记录、复审记录、成绩单等。

28．应试人档案保存期不少于两年。

《教师资格条例》实施办法

中华人民共和国教育部令第10号

（2000年9月23日发布实施）

第一章 总 则

第一条 为实施教师资格制度，依据《中华人民共和国教师法》（以下简称《教师法》）和《教师资格条例》，制定本办法。

第二条 符合《教师法》规定学历的中国公民申请认定教师资格，适用本办法。

第三条 中国公民在各级各类学校和其他教育机构中专门从事教育教学工作，应当具备教师资格。

第四条 国务院教育行政部门负责全国教师资格制度的组织实施和协调监督工作；县级以上（包括县级，下同）地方人民政府教育行政部门根据《教师资格条例》规定权限负责本地教师资格认定和管理的组织、指导、监督和实施工作。

第五条 依法受理教师资格认定申请的县级以上地方人民政府教育行政部门，为教师资格认定机构。

第二章 资格认定条件

第六条 申请认定教师资格者应当遵守宪法和法律，热爱教育事业，履行《教师法》规定的义务，遵守教师职业道德。

第七条 中国公民依照本办法申请认定教师资格应当具备《教师法》规定的相应学历。申请认定中等职业学校实习指导教师资格者应当具备中等职业学校毕业及其以上学历，对于确有特殊技艺者，经省级以上人民政府教育行政部门批准，其学历要求可适当放宽。

第八条 申请认定教师资格者的教育教学能力应当符合下列要求：

（一）具备承担教育教学工作所必需的基本素质和能力。具体测试办法和标准由省级教育行政部门制定。

（二）普通话水平应当达到国家语言文字工作委员会颁布的《普通话水平测试等级标准》二级乙等以上标准。

少数方言复杂地区的普通话水平应当达到三级甲等以上标准；使用汉语和当地民族语言教学的少数民族自治地区的普通话水平，由省级人民政府教育行政部门规定标准。

（三）具有良好的身体素质和心理素质，无传染性疾病，无精神病史，适应教育教学工作的需要，在教师资格认定机构指定的县级以上医院体检合格。

第九条 高等学校拟聘任副教授以上教师职务或具有博士学位者申请认定高等学校教师资格，只需具备本办法第六条、第七条、第八条(三)项规定的条件。

第三章 资格认定申请

第十条 教师资格认定机构和依法接受委托的高等学校每年春季、秋季各受理一次教师资格认定申请。具体受理时间由省级人民政府教育行政部门统一规定,并通过新闻媒体等形式予以公布。

第十一条 申请认定教师资格者,应当在受理申请期限内向相应的教师资格认定机构或者依法接受委托的高等学校提出申请,领取有关资料和表格。

第十二条 申请认定教师资格者应当在规定时间向教师资格认定机构或者依法接受委托的高等学校提交下列基本材料:

(一)身份证原件和复印件;

(二)学历证书原件和复印件;

(三)由教师资格认定机构指定的县级以上医院出具的体格检查合格证明;

(四)普通话水平测试等级证书原件和复印件;

(五)思想品德情况的鉴定或者证明材料。

第十三条 体检项目由省级人民政府教育行政部门规定,其中必须包含"传染病"、"精神病史"项目。

申请认定幼儿园和小学教师资格的,参照《中等师范学校招生体检标准》的有关规定执行;申请认定初级中学及其以上教师资格的,参照《高等师范学校招生体检标准》的有关规定执行。

第十四条 普通话水平测试由教育行政部门和语言文字工作机构共同组织实施,对合格者颁发由国务院教育行政部门统一印制的《普通话水平测试等级证书》。

第十五条 申请人思想品德情况的鉴定或者证明材料按照《申请人思想品德鉴定表》(见附件二)要求填写。在职申请人,该表由其工作单位填写;非在职申请人,该表由其户籍所在地街道办事处或者乡级人民政府填写。应届毕业生由毕业学校负责提供鉴定。必要时,有关单位可应教师资格认定机构要求提供更为详细的证明材料。

第十六条 各级各类学校师范教育类专业毕业生可以持毕业证书,向任教学校所在地或户籍所在地教师资格认定机构申请直接认定相应的教师资格。

第十七条 申请认定教师资格者应当按照国家规定缴纳费用。但各级各类学校师范教育类专业毕业生不缴纳认定费用。

第四章 资格认定

第十八条 教师资格认定机构或者依法接受委托的高等学校应当及时根据申请人提供的材料进行初步审查。

第十九条 教师资格认定机构或者依法接受委托的高等学校应当组织成立教师资格专家审查委员会。教师资格专家审查委员会根据需要成立若干小组,按照省级教育行政部门制定的测试办法和标准组织面试、试讲,对申请人的教育教学能力进行考查,提出审查意见,报教师资格认定机构或者依法接受委托的高等学校。

第二十条 教师资格认定机构根据教师资格专家审查委员会的审查意见,在受理申请期限终止之日起30个法定工作日内作出是否认定教师资格的结论,并将认定结果通知申请人。符合法定的认定条件者,颁发相应的《教师资格证书》。

第二十一条 县级以上地方人民政府教育行政部门按照《教师资格条例》第十三条规定的权限,认定相应的教师资格。

高等学校教师资格,由申请人户籍所在地或者申请人拟受聘高等学校所在地的省级人民政府教育行政部门认定;省级人民政府教育行政部门可以委托本行政区域内经过国家批准实施本科学历教育的普通高等学校认定本校拟聘人员的高等学校教师资格。

第五章 资格证书管理

第二十二条 各级人民政府教育行政部门应当加强对教师资格证书的管理。教师资格证书作为持证人具备国家认定的教师资格的法定凭证,由国务院教育行政部门统一印制。

《教师资格认定申请表》由国务院教育行政部门统一格式。

《教师资格证书》和《教师资格认定申请表》由教师资格认定机构按国家规定统一编号,加盖相应的政府教育行政部门公章、钢印后生效。

第二十三条 取得教师资格的人员,其《教师资格认定申请表》一份存入本人的人事档案,其余材料由教师资格认定机构归档保存。教师资格认定机构建立教师资格管理数据库。

第二十四条 教师资格证书遗失或者损毁影响使用的,由本人向原发证机关报告,申请补发。原发证机关应当在补发的同时收回损毁的教师资格证书。

第二十五条 丧失教师资格者,由其工作单位或者户籍所在地相应的县级以上人民政府教育行政部门按教师资格认定权限会同原发证机关办理注销手续,收缴证书,归档备案。丧失教师资格者不得重新申请认定教师资格。

第二十六条 按照《教师资格条例》应当被撤销教师资格者,由县级以上人民政府教育行政部门按教师资格认定权限会同原发证机关撤销资格,收缴证书,归档备案。被撤销教师资格者自撤销之日起5年内不得重新取得教师资格。

第二十七条 对使用假资格证书的,一经查实,按弄虚作假、骗取教师资格处理,5年内不得申请认定教师资格,由教育行政部门没收假证书。对变造、买卖教师资格证书的,依法追究法律责任。

第六章 附 则

第二十八条 省级人民政府教育行政部门依据本办法制定实施细则,并报国务院教育行政部门备案。

第二十九条 本办法自发布之日起施行。

人事部、教育部、国家语言文字工作委员会关于开展国家公务员普通话培训的通知

人发[1999]46号

各省、自治区、直辖市、人事(人事劳动)厅(局),教委(教育厅),语委(语言文字工作机构),国务院各部委、各直属机构人事(干部)部门、新疆生产建设兵团人事局:

根据《中华人民共和国宪法》关于"国家推广全国通用的普通话"的规定,为进一步贯彻中央领导同志关于"推广普通话,公务员要带头"的指示精神,提高公务员的普通话水平,人事部、教育部、国家语委决定,在全国公务员中开展普通话培训工作。现将有关事项通知如下:

一、各级人事部门要通过多种渠道、多种方式加大公务员带头推广普通话的宣传力度,要进一步提高国家公务员对推广普通话重要意义的认识,充分调动公务员学习、推广、使用普通话的积极性和自觉性。

二、各地各部门要采取措施,加强对公务员普通话的培训,同时,要正确处理好工作与培训的关系。通过培训,原则要求1954年1月1日以后出生的公务员达到普通话三级甲等以上水平,对1954年1月1日以前出生的公务员不作达标的硬性要求,但鼓励努力提高普通话水平。

三、对方言地区或使用方言以及普通话不熟练的公务员,要在认真调查研究的情况下,实施针对性培训,要结合公务员的业务实际,制定普通话培训的长期规划、达到的标准以及测试的办法。对普通话培训,可以先试点,然后再以点带面,逐步推广。

四、公务员普通话培训工作按分级分类的原则组织实施。人事部负责国务院各部委、各直属机构公务员的普通话培训工作,各省、自治区、直辖市政府人事部门负责本辖区公务员的普通话培训工作。各级教育部门、语言文字工作部门协助配合。

五、开展公务员普通话培训,各地可根据实际情况,采取灵活多样的方式进行,具备条件的地方,可以进行普通话水平测试。各级教育行政部门、语言文字工作部门应在普通话培训、测试方面给予支持协助。

六、各地、各部门要高度重视公务员普通话培训工作,要把推广普通话作为一项经常性工作来抓,作为提高公务员素质的内容列入工作日程。要从各地、各部门实际出发,激励公务员积极参加普通话培训,发挥公务员推广普通话的表率作用。

七、国家公务员在公务活动中应当自觉使用普通话。各地、各部门要逐步将普通话作为考核公务员能力水平的内容之一。

附件:普通话水平测试等级标准(试行)

中华人民共和国人事部
中华人民共和国教育部
国家语言文字工作委员会
一九九九年五月十二日

播音员主持人上岗暂行规定

第一章 总 则

第一条 为坚持正确的舆论导向,进一步提高广播电视节目质量,加强对播音员主持人上岗的规范化管理,制定本规定。

第二条 本规定适用于经国务院广播电影电视行政主管部门批准成立的县级(含县级)以上的广播电台、电视台(含有线台)上岗或即将上岗的普通话播音主持专职人员。

第三条 本单位编辑、记者及外聘人员担任播音员、主持人上岗,按本规定考核、审批。

第四条 各级广播电台、电视台(含有线台)应严格执行播音主持人持证上岗制度。聘用持有《播音员主持人上岗证书》的人员担任播音员、主持人。

第五条 播音员、主持人上岗的管理应本着科学化、规范化的原则,分级管理审批。

各级台逐步达到持证上岗。其中,省级及其以上台自1998年元月1日起实行持证上岗,省以下台及少数民族地区在三至五年内逐步实施。

第二章 基本条件

第六条 政治条件:

(一) 具有一定的马克思主义理论水平和政策水平,并能用以指导业务实践;

(二) 坚持党的新闻工作原则,在思想上、政治上同党中央保持一致;

(三) 有强烈的事业心和责任感,工作勤奋;

(四) 有良好的职业道德,遵守纪律,作风正派,联系群众。

第七条 知识、能力条件:

(一) 具有大专(含大专)以上的学历,地(市)县台应具有中专及以上学历;

(二) 掌握新闻专业基本知识,具有一定的社会科学知识、自然科学知识;

(三) 了解国家基本法及与相关的法律、法规;

(四) 具备较为准确的理解判断能力和业务实施能力。

第八条 语言文字条件:

(一) 嗓音良好,并具有一定的语言表达能力;

(二) 掌握现代汉语,具备一定的采编能力;

(三) 普通话水平达到国家《普通话水平测试实施办法》规定的标准。

第九条 播音员主持人上岗须具备良好公众形象;电视播音员主持人还须具备一定的形体语言表达能力。

第三章 资格的考核与取得

第十条 广播电影电视部负责管理和监督中央三台及全国各省厅(局)的资格考核和颁证工作。

第十一条 中央三台及各省厅(局)应组成播音员、主持人上岗考核领导小组,负责所辖单位播音员、主持人上岗考核。

第十二条 播音员、主持人考核领导小组由7至9人组成,成员包括主管领导、有关专家及人事、宣传、播音等业务部门的负责人。

第十三条 考核领导小组负责对播音、主持上岗人员的考核、资格审批、颁证工作。

第十四条 资格审批内容:政治考查、知识能力考核和专业水平考试。

(一) 政治考查:重点考查本人历史及现实政治表现,组织纪律性及职业道德。

(二) 知识能力考核:重点考核专业知识水平,相关的方针政策及法律、法规知识。

(三) 重点测试普通话水平和语言表达能力。

第十五条 考核领导小组每年定期受理一次播音员、主持人上岗资格申请。

第十六条 所在单位人事部门对申请人基本条件进行初审,初审合格者可推荐给考核领导小组审核。

第十七条 推荐材料:

(一) 本人申请报告;

(二) 人事部门政治考查证明;

（三）专业考试成绩；

（四）知识能力考核评价材料；

（五）其他材料。

第十八条 审批通过者颁发由广播电影电视部统一印制的《播音员主持人上岗证书》。

已获播音专业中级以上任职资格且通过普通话水平测试达到规定标准者，经认证可获取《播音员主持人上岗证书》。

第四章 资格管理

第十九条 《播音员主持人上岗证书》有效期限为三年。期满前三个月可向审批机关申请办理核发换证手续。

第二十条 核发换证时应提交下述材料：

（一）所在单位对申请人的考评结果；

（二）岗位培训合格证书；

（三）其他证明。

第二十一条 证书遗失者应在三十日内向审批机关申请办理补证手续。

第二十二条 取得证书后，有下列情况之一的，审批机关撤销其上岗资格，收回其证书，在二年内不得申请上岗资格：

（一）受行政记过以上处分；

（二）业务考核连续二年不合格；

（三）播音、主持有重大失误，造成严重影响。

第二十三条 凡受到刑事处罚者，由审批机关撤销其上岗资格，收回其证书。

第二十四条 播音主持上岗成绩优异者，给予精神或物质奖励,记入业务档案作为晋升职称重要参考。

第五章　附　则

第二十五条　少数民族语言、外国语言播音员、主持人,参照本规定执行。

第二十六条　各省、自治区、直辖市广播影视行政主管部门应依照本规定制定出各地的实施细则,并报广播电影电视部备案。

第二十七条　各级人事、监察部门应加强对播音员、主持人考核颁证工作的检查、监督,严格按规定办事,防止不正之风。

第二十八条　本规定由广播电影电视部人事司负责解释。

第二十九条　本规定自发布之日起实施。

(载于《广播影视语言要标准化规范化》广播电影电视部总编室编,1997年,中国广播电视出版社)

二、普通话水平测试概论

论普通话的确立和推广

刘 照 雄

一 汉民族共同语的形成与发展

建立和推广规范的、全国通用的语言(标准语),是经济和社会发展的需要,是任何一个要实现工业化的国家所必须完成的社会历史任务。

语言的使用和发展跟社会的发展、社会经济体制的建立和变革是密切相关的。旧中国长期处在以小农经济为主的体制下,小生产的自然经济占主导地位。汉语方言复杂,除了分布地域广阔、山川阻隔等地理条件之外,自给自足的、封闭的小农经济也是重要的社会原因。"鸡犬之声相闻,老死不相往来"是那种经济体制下,语言生活的写照。

(一) 汉语方言的形成当很久远。传世的扬雄撰写的《輶轩使者绝代语释别国方言》,是中国第一部比较方言词汇的重要著作。根据扬雄《答刘歆》和东汉应劭《风俗通义·序》等材料,可知周秦时期已有人采集方言。(《中国大百科全书》语言文字卷,76—77页) 1955年,罗常培、吕叔湘在《现代汉语规范问题》一文中提出,"汉语方言还没有经过全面的调查。根据现在知道的情况,可以分成八大方言,每个方言内部包括许多小方言。"这八大方言是:北方话、江浙话、湖南话、江西话、客家话、闽北话、闽南话、广东话。1988年,在香港朗文出版公司出版的《中国语言地图集》里,我国方言研究学者将汉语方言划分为十大区。在大区之下有的分区;在区之下分片或再分区;在片之下有的分小片。十大方言区的划分是:

1. 官话大区人口约66223万。其中:东北官话区约8200万人;北京官话区约1802万人;冀鲁官话区约8363万人;胶辽官话区约2883万人;中原官话区约16941万人;兰银官话区约1173万人;西南官话区约20000万人;江淮官话区约6725万人。

2. 晋语区人口约4570万。

3. 吴语区人口约6975万。

4. 徽语区人口约312万。

5. 赣语区人口约3127万。

6. 湘语区人口约3085万。

7. 闽语区人口约5507万。其中包括:闽南区、蒲仙区、闽东区、闽北区、闽中区、琼文区、雷州区、邵将区。

8. 粤语区人口约4021万。

9. 平话区人口约200万。

10. 客家话区人口约3500万。

(二)汉语存在复杂的方言,这是汉语发展的一个侧面,汉语发展的另一个侧面,是在汉语方言之上早已存在求同的趋向。"扬雄《方言》告诉我们,汉朝是有很多方言的,但是也有一种'通语',这种'通语'和当时的书面语关系如何还有待于研究。"(罗常培、吕叔湘)可是到了元代之后,"通语"的作用已经很明显。当时音韵学家就已明确指出:"天下通语,则天下尽通,后世易晓。若为市语方言,则虽便捷一时,称快一地,要无以明天下后世。"(黎锦熙《国语运动史纲》)

　　罗常培、吕叔湘在论述我国汉民族共同语的形成和发展时指出,从书面语言来看,"到了十二、十三世纪就有了相当多并且相当纯净的作品:'语录'(禅家的和理学家的),外交使臣笔录(如保存在《三朝北盟会编》里的),'诸宫调','话本',以及许多笔记小说里记下来的片段对话。这种新的书面语言是同口语密切联系的,……这种新的书面语言和旧的书面语言,用后世所起的名称说就是'白话'和'文言',……这'白话'就是我们现在的民族共同语的文学语言的来源。……白话作品,从'话本'和'元曲'到《儒林外史》和《红楼梦》,都带着各自的地方色彩,但是总起来说,它们的方言基础是一个,北方话。"他们认为,汉民族共同语的开始形成当不会晚于十四世纪。这种口语不久就取得"官话"的名称。明清两代,官话随着政治和经济的力量逐渐传播到各地。但是官话并没有明确的标准和规范。卢戆章最早提出以南京话作为官话的标准。他认为"十九省之中,除广、福、台而外,其余十六省大概属官话,而官话之最通行者,莫如南腔。"王照则坚决主张用"京话"(北京官话),认为,"……宜取京话。因北至黑龙江,西逾太行宛洛,南距扬子江,东傅于海,纵横数千里之土语,与京语略通。是以京话推广最便,故曰'官话'。余谓'官'者公也,'官话'者公用之话,自宜择其占幅员人数多者。"卢戆章后来也放弃了"南腔",同意改用"京音官话"作为"通行国语"了。(《倪海曙语文论集》,第166页)

　　(三)辛亥革命特别是"五四"运动以后,随着反对文言文、提倡白话文,促进了汉民族共同语的发展和推广。"官话"这个名称逐步被"国语"所代替。

1. 提出"国语"问题的直接原因之一是实施国民教育的需要。朱文熊说:"夫吾之所以望同胞者,能自立于生存竞争之世界耳。顾文字不易,教育总不能普及;国语不一,团结总不能坚固。"1917年2月,国语研究会举行成立大会,发表《成立缘起》,指出:"中华民国国语研究会之起源,盖由同仁等目击今日小学校学生国文科之不能应用,与夫国文教师之难得,私塾教师之不晓文义,而无术以改良之也。……同人等以为国民学校之教科书必改用白话文体,此断断乎无可疑者。惟既以白话为文,则不可不有一定之标准,……"(《倪海曙语文论集》第165页,第174页)

1911年,清朝学部召开中央教育会议,通过了《统一国语办法案》。案中建议在京城成立"国语调查总会",各省设立分会,进行语词、语法、音韵的调查;根据调查的结果,审定国语标准,编辑国语课本、国语辞典和方言对照表等。又提出语音以京音为主,而调整四声,不废入声;语词以官话为主,而择其正当雅训者。(《倪海曙语文论集》,第171页)这应该说是即将崩溃的清政府在语言文字工作方面所做的一件顺乎社会潮流的实事。

2. 1912年民国成立。1913年召开了"读音统一会",经过一个多月的讨论,议定了六千五百多个字的读音,并把经过这次议定的字音称为"国音"。"国音"的概念是不明确的。它的标准带有很大的人为成分,不外乎"语音以京音为主,而调整四声,不废入声"。这可以从1918年11月23日当时的教育部颁布的第七五号令里得到说明:"查国语统一问题,前清学部中央会议业经议决。民国以来,本部鉴于统一国语,必先从统一读音入手,爰于元年特开读音统一会,讨论此事。"(《国语运动史纲》)没有明确的标准,必然要进行人为的干预。读音统一会发展为包括23个省、区共约80位会员。在审定读音时,一个省区有一个表决权,"以最多数为会中审定之读音"。这样审定的"国音"注定是不可能推行的。

3. "国音"的审定,引发了"京国问题"的大辩论。1920年,张士一在《国语统一问题》一书中明确提出,连注音字母带国音都要根本改造,其办法是:一、由教育部公布合于学理的标准语定义——就是定至少受过中等教育的北京本地人的话为国语的标准;二、由教育部主持,请有真正科学的语音学训练的人去研究标准语里头所用的音,分析之后,先用科学的方法记下;三、由教育部主持,请语音学家、语言学家、心理学家、教育学家制配字母。这是冷静地总结了以往的国语运动的经验,得出的正确的主张。但是当时在社会上、行政上都遭到非议和反对。

又经过了几年的酝酿,这个带根本性的问题才在认识上达到一致。1926年1月1日在北京中央公园举行了全国国语运动大会,通过了《全国国语运动大会宣言》。《宣言》第一次明确地宣告:"这种公共的语言并不是人造的,乃是自然的语言中之一种;也不就把这几百年来小说戏曲所传播的'官话'视为满足,还得采用现代社会的一种方言,就是北京的方言。北京的方言就是标准的方言,就是中华民国公共的语言,就是用来统一全国的标准国语。这也是自然的趋势,用不着强迫的:因为交通上、文化上、学艺上、政治上,向来都是把北京地方作为中枢,而标准的语言照例必和这几项事情有关系,然后内容能丰富,可以兼采八方荟萃的方言和外来语,可以加入通俗成语和古词类;然后形式能完善,可以具有理论上精密的组织,可以添加艺术上优美的色彩。这仿佛是一种理想的语言,但北京的方言,因环境和时代的关系,实已具有这种自然的趋势,所以采定北京语为标准国语,比较地可算资格相当。"(《国语运动史纲》)这是确认北京话为标准语的十分明确的论述。这也是我国学者广泛吸收国外推行标准语的经验、正确总结推行国语所走过的弯路而得出的结论。胡适在《国语讲习所同学录·序》中说:"我们如果考察欧洲近世各国国语的历史,我们应该知道,没有一种国语是先定了标准才发生的;没有一国不是先有了国语然后有所谓'标准'的。凡是国语的发生,必是先有了一种方言比较的通行最远,比较的产生最多的活文学,可以采用作国语的中坚分子;这个中坚分子的方言,逐渐推行出去,随时吸收各地方言的特别贡献,同时便逐渐变换各地的土话:这便是国语的成立。有了国语,有了国语的文学,然后有些学者起来研究这种国语的文法,发音等等;然后有字典、词典,文典,言语学等等出来,这才是国语标准的成立。"(《国语运动史纲》)这段论述正确地概括了标准语的确立的过程。但是国语确立以后,国民党政府虽然也曾发布了各种训令予以推行,终因战乱不断、社会动荡,国民经济得不到发展,所以旧中国推行标准语的工作收效甚微。

二 普通话的确立和推广

新中国建立之初,中国共产党和中央人民政府十分重视汉民族共同语的确立和推广工作。经过几年的酝酿,在1955年末先后在北京召开了第一次全国文字改革会议和现代汉语规范问题学术讨论会,从思想上、理论上为推行民族共同语做了充分的准备。1956年2月6日国务院向全国发布了《关于推广普通话的指示》。《指示》明确提出并规定:"汉语统一的基础已经存在了,这就是以北京语音为标准音,以北方话为基础方言,以典范的现代白话文著作为语法规范的普通话。"这是从清末的《统一国语办法案》,到民国十五年《全国国语运动大会宣言》,关于汉民族共同语的最全面、科学的论断。它深刻地反映了汉语发展的历史和趋势。

(一)据查,"普通话"一语最早是朱文熊提到的。他认为汉语可分为三类:一类是"国文"(文言),一类是"普通话"(他下的定义是"各省通行之话"),还有一类是"俗语"(方言)。(倪海曙,第166页)

"国语"的来源是一种"就国音而发"的"近文之雅语"。倪海曙分析说:"这种'国语'又是用汉字写的,而且写它的大多是熟悉文言的知识分子;同时白话的词汇还不很够,必须不断从文言输入词汇,有的表现方法还须依靠文言。因此它一产生,就跟文言结了不解之缘,……结果它很自然地发展成为一种不文不白的文体"。赵元任曾指出,"我并不是说这种半白的白话文不好,或是不应该,我自己也有时候儿写这种不成话的白话。可是这都是用汉字写白话的糊弄局儿。因为咱们都懂得汉字,懂得文言,所以把'之、乎、矣、焉、……'改了'的、吗、了、呢、……'就算写白话了。"1931年瞿秋白在好几篇文章中都批评这种白话文"非驴非马"。他提出要进行新的文学革命或者叫做"俗话文学革命运动",他指明用"俗话"来写,也就是"用现代人的普通话来写","用读出来可以懂得的话来写"。(倪海曙,第189页,190页)

1934年为了反对复兴文言的逆流,上海进步文化界又提倡"大众说得出、听得懂、写得顺手、看得明白的语言"。在这次讨论中,一方面反对了文言文,一方面也批判了"近文之雅语"以及照这种"国语"写的白话文,指出这实际上是一种新的文言。从此普通话的概念在进步文化界广为流传。但是从科学和实用两方面来看,普通话的概念在当时还是不很明确的。

(二) 1956年《指示》全面、明确地论述了普通话作为规范的汉民族共同语的科学内涵。世纪之初,我国语文革新的先驱就已经论述了民族共同语要建立在"占幅员人数多者"的方言的基础上。拼音官话书报社的编译员、各号官话字母义塾的教员、教习、经理、赞成员等111人向资政院的说帖提道,"凡京师所在,人皆趋之。千百年荟萃磨练,而成此一种京话,斯即中央而非偏隅也。且原与京话大略相同者,已有直隶、奉天、吉林、黑龙江、山东、河南、甘肃、云南、贵州、四川、陕西十一省,及江苏、安徽之两半省矣。此外各语,无两省相同者。为高因陵,为下因泽,岂有舍京语而别事矫揉之理哉! 京语非北京人私有之语,乃全国人共有之语。"(着重号为笔者引文时所加)稍后,陈望道在论及当时普通话的基础时指出,"它的底子本来是土话方言,不过是带着普通性的土话方言罢了。"(倪海曙,第169—170页,191页)胡适在讨论这个问题时,把作为标准语的基础的方言称为"中坚分子的方言",并且论述了这种基础的方言跟其他方言的关系。应该说,到这个时候,关于汉民族共同语的基础方言的理论论述已经达到明确成熟的阶段。但是1926年《全国国语运动大会宣言》关于共同语的基础方言的概括:"北京的方言就是标准的方言",还失之过于简单。主要不足之处在于:一、把基础方言和标准音这两个需要分别确定的范畴混淆了;二、从理论概括上没有明确指出共同的标准语与基础方言的关系以及与其他方言的关系。罗常培、吕叔湘指出:"民族共同语是在某一个方言的基础上发展起来的,基础方言的地区总是在这个民族的文化上和政治上占重要位置的地区,基础方言本身也常常最能代表整个语言的发展趋势。但是无论怎样,民族共同语不会采纳基础方言的全部内容,基础方言里非常特殊的东西不会被容留在民族共同语里边。同时,民族共同语在它的形成过程中也不断地从其他方言里吸取营养。"1956年《指示》从理论和实践的结合上解决了上述问题。同时明确指出,汉民族共同语特别是它的书面语"以典范的现代白话文著作作为语法规范"。罗常培、吕叔湘指出:"语言的'规范'指的是某一语言在语音、词汇、语法各方面的标准。"(着重号为引者所加)"共同的语言和规范化的语言是不可分割的,没有一定的规范就不可能做到真正的共同。""语言的规范化必然要以书面语言为主要对象。""语言的规范是随着文学语言的发展而逐渐形成的,因此,应该从现代文学的作品里找我们的规范。更明确一点可以这样说:现代汉语的规范就是现代的有代表性的作品里的一般用例。"(《现代汉语规范问题》)总结清末以来近一个世纪的"国语"运动,我们有充分的根据认定,1956年《指示》关于普通话的理论概括是全面的、科学的、适合应用的。这个论断的形成标志着汉民族规范的共同语的最终确立。

倪海曙说:"不论'国语'或'普通话',都是借自近代日本所用的名称。日本从明治维新以后曾经大力推广以东京语为标准的民族共同语。他们最初称为'普通话',后来又称'国语'。"(倪海曙,第196页)《指示》把规范的汉民族共同语正式定名为"普通话",除了有别于"近文之雅语"的"国语"之外,也考虑到我国是一个多民族的统一的社会主义国家。我国各民族在政治上一律平等,各民族的语言也是平等的。各民族都有使用和发展自己语言文字的自由。为了消除资产阶级政府强制推行"义务国语"的消极影响,把规范的、通用于全国的汉民族共同语称为普通话,完全符合我国的语文政策和民族政策。因此,普通话的名称得到了汉族和各少数民族的一致赞同和喜爱。

(三) 罗常培、吕叔湘指出:"民族共同语形成的方式,除决定于政治、经济条件外,还决定于这个语言原有的发展情况。"1958年1月10日,周恩来总理在《当前文字改革的任务》中指出:"要把六亿汉族人民的方言逐渐统一起来,这是一项艰巨的任务,必须作长期不懈的努力,才能实现。究竟要多长?就要看交通、经济和文化的发展和我们的工作,但是只要我们不断认真地工作,这个任务是一定可以实现的。"根据实际情况,50年代确定的推广普通话工作的方针是:"大力提倡,重点推行,逐步普及。"(1957年6月全国普通话推广工作汇报会)在国务院《指示》的推动下,在中央推广普通话工作委员会的直接领导下,从1956年到1966年这十年当中,按照这个工作方针,全国推广普通话的工作取得了全面的进展。十年动乱打乱了推广普通话的工作部署,破坏了已经建立起来的工作基础。党的十一届三中全会之后,全国推广普通话的工作经过初步的整顿,走上了恢复阶段。1982年《宪法》明确规定"国家推广全国通用的普通话",在新的历史时期进一步明确了推广普通话的要求和任务。到1982年前后,全国推广普通话的工作虽然经历了十年动乱,仍然取得了显著成绩。这主要表现在以下几个方面:一、对全国1800多个点的汉语方言进行了普查,并编辑出版了一批指导各地学习普通话的手册;二、学校推广普通话的工作取得了很大成绩,社会面向公众的各部门和系统也比较重视推广普通话的工作,商业、交通、邮电、旅游等部门的一线职工把学习和使用普通话作为提高服务质量、开展文明服务的一项内容;三、召开了五次全国普通话教学成绩观摩会,各地也分别召开了普通话观摩会,举办了不同形式的普通话比赛活动,表彰先进、推动工作;四、举办了二十期中央普通话研究班或进修班,培训了指导和推动各地推广普通话的骨干两千多人,各地也举办了各种训练班、进修班培养了数以万计的推广普通话的干部和师资;五、《汉语拼音方案》在注音识字和学习普通话方面日益发挥作用,同时普通话的推广也为发挥和扩大汉语拼音的作用创造了条件;六、编写和出版了许多学习普通话和推行汉语拼音的图书和读物;七、部队系统长期努力推广普通话,在国防建设中起到了积极的作用;八、广播、影视部门注意语言规范,长期坚持用标准的普通话演播,对推广普通话起了很大的作用。

(四)1986年,经国务院批准,国家教育委员会和国家语言文字工作委员会在北京召开了全国语言文字工作会议。国家语委主任刘导生在《新时期的语言文字工作》的工作报告中指出:"五十年代确定的'大力提倡,重点推行,逐步普及'的推广普通话工作方针是正确的,今后仍然适用。但是,形势变化了,推广普通话工作要有新的进展,工作重点和实施步骤也必须作些调整。重点应当放在推行和普及方面,在普及方面应当更积极一些。在本世纪内,我们应当努力做到:第一,各级各类学校采用普通话教学,普通话成为教学语言。第二,各级各类机关进行工作时一般使用普通话,普通话成为工作语言。第三,广播(包括县以上的广播台、站)、电视、电影、话剧使用普通话,普通话成为宣传语言。第四,不同方言区的人在公共场合的交往基本使用普通话,普通话成为交际语言。"报告还提出:"普通话的标准只有一个,……但是……从实际出发,具体要求可以不同。我们初步设想,可以分为以下三级:第一级是会说相当标准的普通话,语音、词汇、语法很少差错。第二级是会说比较标准的普通话,方音不太重,词汇、语法较少差错。第三级是会说一般的普通话,不同方言区的人能够听懂。"《报告》实际上已经提出了调整推广普通话工作方针的内容:"重点应当放在推行和普及方面,在普及方面应当更加积极一些。"对说普通话的水平提出三级要求,也就是在普及的基础上提出了提高的问题。在本世纪内实现四种用语,实际上是提出了推广普通话工作的阶段性目标。《报告》提出的工作方针的调整和工作进程的规划是十分必要的。它不仅总结了过去的工作,而且适时地改变了以往推广普通话工作缺乏阶段性目标的状况,为制订全国推广普通话工作的"七五"计划和以后的十年规划和"八五"计划创造了条件。

(五)《中华人民共和国宪法》关于"国家推广全国通用的普通话"的规定,从法律上确立了规范的汉民族共同语的地位和作用。普通话的作用在于"全国通用",因此它高于方言,也是我国各民族之间相互交际和联系的纽带。国家明令推广普通话,因此学习和使用普通话首先是每一个汉族公民的权利。这一点不通过比较有些人往往看不到。香港、澳门将在1997年和1999年分别回归祖国。在中华人民共和国成立之前,尽管在港澳地区生活居住的绝大多数民众是我们的同胞,但是在那里汉语汉文并没有应有的地位。澳门当局在澳门二百多年始终规定葡萄牙文是唯一的官方文字。现在港澳地区已进入"过渡期",在基本法里已明确规定了中文的法定地位。事实再明白不过地说明,没有哪一个国家或地区不关心自己的语言文字政策。它是跟国家的主权、民众的切身利益密切相关的。学习和使用普通话同时也是我们的社会义务。为了有利于全国各地之间的交往和联系,有利于文化科技事业的发展,有利于市场经济体制的形成和发展,有利于全国人民的团结和国家的统一,有利于国际交往,我们应当积极自觉地学习和使用普通话。《全国语言文字工作十年规划和"八五"计划》确定了到本世纪末推广和普及普通话的工作目标:要使普通话成为城市幼儿园和乡中心小学以上以汉语授课为主的各级各类学校的教学用语,成为师范学校、初等和中等学校的校园语言。县级以上机关、团体、企事业单位的干部,解放军指战员,公安干警,武警指战员,检察院、法院的工作人员等应当把普通话作为工作语言;为生产和生活服务的"窗口"行业的职工要把普通话作为服务用语。广播、电视、电影、话剧以及音像制品等在语言使用上具有很强的示范作用,必须使用标准的普通话。

1990年以来,经过近几年的准备,国家语委和国家教委在教育系统部署了普及普通话达标验收工作。1992年首先对全国中等师范学校普及普通话工作进行了检查验收。接受省检的学校共851所,占全国中等师范学校总数的89.8%。在省检的基础上,国家语委和国家教委组成联合检查组,分赴全国29个省、自治区、直辖市,对60所学校进行了抽查。抽查结果表明,全国中等师范学校已基本上达到了普及普通话第一阶段的要求:干部师生在教学和学校各项集体活动中坚持使用普通话,毕业生具有普通话和汉语拼音的教学能力。国家语委和国家教委还将在1993年下半年进行以师范专科学校为主的高等师范院校普及普通话检查评估工作。同时对于中小学普及普通话的工作也已采取切实有效的措施予以规划和推动。在教育系统推广和普及普通话的工作已经走上了目标管理和量化评估的轨道。1993年3月,国家教委颁发了《师范院校"教师口语"课程标准(试行)》。关于课程内容《标准》规定:"本课程由普通话训练,一般口语交际训练和教师职业口语训练三部分构成。"明确指出:"普通话是教师的职业语言;普通话训练是前提,贯穿本课程始终。"

根据形势的要求和工作的进程,国家语委经过多次研究论证认为,新时期推广普通话工作的方针应及时调整为"大力推行,积极普及,逐步提高"。方针的调整不仅符合当前工作的实际,也将给今后全国推广和普及普通话的工作以巨大的推动。

三　正确处理推广普通话过程中的几个关系

（一）方言存在和使用发展民族语言与推广普通话的关系

我国政府一再申明,推广普通话并不是要人为地消灭方言。这也是国内外推行标准语的事实所证明了的。方言是一种社会历史现象,它随着一定的社会条件而产生,也只能随着社会条件的变化而变化。正是由于方言的存在,为了适应社会发展的需要才产生推行共同语的要求。推广普通话并不排斥方言,而是要帮助人们掌握和使用全国通用的语言。原来只会说方言的人掌握了普通话,是语言能力和个人素质的提高、交际手段的增强。在有方言的社会里,人们自幼的母语习得普遍地是方言,方言在同乡人当中,特别是在方言单一的家庭里使用是很方便的。因此人们往往对方言很有感情,这是很自然的社会心态。但是不应该由此产生方言优越的错觉,更不应该拒绝学习和使用普通话。

"各民族都有使用和发展自己语言文字的自由",是我国的基本语言政策,也是民族政策的重要内容。我国有56个民族,经过调查研究的少数民族语言约在80种左右。我国政府根据中国的实际情况,实行多语制的社会语言规划。不仅承认汉语文是我国历史上早已形成的全国通用的语文;同时也承认和尊重各少数民族的语言在本民族居住的地区通用,一些民族的文字在一定的地区通用。《民族区域自治法》规定:"民族自治地方的自治机关在执行行政职务的时候,依照本民族自治地方条例的规定,使用当地通用的一种或几种语言文字;同时使用几种通用的语言文字执行职务的,可以以实行区域自治民族的语言文字为主。"少数民族语言文字的广泛使用,促进了各民族语言文字的发展,满足了他们发展政治、经济、文化的需要,维护了各民族的权益,也促进了这些语言文字的教学。使用本民族语言和文字进行的母语教育,在许多以少数民族学生为主的学校里不断取得新的进展,特别是在发展学龄儿童的语言能力、早期开发儿童智力等方面收到良好的效果。

由于社会对语言文字应用的实际需要和实行多语制的要求,我国政府一贯提倡各民族,特别是在同一个地区工作的各族干部,要相互学习彼此的语言文字。汉语是历史上早已形成的我国各民族之间进行交际的公众语言。各少数民族在使用和发展自己语言文字的同时,为了支持国家建设和本地区的发展,应该热情积极地学习汉语文。这也是民族区域自治法里明确规定的。高科技时代已经到来,时代要求我国少数民族地区未来的建设者必须是接受过双语教育,既精通本民族语文又通晓汉语文的人才。推广普通话,推行汉语拼音方案,给少数民族学习汉语文提供了极大的便利,各少数民族学习汉语,不必再学方言,可以直接学习全国通用的普通话;识汉字可以借助汉语拼音掌握标准读音了。各少数民族热情学习普通话,也开拓了推广普通话工作的广度和深度,是对全国推广普通话工作的促进和支持。

(二) 普通话的普及和普通话水平的提高之间的关系

在全国范围内推广普通话,使普通话成为全国通用的语言,必须首先把工作的重点放在普及方面,使群众普遍能听会说普通话,基本上能满足一般社会交往的需要。要实现这样的要求,必须有一批了解方言和普通话的对应关系,会说标准的或比较标准的普通话,能够带动和指导群众学习普通话的骨干。普通话的普及需要在提高指导下进行,同时在普及普通话的过程中必然会出现逐步提高的趋势。就一个人或一个地区来说情况都是这样。否则普及的工作必不能巩固,普及的水准也达不到满足一般社会交往的需要。推广普通话初期,为了消除思想顾虑、鼓励人们大胆地说,有的地方提出开口就及格的说法,这是有积极意义的。但是原来只会说方言的人如果不下一番苦工夫,希望只学得三言两语敢于开口说普通话,就以为达到目的了,那也是不符合实际的。"四用语"中的教学语言和宣传语言应该是水平较高的普通话,特别是具有示范作用的语言应该是标准的普通话,这也是客观的需要。我国推广普通话的工作已经开展了 30 多年,工作已经有了一定的基础,到了积极普及、逐步提高的阶段。为了指导提高工作,国家语委有关部门根据普通话水平可分三级的设想,初步拟订了普通话水平测试标准。这个标准将在实际测试的实践中进行检验、完善,在适当的时候修订实行。

(三) 学校推广普通话和社会推广普通话的关系,以及重点地区和一般地区推广普通话的关系

推广普通话的基础在学校。学校推广和普及普通话的工作搞好了,就能源源不断地向社会输送掌握民族共同语的合格人才。假以时日就可以实现普通话在全社会的普及。这是国内外推广共同语的共同途径。在学校还没有实现普及普通话的阶段,社会又要求实现共同语的沟通,语言文字工作职能部门必须协调各有关

部门,推动社会各界以各种方式开展普通话的学习,鼓励为适应工作的需要自觉使用普通话的单位和个人。所以我们在抓紧学校普及普通话工作的同时,一点也不能忽略推动社会各界学习和使用普通话的工作。社会上形成以讲普通话为荣的良好风尚,还会支持、促进学校普及普通话的工作。学校和社会互相影响、互相促进,这是我们要努力开创的语言环境。

从汉语方言的分布情况来看,推广普通话工作的重点无疑应该放在方言地区。应该实事求是地看待方言的差异,认真地对待方言地区学习普通话的困难。工作上要有倾斜,人力(师资)、物力(设备、教材)要做重点安排。1990年国家语委明确以广东、福建两省和上海市作为南方方言区推广普通话的重点地区。1991年派出专门的调查组深入广东、福建的一些地区做了较为深入的调查研究,就两省推广普通话的工作提出建议。与此同时,广东、福建两省也分别对本省推广普通话的工作做了新的部署。1992年2月2日中共广东省委、广东省人民政府颁布了《关于大力推广普通话的决定》。《决定》指出:"我省推广、普及普通话工作虽已取得一定成绩,但各地的工作开展很不平衡,相当部分地区的学校教学和社会交际都未能使用普通话。这种状况,不仅同我省在全国的地位不相称,而且不利于我省经济、教育、科技、文化等事业的发展,不利于改革开放的顺利进行。"为此,《决定》号召,"各级党政机关和人民团体在推广普通话工作中要起模范带头作用,要把普通话作为会议用语、宣传用语和接待外地人员的工作用语。"《决定》对学校普及普通话的进程、服务行业的推广普通话工作都做出了新的规定。前不久谢非同志在全省传达党的十四大精神大会上,特别谈到推广普通话的问题,号召全省人民要面对大市场、大流通的新形势,认真推广普通话。

北方话分布地域广阔,不少地区的语言与普通话有一定的差异。在这些地区推广普通话要比南方方言区的困难少一点。但是如果不认真对待也不可能收到实际效果。在某种意义上来说,越是比较接近的语音差异越不容易被群众觉察,如果把这种比较接近普通话的乡音误认为普通话的语音,那就很难学好说准普通话,师生如果停留在这种水平上,普通话教学、汉语拼音的实际运用都将存在许多问题,更不必说适应高科技对语言信息处理的技术要求了。在推广普通话工作中,南方方言区要知难而进,严肃、科学地分析语音训练的各种问题,精心施教,力求取得事半功倍的效果。北方话区也要认真对待,严格训练,精益求精。

推广和普及普通话是关系到国家利益、民族前途的千秋功业。我们应该继承前辈坚韧不拔、不断开拓的精神,为实现本世纪的目标努力工作。

(原载《语言文字应用》1993 年第 2 期)

推广普通话的重要举措
——普通话水平测试简论

刘 照 雄

一

在全国范围内大力推广普通话,不仅有利于全国各地的交往和联系,有利于文化、教育、科技事业的发展,有利于市场经济体制的形成和发展,有利于全国人民的团结和国家的统一,有利于改革开放和国际交往,而且也集中体现了汉语发展的趋势。1992年国务院63号文件指出:"实现语言文字的规范化、标准化,是普及文化教育、发展科学技术、提高工作效率的一项基础工程,对社会主义物质文明建设和精神文明建设具有重要意义,必须给予高度重视。"文件要求"学校推广普通话,必须列入学校工作计划,提出明确的目标和要求,建立必要的规章制度。学校推广普通话的重点是各级各类师范院校、初等和中等学校。到本世纪末,普通话要成为城市幼儿园和乡中心小学以上以汉语授课为主的各级各类学校的教学用语,成为师范学校、初等和中等学校的校园语言。""到本世纪末,县级以上机关、团体、企事业单位的干部,解放军指战员,公安干警,武警指战员,检察院、法院的工作人员等应当把普通话作为工作用语;为生产和生活服务的'窗口'行业的职工要把普通话作为服务用语。""广播、电视、电影、话剧以及音像制品等在语言使用上具有很强的示范作用,必须使用标准的普通话。"国务院要求"各级人民政府和有关部门要支持这项工作,加强领导,坚持不懈地抓好推广普通话、推进文字规范化、推行汉语拼音等工作,使语言文字更好地为社会主义现代化建设服务。"

63号文件的规定和要求是完全必要并且是有充分根据的。早在1956年国务院《关于推广普通话的指示》中就曾明确要求:"一、从1956年秋季起,除少数民族地区外,在全国小学和中等学校的语文课内一律开始教学普通话。到1960年,小学三年级以上的学生、中学和师范学校的学生都应该基本上会说普通话,小学和师范学校的各科教师都应该用普通话教学,中学和中等专业学校的教师也都应该基本上用普通话教学。……""二、中国人民解放军部队文化教育中的语文课和中国人民解放军所属各级学校的语文课,都应该用普通话教学,战士入伍一年之内,各级军事学校学员入学一年之内,都应该学会使用普通话。""三、青年团的各地支部和工会的各地组织,都应该采用适当和有效的方式,在青年和工人中大力推广普通话。……""四、……全国播音人员、全国电影演员、职业性的话剧演员和声乐(歌唱)演员,都必须接受普通话的训练。""五、全国各报社、通讯社、杂志社和出版社的编辑人员,应该学习普通话和语法修辞常识,加强对稿件的文字编辑工作。……""六、全国铁路、交通、邮电事业中的服务人员,大城市和工矿区的商业企业中的服务人员,大城市和工矿区的卫生事业中的工作人员,大城市和工矿区的警察,司法机关中的工作人员,报社和通讯社的记者,文化馆站的工作人员,县级以上的机关团体的工作人员,都应该学习普通话。……""七、一切对外交际的翻译人员,除了特殊的需要外,应该一律用普通话进行翻译。"在这个重要指示的推动下,在以陈毅副总理为主任的国务院推广普通话工作委员会的统一领导下,全国的推广普通话工作掀起了高潮。中华全国总工会、铁道部、高教部、教育部、广播事业局、文化部、共青团中央、交通部等立即结合本部门、本系统的实际,作出贯彻国务院《关于推广普通话的指示》的决定。这些决定的一些重要内容至今仍具有指导意义,不仅值得主管和从事各行业、各系统推广普通话工作的同志们认真地回顾,更值得青年同志们深入地了解和学习。从1956年到今天,尽管其间出现过十年动乱的曲折,全国推广普通话的工作由于符合社会发展的需要,仍然取得了显著的成效。特别是1982年《宪法》对推广普通话作了明确的规定,使普通话在全国的推广工作跨进了一个新的阶段。

二

《中华人民共和国宪法》关于"国家推广全国通用的普通话"的规定,从法律上确立了规范的汉民族共同语的地位和作用。普通话的作用在于"全国通用"。它是在北方话的基础上确立、发展起来的,但是,它高于方言,是各方言之间的共同语,同时也是我国各民族之间相互交往和联系的信息桥梁。宪法的规定高度概括了以往二十多年国家推广普通话工作的成绩和经验,集中地反映了新时期社会发展对语言文字工作提出的新要求和新任务。为了适应新的形势和任务,国家语言文字工作委员会对新时期推广普通话工作的方针做了必要的调整。

1986年,经国务院批准,国家教育委员会和国家语言文字工作委员会在北京召开了全国语言文字工作会议。国家语委原主任刘导生在《新时期的语言文字工作》的工作报告中指出:"50年代确定的'大力提倡,重点推行,逐步普及'的推广普通话工作方针是正确的,……但是,形势变化了,推广普通话工作要有新的进展,工作重点和实施步骤也必须作些调整。重点应当放在推行和普及方面,在普及方面应当更积极一些。"经过几年的实践和总结,1992年国家语委正式将新时期推广普通话工作的方针调整为:"大力推行,积极普及,逐步提高"。调整后的方针保持了和原方针的连续性,准确地反映了国家职能部门贯彻宪法规定的态度和工作力度,也恰当地表述了现阶段在推广普通话工作中,如何兼顾和协调普及与提高的要求。

在全国范围内推广普通话,必须首先把工作实施的重点放在普及方面,要尽快地使群众普遍能听、会说普通话,能够基本上满足一般社会交往的需要。要实现这样的要求,必须有一批了解方言和普通话的对应关系,会说标准的或比较标准的普通话,能够带动和指导群众学习普通话的业务骨干。普及只有在提高指导下才能事半功倍,才能减轻学习者的负担,激发他们的学习热情和信心。在普及的过程中,必然会出现逐步提高的趋势,否则普及的工作必不能巩固,普及的水准也达不到满足一般社会交往的需要。因此,普及工作本身就包含着一定的质的要求。

国家教委和国家语委对各级各类学校推广普通话工作的要求,始终是坚持普及与提高相结合的。1992年两委的《关于进一步做好中等师范学校普及普通话工作的通知》指出:"检查和抽查的结果表明,中等师范学校普及普通话工作取得阶段性重大进展,基本上达到第一阶段的要求,即干部师生在教学和集体活动中坚持使用普通话,毕业生具有普通话和汉语拼音的教学能力。""中等师范学校普及普通话工作在总体上已经可以转入第二阶段,即在继续巩固第一阶段成果的基础上,在1995年底前普遍实现普通话成为校园语言,师生都能说标准的或比较标准的普通话。"1990年两委下发的《关于小学普及普通话的通知》指出:"小学普及普通话的要求包括掌握和使用两个方面。学生掌握普通话应做到:(一)能读准2500个左右常用汉字的字音,能正确地用普通话语音读出学过的词语,会说最低限度的轻声词和儿化词;(二)能用普通话流利地朗读课文,语音比较标准;(三)能比较流利地用普通话交谈;(四)能正确、熟练地拼读音节,有条件的学校学生能够直呼音节,能借助汉语拼音识字、正音、阅读和学习普通话。教师(包括干部)掌握普通话应做到:(一)能流利地说普通话,语文教师能说标准的或比较标准的普通话;(二)能用普通话进行教学,语文课教师具备教学普通话和汉语拼音的能力。""学校普及普通话可分为两个阶段,第一阶段做到师生按要求掌握普通话,在教学和集体活动中使用普通话;第二阶段做到在校园内使用普通话。"

为了落实国务院63号文件的要求,加强师范院校的普通话教学和口语训练,国家教委决定在师范院校普遍开设《教师口语》课,并于1993年颁布了《师范院校〈教师口语〉课程标准》。课程标准阐明了课程的目的任务是:"教育学生热爱祖国语言,认真学习,积极贯彻国家语言文字工作方针政策,增强语言规范意识;能用标准或比较标准的普通话进行口语交际;初步掌握运用教师职业语言进行教育教学的基本技能,并能对中小学生和幼儿的口语进行指导,以利于提高全民族的语言素质。"课程标准规定,该课"考核必须严格,注重平时检测,以口试为主。普通话测试要按国家语言文字工作委员会规定的测试等级标准进行,高等师范中文专业及中等师范学生,北方方言区应达到一级,南方方言区应达到二级甲等;其他专业学生,北方方言区最低达到二级甲等,南方方言区学生最低达到二级乙等。"

无论从各级各类师范院校还是从中小学推广普通话工作的要求和需要来看,开展科学的普通话水平测试工作已提上工作日程。

三

根据实际需要和多年推广普通话工作的经验,1986年发表的《新时期的语言文字工作》最早以文件的形式讨论了普通话水平等级的问题。文章指出:"普通话的标准只有一个,就是'以北京语音为标准音,以北方话为基础方言,以典范的现代白话文著作为语法规范'。但是考虑到不同地区、不同部门、不同行业、不同学校、不同年龄等情况,从实际出发,具体要求可以不同。我们初步设想,可以分为以下三级:第一级是会说相当标准的普通话,语音、词汇、语法很少差错。第二级是会说比较标准的普通话,方音不太重,词汇、语法较少差错。第三级是会说一般的普通话,不同方言区的人能够听懂。"

普通话是汉民族的共同语,是规范化的现代汉语,也是我国各地区、各民族之间的通用语言。罗常培、吕叔湘在《现代汉语规范问题》这篇重要的文章中阐明:"语言的'规范'指的是某一语言在语音、词汇、语法各方面的标准。""共同的语言和规范化的语言是不可分割的,没有一定的规范就不可能做到真正的共同。"普通话水平测试是推广普通话工作的重要组成部分,是推广普通话工作具备一定基础后,必须适时推动的重大举措。

80年代末,国家语委组织了《普通话水平测试等级标准》课题组。课题组在调查研究和测试实验的基础上,研究拟订了三级六等的等级标准,并规定了与等级标准相适应的量化评分办法。

普通话水平测试是根据需要对应试人员运用普通话所达到的标准程度的检测和评定。国家语委、国家教委和广播电影电视部的有关文件指出,掌握并使用一定水平的普通话是社会各行各业人员,特别是教师、播音员、节目主持人、演员等专业人员必备的职业素质。因此,有必要在一定范围内对某些岗位的人员进行普通话水平测试。必须明确指出,推广普通话是在全国、全民范围进行的,而开展普通话水平测试,一定要跟工作的实际需要联系起来,先在急需开展的行业、部门或系统中进行,根据需要和可能逐步扩大范围,工作要适度。

根据63号文件和工作的需要,现阶段对应试人员的普通话水平等级要求是:中小学教师、师范院校的教师和毕业生应达到二级或一级水平,专门教授普通话语音的教师应达到一级水平。这个要求十分必要,因为学校是推广普通话的基本阵地,教学普通话是中小学语文课的一项基本内容。如果教师使用普通话的能力达不到必要的水平,实际上是不能胜任教学任务,也不可能全面达到所规定的教学质量要求的。国务院63号文件明确要求:"用普通话进行教学是合格教师的一项必备条件,应当成为评估教学质量、评选优秀教师、评聘教师职务的一个内容。对语文教师说普通话的能力和水平应有更高的要求。"师范院校的学生是即将走上教学岗位的未来的教师,对他们掌握普通话的能力和水平应该严格要求。63号文件规定:"各级各类师范学校(包括承担师资培养任务的普通高校,有条件的部分民族院校)和职业高中的幼师类、文秘类、公共服务类(旅游、商业等)专业都要开设普通话课程,要把普通话作为一项重要基本功,认真训练,严格考核;普通话不合格的毕业生,必须进行补课和补考,补考合格后方可发给毕业证书。"80年代以来,师范院校的普通话推广工作逐步走上了经常化、制度化的阶段,特别是从1994年秋季起普遍开设了《教师口语》课以后,推广普通话走上规范化的轨道。1992年和1993年,国家语委和国家教委先后对全国中等师范学校和高等师范院校(以师专为主)进行了普及普通话的检查验收,两委宣布师范院校普及普通话的工作"在总体上已经可以转入第二阶段,……在1995年底前普遍实现普通话成为校园语言,师生都能说标准的或比较标准的普通话。"1990年以来,在两委的推动下,中小学普及普通话的规划也在逐步落实。但是,无论师范院校还是中小学都面临着在规定时限内提高师生普通话水平的繁重任务。开展普通话水平测试将给这些学校以新的推动和指导。

广播、电视、电影、话剧以及音像制品等,在语言使用上具有直接的示范作用,国务院63号文件要求,在上述工作范围内"必须使用标准的普通话"。改革开放以来,我国广播、影视事业飞速发展,从事这方面工作的专业队伍急剧扩大,其中有相当一部分人员是本、专科学院培养出来的,也有相当数量的人员是从业余转为专业的。不管是哪部分人员,大家都忙于工作,有的还介入相当频繁的社会活动。毋庸讳言,在一些中青年人员中,语言规范意识和文化知识素养远不及老一辈的语言艺术家。加上有关部门的检查、监督工作也还不够经常和严密,播音员、节目主持人一些语言不规范、语音不标准的现象实际上天天在发生。我们就从电视播音员和节目主持人反映出来的问题举几个眼前的例子。电视台近期播出了一个叫"蒲公英"的少年儿童节目,节目主持人无一例外地把"蒲公英"的"蒲"(音"葡"pú)错读为pǔ(音"普"),连读音变后实际读为低降调,结果带着所有参加节目拍播的小学生都跟着说"(普)

公英"!收视的孩子们自然也无一例外地跟着这么说。有位很受观众喜爱的节目主持人把"乘客"chéngkè说成chèngkè。结果影响在台上演小品的演员都这么说。有位较有影响的文艺节目主持人把ji, qi, xi普遍地读成zi, ci, si。有些年轻的女中学生以为这是一种时尚,一种俏皮,争相摹仿,而她们的发音往往又会对家里年幼的弟弟、妹妹或晚辈产生潜移默化的影响,这样就会使年幼的一代在语言的自然习得中,出现不应该发生的偏离规范、偏离传统习惯的缺陷。在新闻联播节目中,笔者曾经听到播音员把"卸职"(xièzhí)里的"卸"读成"御"(yù)。一次或许偶然,不期而遇,过了几天又一次听到这样播稿。表面看"卸""御"两个字形体近似,误读有因,背后却反映出这位播音员对有关词语的了解不够。"卸职"通常作"卸任"是指解除了曾经担负过的职务,而"御"职就没有这样的说法。汉字一字多音、一音多字的情况不少,生僻字更多,谁也不能保证不读错字,但是要看发生在什么情况下,要看是什么样的错误,能够避免的应该尽量避免。三部委决定在广播、电视、电影、话剧等演播人员中开展普通话水平测试,这是非常必要的。这项工作的开展将有力地提高全社会的语言规范意识,有效地促进语言运用的规范化、标准化;也是对在岗的演播人员和即将走上这些岗位的人员的督促和帮助。越是有了一定知名度、较有影响的演播人员越应该留意语言规范化的问题,以避免对听众、观众造成不好影响和个人声望的损失。

四

尽管现阶段开展普通话水平测试工作是在一定范围内,根据工作和学习的需要,对某些岗位人员或学生进行的,实际上工作所涉及的面还是相当广泛的。这就需要周密组织,妥善安排和比较充分的准备。

首先,有关部门要明确这项工作的目的和要求;阐明政策;分析实施的条件;制定实施的办法。国家语委、国家教委、广播电影电视部1994年初开始起草的《关于开展普通话水平测试工作的决定》和《普通话水平测试实施办法》将尽可能全面、明确地回答上述问题。

同时,有关部门要对测试的理论和方法进行深入的探讨和论证,要制定《普通话水平测试等级标准》,编制《普通话水平测试大纲》,规定测试的方法和范围。

《普通话水平测试等级标准》已于1991年通过论证,并由国家语委普通话推广司转发各地试用。1992年底,国家语委组织了专门的学术委员会和课题组,论证和编写《普通话水平测试大纲》,《大纲》已于1994年6月定稿。

普通话水平测试的性质是对说汉语方言的人学习和使用普通话(标准语)所达到的标准程度的检测和评定。这种测试的设计包含着以下几个前提条件:(一)应试人的母语(第一语言)是汉语;(二)应试人一般通晓汉语书面语;(三)应试人不仅能听、会说普通话,而且他们所从事的职业要求他们必须能说标准的或比较标准的普通话。因此,这种测试跟学习和掌握第二语言的测试有明显的不同。一般测试语言学习的效果和程度,要通过听、说和读、写(对书面话)四个方面进行,而普通话水平测试对词语的听辨、理解,语言的组织能力,是在语言运用中进行考查的。所以编写一部符合需要的测试大纲,协调测试的量与质的要求,是十分关键的工作。还应指出,开展这项工作的目的不只要考虑测试的直接成绩,同时在宏观上要把测试工作作为推广普通话的重大新举措,要充分调动参加和通过测试的人员,运用他们的语言知识、技能,在教学或演播活动中带动和指导广大学生和听众学好普通话。

为了达到上述目的、要求,《普通话水平测试大纲》包括以下几个组成部分。

(一)对普通话声、韵、调简要、准确的描写和介绍。

(二)能基本满足一般口语交际和正确朗读一般书面材料所需要的常用词语(词表)。为了吸取北京语言学院对外汉语教学在字词考试方面的研究成果,并使普通话水平测试与对外汉语水平考试衔接,《测试大纲》在《汉语水平词汇与汉字等级大纲》的基础上,略作删选,制定了常用词语[表一],共收字词8455条。这个数量对于以汉语为母语、知识层面较高、并以普通话为职业语言或工作语言的人员来说是远远不够的。根据学术委员会讨论的意见,课题编写组以《现代汉语词典》(不包括后来的增补本)为基础,删除方言词语和文言字词以及罕见罕用的字词,编制了有15496条的[表二]。掌握全表列出的词语用法和规范读音,基本上可以保证应试人员在有文字凭借和无文字凭借的口头表达中,不出现一般常用词语读音和用法上的差错。

(三)根据[表一]编制了普通话与上海话、厦门话、广州话、梅州话、长沙话的常用词语对照表。表中列举了上述方言代表点与普通话说法不一致的词语。一方面可供上述方言区的人们了解方言词语与普通话的差异,提高人们学习普通话词汇的自觉性,另一方面也是词汇测试的内容和范围。

(四)综合列举普通话与方言在语法上常见的差异,作为语法测试的基本项目。

（五）从语文教科书和现代的报刊中选定 1 至 50 号朗读材料，并加上必要的语音提示，作为朗读测试的规定篇目；列举 1 至 50 号题目，作为口语测试的话题。

在卷首的总论中规定了测试的方式一律用口试。根据应试的不同对象规定了分别采用Ⅰ型试卷和Ⅱ型试卷。规定了依据《大纲》的各组成部分编制试卷的要求和评分的办法。

编选一定数量的朗读材料，规定若干谈话题目，在云南、山东、河南（对师范生的测试）等省试行的普通话水平测试中都已采用。普通话与方言常用词语对照在已出版的测试指南之类的参考书中，一般只是列举为数有限的例子，语法方面的差异则更少涉及。至于常用词语的"词表"还没有编制，而这项工作是十分必要的，编制词表一是规定测试范围（不测试词表未列的词语）；二是公布标准。尽管这项工作比较繁重，词汇量不容易定得合适，但是测试大纲学术委员会十分重视这项工作，多次进行了讨论和论证，课题组还是下大力气完成了这项工作。

近几年在研讨普通话水平测试问题时，大家讨论得比较多的问题之一，是测试对方言特点的针对性，认为只有针对方言与普通话的异同问题，这样的测试才真实有效。这种看法有合理的一面，但是过分强调这一点就会导致测试工作的分散，使统一的测试不但在全国、全省，甚至在一个地区都无法进行，因为就是在一个较大的学校内开展普通话水平测试，参加测试人员的方言背景也不可能完全相同。正因为如此，测试大纲强调测试项目的覆盖面要全，强调标准一致，范围和方法相同。针对性的要求换一个角度提出就显得十分必要了，即不同方言、不同地区的人们在准备参试前，要特别注重进行有针对性的学习和训练，以收到事半功倍的效果。同时,测试的评分、定等级也只能根据应试人掌握普通话所达到的标准程度评定。对此还会有人提出过去的老问题:这样测试是不是"公平"？我们不否认汉语方言复杂,不同的方言跟普通话的异同有的相差比较悬殊,应该承认不同方言地区的人学习、掌握普通话的困难程度不一样,但是为了适应工作的需要,我们只能面对客观现实勇于和善于克服暂时的困难,尽快达到自由运用普通话的境界。如果不坚持测试标准和测试方法、要求的一致性,也就取消了科学、规范的测试工作。从现阶段的实际出发,有关主管部委对不同方言地区人员的普通话等级要求作了必要的区别。同时,在测试正式开展的初期,也规定了从现在到1995年底的试运行阶段。在这个阶段里,对不同的应试人员规定了有一定差别的测试范围。这些都是十分必要的政策性规定,它对测试工作健康顺利地开展有重要的作用。普通话水平测试工作是推广普通话工作的重要组成部分,是使推广普通话工作进一步走向科学化、规范化、制度化的重要措施。普通话水平测试工作的健康开展,必将对社会的语言生活产生深远的影响。

(原载《语言文字应用》1994年第4期)

试论普通话水平测试(PSC)*

宋 欣 桥

[**摘要**]本文试图对普通话水平测试的目的、性质进行探讨,分三个问题阐述。1.普通话水平测试是中华人民共和国国家级考试。2.设立普通话水平测试的根本目的是为了推广普通话。这前两个题目严格地说,并非论题,而实际只是对这个事实的进一步确认和强调。3.普通话水平测试是规模宏大的主观性测试实践。普通话水平测试属于主观性测试。主观性测试相对客观性测试来说,容易测试出应试者的实际语言能力,但必须提高测试信度,特别是评分者信度(即测试员信度)。本文列举若干提高普通话水平测试信度的必要条件,试图在实践中解决这个难题。

[**关键词**]普通话,测试,信度

全国开展普通话水平测试(PSC)工作8年,测试达600万人次。普通话水平测试已经成为推广普通话的重要组成部分,成为推广普通话工作走向科学化、规范化、制度化的里程碑,成为新世纪我国语言文字工作中备受关注的项目。我们应该对普通话水平测试的目的、性质有更加清楚深入的认识,这对确保普通话水平测试健康发展有着十分重要的意义。

---

* 本文承蒙刘照雄先生审改,谨致谢意。本文为2002年首届全国普通话水平测试学术研讨会论文。

一、普通话水平测试(PSC)
是中华人民共和国国家级考试

普通话是中国国家通用语言。推广和普及普通话是国家的基本语言政策。普通话水平测试是推广普通话的重要举措。

早在1955年12月我国召开了在语言文字工作上具有历史意义的"全国文字改革会议"和"汉语规范问题学术会议"。这两个会议的文件和报告为在全国进行汉语规范化、推广普通话工作奠定了科学的理论基础。1956年2月6日国务院发布《关于推广普通话的指示》，明确了"普通话"的科学含义，确定了在全国范围内大力推广普通话的政策措施。1958年周恩来总理作了《当前文字改革的任务》的重要报告。这个报告的论述成为后来几十年推广普通话的理论和实践的指导性经典文献。50年代我国政府确立了"大力提倡，重点推行，逐步普及"的十二字推广普通话的工作方针，并于1992年调整为"大力推行，积极普及，逐步提高"，确定了新时期推广普通话的工作方针。以上事实说明，从新中国建立以后，国家大力推广普通话，实际上已经奠定了普通话作为国家通用语言的基础。1982年我国宪法载入"国家推广全国通用的普通话"的条款，更加明确了普通话作为国家通用语言的法定地位。与此同时，我国语言研究工作者开始专门探讨普通话水平等级标准和普通话水平测试的问题。[①]从那时至今已经有20年的时间，普通话水平测试也同其他语言测试一样，经历了较长的探索、定型的时期，逐步走向成熟。

1986年召开全国语言文字工作会议，确定了新时期语言文字工作方针任务。大会主题报告《新时期的语言文字工作》，第一次在国家正式文件中论及普通话水平测试等级。②1988年底,由国家社会科学基金会资助,国家语委组成研制普通话水平测试等级标准课题组。该课题1991年通过专家论证,1992年由国家语委原普通话推广司印发各地试行,③1997年国家语委正式颁布《普通话水平测试等级标准(试行)》。④从1992年底开始,国家语委组织了专门的学术委员会和课题组,开始论证和编写《普通话水平测试大纲》,用了三个年头,于1994年6月定稿,同年10月正式出版。⑤1994年版《普通话水平测试大纲》确定了普通话水平测试的内容、范围以及评分办法,成为全国开展普通话水平测试初创时期的重要依据,因此它具有不可抹煞的功绩。1994年10月,国家语言文字工作委员会、原国家教育委员会(现为教育部)、原广播电影电视部(现为广播电影电视总局)发布《关于开展普通话水平测试工作的决定》(国语[1994]43号)。这个《决定》在我国推广普通话的历程中具有里程碑的历史意义。

  2000年10月31日,第九届全国人民代表大会常务委员会第十八次会议通过《中华人民共和国国家通用语言文字法》,并于2001年1月1日正式实施。它"是我国第一部语言文字方面的专项法律,它体现了国家的语言文字方针、政策,科学地总结了新中国成立50多年来语言文字工作的成功经验,第一次以法律的形式明确了普通话和规范汉字作为国家通用语言文字的地位,对国家通用语言文字的使用做出了规定"。⑥这项法律再次明确"国家推广普通话"(参见第三条),并载入了有关普通话水平测试的条款。该法第十九条规定:"凡以普通话作为工作语言的岗位,其工作人员应当具备说普通话的能力。"该条第二款明确规定:"以普通话作为工作语言的播音员、节目主持人和影视话剧演员、教师、国家机关工作人员的普通话水平,应当分别达到国家规定的等级标准;对尚未达到国家规定的普通话等级标准的,分别情况进行培训。"这是国家以法律的形式明确规定了必须进行普通话培训和测试的人员范围。该法在第三章"管理和监督"中的第二十六条还明确了对违反该法的处理意见:"本法第十九条第二款规定的人员用语违反本法第二章有关规定的,有关单位应当对直接责任人员进行批评教育;拒不改正的,由有关单位做出处理。"

普通话水平测试作为一种语言测试,写入国家法律,值得载入我国语言文化史册。普通话水平测试获此殊荣,说明它不是某个行业、某个机构、某个部门的行为,它是国家立法执法行为。国家各级政府机构、有关行业、有关部门在进行普通话培训和测试时,要明确这种国家法律意识。该法在第二十四条还规定:"国务院语言文字工作部门颁布普通话水平测试等级标准。"这个规定说明普通话水平测试执行全国统一的等级标准。

二、设立普通话水平测试(PSC)的根本目的是为了推广普通话

设立普通话水平测试的积极作用就是推动全国普通话的普及,促进全社会普通话水平的提高。离开推广普通话的根本目的进行测试,就背离了设立普通话水平测试的初衷,不可能健康地发展,也失去了普通话水平测试的生命力。我们对以下问题有了初步的认识:

2.1 是否有利于推广普通话是评价衡量普通话水平测试和测试工作的重要标准。

1994年以来,全国普通话水平测试工作发展很快。8年的测

试实践充分证明了普通话水平测试这个举措是成功的,所制定的普通话水平测试等级标准、测试范围内容,以及测试实施办法是可行的。对全国普通话水平测试工作,国家语委原主任、教育部副部长王湛在2001年初曾加以充分肯定。他说:"经过'九五'期间的努力,测试工作已在全国范围内普遍开展,并且已经初具规模,测试质量得到保证,拥有了一支素质较高的测试员队伍,初步形成了培训测试的机构网络,在普通话的普及和提高方面发挥了重要作用。"⑦

普通话水平测试是个系统工程,从整体上来看还没有完全进入成熟时期,需要不断探索,不断总结,不断完善。现行的《普通话水平测试大纲》经过几年的实践,有必要进行一次修订,使其更加完善。为了保持前后衔接,稳步过渡,不宜进行大的调整。调整时,要充分听取专家和有测试实践经验的研究人员的意见,通过反复研讨,再稳妥地确定下来。全国实施时,要先有试点,培训测试员,取得经验,并留有足够的试用时间。需要调整的内容,包括测试内容、评分办法等方面,都要以有利于普通话的普及与提高为前提。

评价衡量普通话水平测试是否科学、是否成功,最根本的一条标准是要看是否有利于普通话的普及和提高。离开我国的国情,离开我国推广普通话的实际情况侈谈科学,这本身就不是科学的态度,结果也达不到科学的境界,更谈不上成功。另外,是否有利于推广普通话当然是评估普通话水平测试工作惟一的尺度,这是不容置疑的。

2.2 严格执行等级标准,提出适度的等级要求。

等级标准——是指普通话水平测试等级标准,分为三级六等。

这个标准是国家颁布的全国统一的标准,是相对稳定的。由于现行的等级标准正在试行当中,试行一个阶段后,便会做出相应的调整,使之进一步完善,但这是由国务院主管语言文字工作部门主持并颁布,其他机构和个人无权做出任何更动,这是国家通用语言文字法明确规定的。测试实施机构和测试员要严格执行等级标准,保证测试信度。

等级要求——是根据实际情况,政府对不同人员提出不同的等级要求。目前,对不同人员提出的不同要求是:国家级、省级电台、电视台的播音员、节目主持人应达到一级甲等,其他电台、电视台的播音员、节目主持人不低于一级乙等;一般教师不低于二级乙等,语文教师和对外汉语教学教师不低于二级甲等,普通话教师和语音教师不低于一级乙等;国家公务人员不低于三级甲等。[⑧]这是有关政府部门根据我国的实际情况制定的,这些等级要求是指"最低要求"或"普遍要求",这就是除一级甲等称为"达到"外,其他等级要求用"不低于"(或称"以上")这个字眼的用意。

我国语言状况和各类人员构成十分复杂。各地、各级主管部门要遵从国家有关部门下达的基本等级要求,根据当地的实际情况在原则上不低于国家要求的基础上,对同类人员区分不同情况提出等级要求。这首先要通过试点,对本地区、本行业、本部门提出具体的实施措施,并在实施中修正和调整,而不是不顾实际情况机械地照办。这样一方面会损伤应试者学习普通话的积极性,另一方面会造成普通话水平测试信度降低。目前,存在的主要问题是所确定的某类人员等级要求失当,或者虽对多数应试者要求适当,但仍有30%至40%的应试者不能达标,也未做好测前培训,实际测试中只得放宽测试等级标准,增加虚假达标人数,致使测试信度降低。值得赞赏的是,上海市在国家公务员的培训和测试上提出切实可行的方案。这个方案区分不同年龄段,区分市区和郊区,区分原有在职的和新录用的人员,还规定了达标年限和百分比,并且要求持证上岗年份是在达标年限以后。⑨

普通话水平测试反馈结果应该成为推广普通话决策的重要依据之一。各级测试实施机构和国家级、省级测试员担负着一个使命,就是要通过对测试结果的分析,为各级政府语言文字工作决策作出正确的反馈。例如一个地区、一个部门推广普及普通话的现状;有关各类人员的普通话实际水平;应试者测试等级达标要求的确定是否恰当;以及各类人员普通话培训计划的实施与效果等等。

2.3 普通话水平测试要兼顾普通话的普及和提高两个方面。

任何测试(考试)都是针对某一部分社会群体设立的。可以断言,没有一种测试(考试)可以适用任何社会成员的,语言测试更是如此。尽管普通话水平测试的确是社会各类测试(考试)中涉及面广、规模宏大的测试,但也不例外。《普通话水平测试大纲》总论明确指出:"掌握和使用一定水平的普通话,是进行现代化建设的各行各业人员,特别是教师、播音员、节目主持人、演员等专业人员的必备素质。因此,有必要在一定范围内对某些岗位的人员进行普通话水平测试,并逐步实行持等级证书上岗制度。"

目前,主要应试人员可以划分为两大类:一类是语言有示范作用的人员;另一类是公务人员。从等级要求上看,播音员、节目主持人要求达到一级乙等以上(即 92 分以上),意味着这些人员的工作语言应该是标准的普通话;教师要求达到二级乙等以上(即 80 分以上),意味着这些人员的工作语言应该是标准的或比较标准的普通话;国家公务员达到三级甲等以上(即 70 分以上),意味着这些人员的工作语言应该是流畅通达的普通话。总之,我们可以从目前对测试对象的要求看出,都是在普及基础上逐步提高的要求,符合"大力推行,积极普及,逐步提高"这个新时期推广普通话工作方针。因此,我们就不能仅仅停留在"开口就及格"的"大力提倡"的原有的思维模式上,同时也不能超越我国社会语言状况,而提出不切实际的过高要求。

我们在测试设计和测试实施上要有利于普通话的普及和提高。在这个前提下,我们才能够比较客观地重新审视测试大纲的基本内容和要求。

——测试内容有文字凭借和无文字凭借的比例调整要慎重。

无文字凭借的部分(即说话项)的比例现阶段控制在40%以内为宜。现行大纲规定的比例是70∶30,也可以去掉原设计的"选择判断项"后,调整为60∶40。这两种比例应该维持相当一段时间。这是因为,这种有文字凭借部分维持60%或70%的情况,可以促进应试者打好普通话的基础,使其凭借有文字依托的部分为过渡,达到提高普通话口语水平的目的,这有利于普通话的普及与提高。

——朗读项确定数量适宜的固定篇目。

实践证明,设立朗读项是必要的,朗读项确定固定篇目也是非常必要的。通过对选定的一定数量的书面朗读篇目的训练,可以有效地促进应试者普通话口语的提高,这是经过实践证明了的。我们要保障朗读训练的要求全面落实,同时要充分发挥朗读训练对口语的"牵引"作用。

朗读篇目选定数量要适宜。篇目不宜过少,10篇20篇是不够的。篇目也不宜过多,超过100篇,应试者实际没有时间全部认真准备,形同虚设。原大纲选定50篇朗读作品,有多种考虑,其中也考虑到50篇作品所包含的句子数量对应试者口语训练是否够用。原大纲的实际朗读篇目的投签量最少为40篇。我们选择篇目的范围应在40篇至80篇之间,以50篇至60篇为宜。

——保留单音节字词和双音节词语两项并保持原规模。

1994年测试大纲,设定单音节字词和双音节词语两项很有必要。这不仅考查声韵调语音系统,而且从试卷构成上按比例选择常用和次常用词语,对高水平和低水平的应试者都有意义,特别对要求达到一级水平的应试者的测试尤为重要。一级水平"语音标准,词汇、语法正确无误""偶然有字音、字调的失误",其中常用和次常用字词的训练和考查是很关键的。没有相当数量字词的要求对二级甲等以上的级别难于区分,原试卷设计为100个单音节字词、50个双音节词语具有较高的信度。

——对轻声、儿化要有全面的要求。

对于"开口就及格"的要求来说,相应轻声儿化的要求就只强调"必须的""最低数量的",这在"大力提倡"的时期,是完全正确的。现在继续这样要求,就难于适应对二级甲等以上人员的普通话测试。二级甲等以上的普通话水平表现为自然流畅,语感很好,其中轻声、儿化、轻重音起了重要的作用,仅仅掌握"必须的""最低数量的"是很不够的。特别要指出的是,我们说的"可轻可不轻""可儿化可不儿化"的这部分词语,相当一批词语读作儿化、轻读表现为自然流畅、语感好,而不儿化、不轻读表现为生硬、语感差。我们有必要从提高普通话水平的角度重新审视轻声、儿化教学和测试的要求。

——普通话语音评定分析入微是完全必要的。

无需讳言，普通话水平测试语音评定占有重要地位，这同普通话水平测试的性质和目的有直接关系。（另文探讨）现阶段参加测试的人员主体是播音员、主持人、教师和相关专业的毕业生，对他们的要求都在二级乙等以上，即普通话口语达到标准和比较标准的水平。在二级乙等以上的语音面貌存在的语音失误更多表现为语音缺陷。语音评定在"正确"与"错误"之间设立"缺陷"，测试实践证明是完全正确的。特别是一级乙等与一级甲等之间的等级评定，如果没有语音缺陷的评分，操作就会遇到困难，而影响测试可信度。这两个等级之间的区分，不在语法词汇上，虽在朗读、说话方面有所反映，但常常表现在语音缺陷的程度上。一级甲等在语音上表现为极少的零星的不成系统的语音缺陷和偶尔的字音错误，而一级乙等则有稍稍多一些的语音缺陷，甚至某个语音缺陷可能较为集中地出现，虽也会出现个别字音错误，但总的错误率不超过10%。语音缺陷的评分对区分一级乙等与二级甲等、区分二级甲等与二级乙等也同样有意义。

有的人士对语音分析这样细微表示担心，担心这样是否对水平差的考生太严格了。这实际是混淆了"等级标准"和"等级要求"两个不同的方面。我们可以对无须要求普通话特别标准的人员降低等级要求。我们在测试实践中发现，三级水平的语音面貌更多表现为语音错误，二级乙等以上特别是二级甲等以上更多表现为语音缺陷。

——应试者认真准备是件好事。

有测试（考试）就必然出现应试准备，这是无可厚非的。对于普通话水平测试来说，我们鼓励甚至应该明确要求应试者测前要认真准备，准备得越充分越好，不鼓励不提倡应试者未经准备仓促上阵。词条通读过,重点词条训练过,好啊！50篇作品反复朗读过,好啊！50则话题训练过,好啊！通过认真准备的过程提高应试者自身的普通话水平,这才是设立普通话水平测试的真实用意。测试是手段,不是目的。我们更看重应试者在准备过程中和培训过程中普通话水平的提高。我们应该为应试者通过认真准备和接受培训的过程取得的进步而感到高兴。

我们常常听到一些人士的担心,应试者测前这样认真准备反复训练能否测试出应试者真实的普通话水平,这的确是我们要认真研究的有关测试效度问题。但是我们解决普通话水平测试的效度问题,并不是以削弱应试者测前准备和测前培训作为代价。

三、普通话水平测试(PSC)是规模宏大的主观性测试实践

语言测试可以分为客观性测试(objective test)和主观性测试(subjective test)。普通话水平测试属于主观性测试。说到"主观""客观",人们容易从哲学的层面去理解,自然觉得"客观"总比"主观"好,对语言测试来说却并非如此。

是"主观性测试"还是"客观性测试",这是从测试评分方式上对语言测试性质分类的归属认定,而并非对某一测试整体优劣的评价,更不是由评分者主观愿望决定的。"任何考试都要由命题人员来确定测试目的、要求和范围,并根据应试者的具体情况和举行测试的客观条件来决定测试的内容和测试方法,这一切都是主观的。只有在评分方法上才有主观和客观的区分。"(杨钟琳1996年)

普通话水平测试全部采用口试。测试过程是主试人与应试人

面对面的直接测试。也就是说,整个测试评分过程是主试人对应试人作答情况做出主观判断,这是比较典型的主观性测试。语言测试中主观性测试的主要优点是容易测试出应试者的实际语言能力,特别是语音规范即语音标准程度。从这点上看,主观性测试明显优于客观性测试。但由于客观性测试试题答案是固定的、惟一的,因此节省人力、物力,评分比较简单,评分结果稳定。而主观性测试评分过程是由主试人主观判断,尽管有评分标准,由于评分者主观看法、观点、印象以及自身的语言水平的等诸多因素的影响,因而出现评分差异,影响测试成绩的稳定性。测试的稳定性、可靠性,我们通常所说的"测试信度"。因此,主观性测试不仅是提高试卷信度,还要提高评分者信度。评分者信度,对普通话水平测试,我们称为"测试员信度"。笔者在拙文《略论普通话水平测试员信度》中作了简要的阐述(本文提交2001年香港中文大学第三届普通话教育研讨会)。

普通话水平测试作为主观性测试,要提高测试信度,我们面临的困难是多方面的。我们可以从宏观与微观两个方面分析。

从宏观的角度分析,要解决以下两个问题,即:

第一,普通话水平等级标准必须全国统一。从普通话水平测试等级研制之初就明确提出这个观点(孙修章1992年),测试实践也证明这是必须强调的关键问题之一(刘照雄1994年、仲哲明1997年)。1997年国家语委发布的《关于普通话水平测试管理工作的若干规定》明确:"国家语委颁布的《普通话水平测试等级标准》是划分普通话等级的全国统一标准。"在这个问题上各省不得各自为政,目前仍然需要进一步强调(前文已提及,此处不赘述)。

第二,测试内容、评分标准必须全国统一。"国家语委颁布的

《普通话水平测试大纲》是全国进行普通话水平测试工作的统一大纲。"[10]测试内容、评分标准就必须依据这个大纲。在初创时期,各省根据本地区的情况做出补充和微调,不少方面是对原大纲的丰富和发展,也积累了可贵的经验,但也有缺乏依据的任意性成分。随着测试的深入发展,国家将提出修订意见,进一步完善大纲。这是统一全国测试内容、评分标准的理想时机。当然,大纲修订之后,国家主管部门也有必要对测试内容和评分标准实施作出解释,并为各省在执行中留出具体实施调整的限定空间。

从局部微观角度上分析,要增加测试信度,关键要排除三个不一致(李筱菊1997年):

第一,排除考场之间的不一致,包括不同场次之间的不一致,提高考场之间的一致性。需要加强对考场的监控,做好测试员的优选和合理搭配,加强考场测试成绩的总体复核复审。

第二,排除测试员之间的不一致,把评分差异控制在正常的范围内(参见拙文《普通话水平测试的评分差异》1998年)。

第三,排除测试员自身的不一致,即避免评分前后不一致和同类问题评分不一致,以及评分忽高忽低等问题(参见拙文《略论普通话水平测试员信度》2001年)。

当我们从宏观和微观角度分析了大规模主观性测试提高信度的困难后,有必要探讨一下提高普通话测试信度的必要条件。

我们从以下几个方面探讨这个问题:

1. 统一认识,统一评分标准。

测试实施机构和测试员要充分认识普通话水平测试对推动普通话普及和提高的意义,要努力维护普通话水平测试的严肃性和权威性。我们要遵照国家通用语言文字法,严格执行国家颁布的全国统一的普通话水平测试等级标准和测试大纲,这是提高测试信度的保证。

2. 重视对测试员的培训和再培训。

普通话水平测试的性质决定了我们不仅要提高试卷信度,同时要提高测试员信度。测试员培训是提高测试员信度的重要环节。

——重视测试员资格考核。培训测试员不可能从最基本的语言常识讲起。培训时间也毕竟是有限的,参加测试员培训要有个基本条件。测试员只有省和国家两级,入选资格的起点应该较高。测试员最基本的专业条件:具备有大专以上学历;自身普通话口语水平达到一级乙等;有较高的语音分辨能力。有关文件还有其他方面的具体要求,测试员首先要根据规定的条件进行选拔,要接受专门的培训和考核,考核合格才能获得测试员资格。无论省级还是国家级都要严把考核关,坚持标准,宁缺勿滥。

——省级和国家级测试员在培训内容方式上应该有所不同。

省级测试员培训应该重视有系统的测试能力的基础训练,包括对测试大纲的理解,以及各种专项训练:语音分辨训练,分项评分训练,综合评分训练,定量定性训练等。培训内容应以评分操作训练为主。基础理论知识讲授应同测试有紧密关系,内容尽量精炼而有针对性。培训中对学员的普通话口语水平的提高要有所指导。提高学员自身的普通话水平对学员胜任测试工作有直接的作用,培训应包括字词正音训练、朗读基础技能训练、说话基础训练等等。

国家级测试员培训则应有所不同。测试员的基础训练已不是这个培训的主要任务。培训内容应包括两个方面:第一,统一认识。第二，统一评分标准。统一认识就是通过培训明确普通话水平测试的性质、目的，树立维护国家级考试的严肃性和权威性的责任感，同时能奠定一定的普通话水平测试的科学理论基础。统一评分标准就是通过培训进一步明确国家等级标准、各项评分要求，达到全国统一测试内容、统一评分标准的理想境界。通过这个培训，尽可能为学员解答在实际测试中出现的各类问题。这个培训还为交流各地测试经验提供了方便条件，使这个培训班成为研讨普通话水平测试的教研基地。

——测试员的再培训已经势在必行。

无论省级还是国家级测试员，经过几年的测试工作应该接受再培训，以适应测试工作发展的需要。测试员的再培训应包括：了解测试工作新进展；深化语言测试理论；解决测试中的焦点问题、疑难问题；接受有关部门的测试工作实绩考核和续聘。目前，已经有不少省市举办测试员再培训。这应该逐步形成制度定期举办，做到年年有交流，隔年有考核。

3．优选适合普通话水平测试的测试员组合评分方式。

普通话水平测试是由测试组执行测试任务。测试组由三人或双人组成。测试员除复审复核外一般不单独执行任务。任何级别和资历的测试员都无权以个人身份单独为应试者测试，更无权决定应试者的成绩和等级。

经过几年的测试实践，采用三人独立打分，或双人独立打分，必要时加入第三位测试员的评分方式比较适合普通话水平测试。从一般意义上说，通常采用三人测试组比双人测试组测试信度高，双人测试组比单人测试信度高。不过，只从测试组组成人数上比较还不全面，还要从评分的方式上看。当采用双人组或三人组测试时,还分为"商议打分"和"独立打分"两种形式。过去的语言测试中已经证明,"双人商议打分"比"双人独立打分"信度低,常常出现各执一词、争执不休的僵持局面。相比之下,"商议打分"浪费时间,效率低。事实上,"双人商议打分"与"单人有控制评分"信度相差无几。

从提高效率的角度,采用双人独立打分比较经济,也可以获得较高的信度,但同时要解决双人评分不一致时如何处理的问题,如出现不同等级的评分或评分差异较大等情况。解决的办法是在必要时请第三位测试员加入,以这三位测试员中的两个相同等级测试结果的成绩为准。当然,也可以通过复核复审解决此类问题。

应试者的最后成绩应该如何确定?是按其中高的分数确定?还是按低的分数确定?我们的意见是双人组以两名测试员相同等级的各自独立打分的平均分值为应试者的最后成绩;三人组则是以三名或两名(属多数)测试员相同等级的各自独立打分的平均分值为应试者的最后成绩。我们要补充说明的是,这两名或三名测试员在独立评分后的个体评分结果应受到尊重,不受职务职称、年龄资历、国家级还是省级等条件左右,有保留自己评分结果的权利。但同时测试员又应该依照测试的有关规定接受复审复核。

三人组成测试组对测试信度更有保证。我们可以用于特定的测试群体,如对国家级测试员的考核,对省级、中央级广播电视系统的测试,对港澳及境外测试,以及各地考核测试员等。新测试员上岗的实习阶段,也可以采用包括新老测试员在内的三人组合测试组执行测试任务。"以老带新",保证测试信度。

4. 控制每日的测试数量。

每日测试量(人数)是由测试内容所需要的时间决定的。

依据1994年测试大纲规定的测试内容:1.单音节字词;2.双音节词语;3.选择判断;4.朗读;5.说话。按限时依次计算:3分/3分/3分/4分30秒/3~4分,总计17分30秒。实际测试一个应试者的时间约15分钟。有的省市采用四项测试内容,约12~13分钟,扣除应试者进场、离场时间,以及安排测试员一个单元(半天)一次小憩时间,一个测试组每小时可以测试4~5人。按每日8小时计算,实际测试人数为30~40人之间。口语测试是高强度的脑力劳动,特别是集中测试达到二级或三级的应试者时量化评分极为辛苦,考虑到测试员身体的承受能力,每日测试人数在30人左右为宜(每日极限数在40人以内。如集中测试以三级水平为主的应试者时,一般应控制在每日22至28人之间)。

每日测试量直接影响到测试的信度,这是普通话水平测试显得突出的问题。某些测试机构为了突击任务或追求经济收益,要求测试员超负荷工作,造成测试员过度疲劳,或测试员采用减少测试内容等的取巧方法应付,致使测试信度降低,难于保证测试质量。

5．控制其他因素的影响。

除以上四种保证信度的条件外,还有以下几种需要控制的因素:

①考场地点集中

评分地点分散难于控制考场,也难于保证考场之间的一致性。各地应创造条件尽量使考场地点集中,这对保证测试信度是有利的。

②应试者身份不为测试员所知

当应试者的身份为主试者知晓后,会或多或少影响到主试者的评判,特别是知道应试者的达标"生命线"后,极易左右主试人的评判。我国现阶段测试是分行业进行的,常常是一类人一类人地进行,这对保证信度极为不利。我们应该充分注意到这个问题。

③随机分派测试员,随机分配评判对象

在测试现场测试员和应试者才见面知晓,有利于提高测试信度。随机分派测试员、随机分配评判对象是最为可行的有效办法。因此,在测试前,测试员分组名单、应试者所在考场名单应该在一定程度上采取保密措施。

总之,主观性测试信度对规模较小的测试比较容易控制,而规模较大的难于控制。如何提高大规模主观性测试的信度是世界语言测试的一大难题。普通话水平测试规模之宏大是世界各类语言测试规模难以相比的。我们可以这样说,普通话水平测试是对大规模主观性测试的一个伟大实践。从总体上看,我国现行的普通话水平测试信度较高。不仅试卷信度如此,测试员信度也是如此。只要我们十分关注理论研究与科学实验的结合,以及培训与测试的结合,就有理由相信,我们有条件、有能力解决这样一个难题,为世界语言测试科学的发展做出贡献。

附注

① 参见1982年北京语言学会普通话等级标准研究小组的《普通话等级标准条例草案》。另参见1983年陈章太《略论汉语口语的规范》。

② 参见1986年国家语委原主任刘导生所作的大会报告《新时期语言文字工作》:"普通话的标准只有一个,……但是考虑到不同地区、不同部门、不同行业、不同学校、不同年龄等情况,从实际出发,具体要求可以不同。我们初步设想,可以分为以下三级:第一级是会说相当标准的普通话,语音、词汇、语法很少差错。第二级是会说比较标准的普通话,方音不太重,词汇、语法较少差错。第三级是会说一般的普通话,不同方言区的人能够听懂。"

③ 参见1992年国家语委"国语普[1992]4号文件"。

④ 参见1997年12月5日国家语委《关于颁布〈普通话水平测试等级标准(试行)〉的通知》。

⑤ 参见刘照雄《推广普通话的重要举措——普通话水平测试简论》,原载于1994年第4期《语言文字应用》。

⑥ 参见中共中央宣传部、全国人大教科文卫委员会、教育部、司法部、国家语言文字工作委员会《关于学习宣传和贯彻实施〈中华人民共和国国家通用语言文字法〉的通知》(教语用[2000]6号)。

⑦ 参见国家语委原主任、教育部副部长王湛在2001年度全国语委办主任会暨普通话水平测试工作汇报会上的讲话《认清形势,真抓实干,开创语言文字工作新局面》。

⑧ 参见1994年三部委《关于开展普通话水平测试工作的决定》以及附件一《普通话水平测试实施办法(试行)》。参见1997年6月26日国家语委《关于普通话水平测试管理工作的若干规定(试行)》。参见《中华人民共和国国家通用语言文字法学习读本》(2001年语文出版社)。

⑨ 国家有关部门对国家公务员的具体等级要求是"1954年1月1日以后出生的公务员达到普通话三级甲等以上的水平;对1954年1月1日以前出生的公务员不作达标的硬性要求,但鼓励努力提高普通话水平"。参见人事部、教育部、国家语言文字工作委员会《关于开展国家公务员普通话培训的通知》(人发[1999]46号)。上海市贯彻实施中根据本市国家公务员的实际,分别情况提出不同达标等级要求:"1.1954年1月1日以前出生的公务员普通话水平为三级乙等(60分)以上;2.1954年1月1日以后至1965年12月31日以前出生的公务员普通话水平,市区为三级甲等(70分)以上,郊区为三级乙等(60分)以上;3.1966年1月1日以后出生的公务员普通话水平为二级乙等(80分)以上;4.从2002年起,本市新录用的国家公务员,必须通过普通话测试,达到二级乙等(80分)以上水平。"还规定"自2004年1月1日起,本市实行国家公务员持普通话等级证书上岗制度。""具体达标是2001年底达到25%以上;2002年底达到70%以上,2003年年底前实现基本达标"。参见中共上海市委组织部、上海市教育委员会、上海市语言文字工作委员会《关于在本市开展公务员普通话培训的通知》(沪人[2001]128号)。

⑩ 参见国家语委《关于普通话水平测试管理工作的若干规定(试行)》1997年6月26日。

参考文献

[1]《中华人民共和国国家通用语言文字法》,2000年10月31日第九届全国人民代表大会常务委员会第十八次会议通过。

[2] 刘照雄主编《普通话水平测试大纲》,吉林人民出版社,1994。

[3] 国家语委普通话培训测试中心、《语言文字应用》编辑部合编《普通话水平测试的理论与实践》,商务印书馆,1998。

[4] 李筱菊著《语言测试科学与艺术》,湖南人民出版社,1997。

[5] 宋欣桥编《普通话水平测试员实用手册》,商务印书馆,2000。

[6] 戴梅芳主编《普通话水平测试研究》,语文出版社,1997。

[7] 杨钟琳编著《英语测试的原则与方法》,杭州大学出版社,1996。

[8] 刘照雄《推广普通话的重要举措——普通话水平测试简论》,《语言文字应用》1994年第4期。

[9] 仲哲明《普通话水平测试若干问题的讨论》,《语言文字应用》1997年第3期。

[10] 宋欣桥《普通话水平测试的评分差异》,《语文建设》1998年第9期。

[11] 宋欣桥《对普通话水平测试走向科学的思考》,《语文建设》1999年第6期。

普通话水平测试的性质

仲 哲 明

普通话水平测试究竟是什么性质的考试？目前人们的说法不一。有的说是一种常模参照测试(Norm-referenced Test)，有的说是目标参照测试(Objectives-referenced Test)，有的说是标准参照测试(Criterion-referenced Test)，有的说是领域参照测试(Domain-referenced Test)，也有说是常模参照方法同标准参照方法相结合的测试，等等。从教育测量和评价手段的角度看，上述种种说法不好说都不沾边，但是读了以后还是不得要领。我想，这不仅由于论者没有结合普通话测试的情况进行必要的具体分析，而且由于这些测试理论在它们的故乡西方国家也是众说纷纭的，比如关于标准参照测试的定义就多达 57 种之多，由此可见一斑。

进行测试性质问题的讨论，我以为不能从定义出发，而要从普通话水平测试的实际出发。西方考试理论里有用的东西当然要吸收，但要结合我们的实际。我们的实际是什么？第一，普通话水平测试是应试人的母语标准语水平测试，不是外语测试。第二，是语言运用能力的测试，而且主要侧重在语言形式规范程度的测试，不是语言知识测试，也不是表达技巧的测试，更不是文化考试，尽管这种测试跟知识、表达技巧、文化水平都有一定的关系。第三，应试人都是有一定文化的成年人，一般都已经掌握全国统一的普通话书面语。因此,所要测试的语言能力主要是指从方言转到标准语的口语运用能力,即应试人按照普通话语音、语汇、语法规范说话的能力,而不是指通常所说的包括听说读写全部内容的语文能力。第四,掌握知识或培养能力的过程是一个从极端生疏到完全熟练的连续体,一个人的成就水平总是落在这个连续体的某一点上,并显示在他完成某种测试的行为中。为了评定他的成就水平,我们只有通过测试来确定他的成就与所期望的目标之间的接近程度。在这种测试中,与应试人的操作作比较的标准可以是这个连续体上的某一点,也可以是连续体的终端。这主要取决于测试的目的。普通话水平测试的直接目的,就是以我们所期望的普通话语音、语汇、语法规范(即普通话水平等级标准的一级甲等)为参照标准,通过测试评定应试人普通话口语水平接近这一标准的程度,即评定他所达到的水平等级,为逐步实行持证上岗制度服务。所以,普通话水平测试实际上也是一种资格证书考试。

从上面的分析中可以看出,普通话水平测试是对应试人掌握和运用普通话所达到的规范程度的检测。它的着眼点是要确定应试人中谁已经达到普通话等级的哪一级哪一等,从而确定他是否达到工作岗位所要求的最低标准;而不是要从应试人中选拔出若干优秀者,淘汰若干水平差的,也就是说,并不是要通过测试分清应试人相互之间水平等级差别。因此,普通话水平测试基本上属于目前比较通行的所谓标准参照性或者说达标性测试的范围,而不是选拔性的常模参照性测试。

(节选自仲哲明先生《普通话水平测试若干问题的
讨论》一文,采用的是原章节的标题)

普通话水平测试的构想与实施

刘 照 雄

普通话水平测试是根据需要对应试人员运用普通话所达到的标准程度的检测和评定。

如何科学地评定说方言(或外籍学习汉语)的人掌握和运用普通话的标准程度,是一个新的课题。为了准确、科学、公正地实施这种测试,必须妥善解决以下三个问题。

(一) 测试标准

普通话的标准只有一个。但是,不同地区,不同行业,不同文化程度,不同年龄的人掌握和运用普通话的水平存在明显的差别。有统一的尺度才能准确地衡量出不同的水平。

1986年发表的《新时期的语言文字工作》中曾指出:"第一级是会说相当标准的普通话,语音、词汇、语法很少差错。第二级是会说比较标准的普通话,方音不太重,词汇、语法较少差错。第三级是会说一般的普通话,不同方言区的人能够听懂。"这是从语言运用的实际体验中概括出来的约略分级。

为了准确地评定普通话的水平,1991年论证通过了课题组研制的《普通话水平测试等级标准》。这项标准在实施中按照实际测试的内容和操作的要求对普通话等级标准作了重要的补充。对三级六等的测试总失分率的上限分别规定为3%、8%、13%、20%、

30%、40%。

普通话有口语和书面两种形式,测试也必须采取有文字凭借(朗读)和没有文字凭借(说话)的两种方式进行。有文字凭借的部分要包括适量的语音、词汇、语法的检测项,各类题目要有明确的目的、要求,要对试卷进行信度、区别度和难度分析。为了突出口语检测的特点和要求,测试一律采用口试方式进行。

有文字凭借的部分和没有文字凭借的部分所占评分的比例,应该随着测试工作的进展,按照不同行业人员的条件和需要做动态的调控。方向是逐渐扩大没有文字凭借部分的评分比例。

(二) 测试对象

必须强调指出,推广普通话是在全国范围进行的,而开展普通话水平测试,一定要跟工作的实际需要结合起来,先在急需开展的行业、部门或系统中进行,根据需要和可能逐步扩大范围,工作要适度。现阶段推行的普通话水平测试的方案,是针对在工作岗位上语言的运用具有示范作用的人员制定的。也就是说,应试人所从事的职业要求他们具备能说标准的或比较标准的普通话的能力。

根据国务院1992年63号文件要求和实际工作需要,国家语委、国家教委、广播电影电视部决定现阶段的主要测试对象为:中小学教师、师范院校的教师和毕业生,县级以上(含县级)广播电台和电视台的播音员、节目主持人,电影、电视剧演员和配音演员,以及相关专业的院校毕业生。

普通话水平测试的最初构想,曾经把这种测试设计为对一切社会成员的测试。这种构想不但在操作上不分急缓、轻重,而且也难以实现普遍的实际效用。从我国推广普通话的进程来看,广大操方言的人还处在普及普通话的阶段,只是在一些行业的层面上具备了提高的条件。现阶段还不可能也不必要对社会各阶层、各行业普遍进行普通话水平测试。

(三) 测试的内容和方式

《普通话水平测试大纲》学术委员会和编写组在制定编写计划和编写的过程中,始终强调《大纲》不仅是测试的范围,而且是试前必须进行训练的内容和范围。以测试促进培训,以扎实的培训保证测试的质量,切实提高人们掌握和运用普通话的规范程度,是编制《大纲》的总的指导原则和目标。

对不同行业人员的不同要求,不仅在普通话的等级上有区别,还要在测试的内容(范围),也就是测试的总量上作适度的区别。量不足,达不到从业语言的水平要求,测试形同虚设,可能流于形式;量过大,应试人员的负担过重,培训、测试两个基本环节也都难以取得实效。

组织、开展测试的前提是工作需要,限定培训、测试的范围的根据也是工作需要。《普通话水平测试大纲》是按上列应试人员需要掌握普通话(语音、词汇、语法等方面)的能力来确定分量和篇幅的,是以应试人员全部掌握《大纲》之后,在运用普通话的时候能基本避免出现语音、词汇、语法上的失误为目标的。

现阶段推出的《大纲》是最高层次的要求,它适用于语言有示范作用的行业人员。对其他行业或系统的人员(比如公交、财贸系统的司售人员和售货员),则应根据他们的职业需要,适应他们业务培训的条件,限定较少的训练和测试的内容。普通话的水平等级都是三级六等,由于测试范围不同,训练的量不同,测试所覆盖的训练内容不相同,所以,尽管不同行业的等级是一样的,但是,其实际意义、实际价值是不同的。今后需要把普通话水平测试推向更多的行业时,由于测试的范围、要求不同,应该按大行业划分为几类(一般可划分为三大类,有关行业取适当的类,不宜过细、过多),比如划分为Ⅰ.教育—演艺类,Ⅱ.社会公务类(对公务人员),Ⅲ.公交财贸类等。不同类的测试,最基本的内容(范围)应该是重合的,重合部分的词语应该是最常用的。不同层次(类)的培训、测试内容与要求可以用不同半径的几个同心圆来表示。

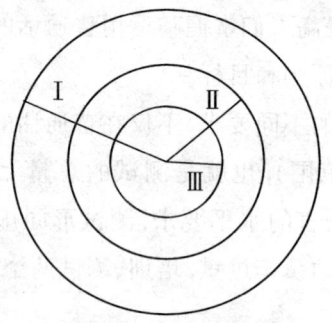

即:(1)都用Ⅲ的范围(要求)测试各类人员,他们所获得的水平等级是一样的,但Ⅰ、Ⅱ类人员还有潜在的能力,而且限于Ⅲ的训练和能力还不能适应他们所从事的职业的需要。

(2)用Ⅱ的范围测试,超出了Ⅲ类人员的训练范围,他们一定不适应;Ⅰ、Ⅱ类人员所获得的等级水平是一样的,但Ⅰ类人员还有潜在的能力,而且如果限于Ⅱ类人员的训练和能力,也还不能适应他们(Ⅰ类)所从事的职业的需要。

(3)用Ⅰ的范围测试,由于超出Ⅱ、Ⅲ类人员的训练范围,他们会感到不适应或很不适应。从工作需要来看也是不必要的。不同行业、系统实行的等级标准都是三级六等,由于工作需要不同,不仅在所要达到的等级要求上有区别,而且在培训测试范围上也有一定的区别。应该明确,各个层面(不同行业、不同系统)的普通话水平测试普遍开展之前,必须按工作需要确定不同的训练、测试范围,只有在同行业、同系统内部,等级标准才有可比性。不同层面测试有一个共同的内核,因此它们之间有很紧密的联系。它们的最低线(三级乙等)都要能够达到实现本行业一般社会交际的最低要求。

现在三部委推行普通话水平测试是高层面的测试,适用于一定的测试对象,不宜把测试对象扩大到规定的范围之外。其他行业需要开展测试工作时,应首先论证,确定培训、测试的范围和要求,报请国家普通话水平测试委员会认定、颁布后实施。以上是我们根据近几年的工作体会提出的构想,是否适当,有待工作实践的检验。

(原载《语文建设》1996年第2期)

对普通话水平测试走向科学的思考

宋 欣 桥

我们在40多年的推广普通话工作中,从"开口就及格"的"大力提倡",走向在普及基础上"逐步提高"整个社会的普通话水平,初创了普通话水平测试的系统工程。应该说,研究和制定三级六等的《普通话水平等级标准》,研制和编写《普通话水平测试大纲》的整个普通话水平测试形成和完善的过程本身就是推广普通话走向科学的产物。

一、树立科学精神

在普通话水平测试中树立科学精神,首先体现在它的建立、完善和推广必须符合我国推广普通话的工作实际,要有利于全国推广普通话的健康发展。我们不可能离开我国推广普通话的实际而侈谈科学。例如应试人的范围、测试内容的确定、测试时间的长度都不能离开我国推广普通话的实际状况。

普通话水平测试是实践性很强的一门语言科学,它必须接受千万人的测试实践的检验。科学实验是一种复杂的社会活动。在实验过程中我们应该采取积极而又稳妥的步骤进行,避免走弯路,少走弯路。要有足够的语文研究、语言教学、教育评估测量的专家学者参与,充分听取有实践经验的测试工作者的意见,并首先在一定地区和人群中进行实验,实践证明了的再逐步推广开去。这既是测试工作的组织实施者持有的基本科学态度,也是为人民负责精神的具体体现。在飞速发展的现代社会,"我辈数人"必须尊重千万人的测试实践,测试实施步骤应该成为千万人推广普通话实践的结晶,不采取缺少实践的"定则定矣"的态度。这种尊重实践的态度是测试研究者应该具备的基本的科学精神。

在发展中逐步完善普通话水平测试,并保持测试工作的相对稳定。一个新事物诞生,既带有蒸蒸日上的勃勃生机,同时也必然伴随着幼稚和不成熟。我们的语言学家一定不会要求"婴儿"呱呱坠地就"听、说、读、写"四会吧!？但这绝不能成为我们工作远远置后的托词。我们应该感谢各地的语文工作者用他们辛勤的实践逐步使测试成长完善起来。当前测试工作发展迅速,我们必须加快工作步伐,组织雄厚的语文科研力量,站在测试工作的前列。同时,我们在加快工作步伐的时候,要注意测试工作是个庞大的系统工程,在它形成和发展过程中要注意条件是否成熟,步骤上相对稳妥,避免朝令夕改,造成无所适从的局面。

二、掌握科学方法

1. 普通话水平测试发展完善的过程要通过不断科学实验来实现。

我们常把"科学"和"实验"连起来,说明两者密不可分。大概"科学"离开"实验"是很难实现的。我们不能用简单的演绎过程来做科学研究。例如:专家的理论是正确的。张三是专家,因此他的见解就是正确的。测试工作要加强领导。李四是领导,因此他的意见就是正确的。本本是指导工作的。这个是本本上的话,我们就只能照本本上的做。诚然,测试工作必须要加强领导,专家、领导的意见要认真研究执行,大家是会正确理解的,我们只是主张要实事求是通过科学实验解决问题罢了。还是陈云同志站在辩证唯物主义立场上说的那句话:不唯书,不唯上,只唯实。

2. 利用科学手段,发挥人的主导作用。

现代科学的发展,计算机的运用是重要的标志。计算机技术已经运用在测试题库的建设中,一些省市已经积累了成功的经验。不过,我们还没有充分发挥它的作用,例如自动评分系统。长远地看,还要解决语音识别、语音合成在测试中的积极作用。同时我们应该注意到:作为语言科学的普通话水平测试,属于社会科学的范畴。计算机这个准确高效的现代化工具,毕竟是人脑延伸的工具。程序的编制和最终结果的检验,必须由人把握。这一点科学家是有清醒认识的。例如在信息处理用现代汉语规范词表的研制过程中,清华和人大的专家提出"规范+词表"的思路,"经验+统计"的方法。认为"人机并存,质、量合一",机器的作用是"量"上的把握,而人的作用是"质"上的判断。又如:目前计算机已经可以迅速地分析语音四个要素的参量。假定研究者没有分清"轻声"和"轻音"的界线,把双音节读作"后轻"的词语都一股脑儿输入到"轻声"的研究中,那么结论就可能不大确定了,甚至提出"姐姐""斧子"与"老虎""小姐",两组原字调相同,读"后轻"的词语,而前字变调不同的疑问。

3. 正确分析、把握"定量"与"定性"、"精确"与"模糊"、"宽"与"严"的关系。

在测试中正确进行定量、定性的分析是测试科学性的体现。《普通话水平测试大纲》(1994年版)对"说话"项评分档次的确定就是一个具体的例证。我们在强调"可操作性"时，很容易出现以"定量"代替"定性"的情况。反之，没有"定量"作为基础，"定性"就往往出现评分因时、因地、因人而异的任意性。例如：应试人把"暂"读成"zhàn"，把"束"读成"sù"，就断定该应试人"平舌音和翘舌音不分"。又如，应试人偶尔出现或刚在开头出现一、两次语音问题，就断定该应试人有某类语音错误或语音缺陷。事实证明，用"定性"代替"定量"，测试员就难于把握和操作。用"定量"代替"定性"就失去了对应试人普通话水平等级总体面貌的把握。我们认为，"定量"是"定性"的基础，而"定性"是"定量"的概括和总结。

　　测试评分精确到什么程度？其实"精确"这个概念本身就是"模糊"的，也就是说"精确"本身就是个模糊概念。"精确"实际是相对的。例如统计数字，对"绿化造林"的植树棵数，精确到"个位"就没有什么意义。就是精密仪器的精密度也有误差大小的差别。我们的测试也是一样，例如，评分结果精确到小数点后一位就可以了，从小数点两位后的数据对评定等级就没有什么意义了。

　　在测试评分把握上，是放宽好呢，还是从严好呢？有的测试员没有严格按规定评分，任意放宽标准，也有人主张越严越好。其实在测试中"从宽""从严"都是不正确的。当我们发现测试标准"宽"了或"严"了就应该及时调整，调整后就不存在"宽"或"严"的问题了。张弗先生说得好——"宽严皆误"。我们现在的科研任务就是在"宽"和"严"之间寻求一个适当的"度"。

三、鼓励创造发明

　　我理解"鼓励创造发明"，首先是发扬民主的精神。在没有民主的状态下是难于开展科学研究的。这对普通话水平测试这个刚刚诞生的事物来说,更具有现实意义。现阶段,普通话水平测试仍处于初创时期,我们不用急于下结论,应多探讨,多摸索,多实践。不是靠少数人闭门造车,也不需要堵住大家的嘴巴,而是鼓励更多的语文工作者参与研究,肯定在此工作中做出的成绩和研究成果,这样才有利于普通话水平测试工作健康的发展。

(原载1999年《语文建设》第6期)

略论普通话水平测试员信度*

宋 欣 桥

一、测试员信度分析对普通话水平测试的意义

1.1 测试员信度是普通话水平测试信度的重要方面

信度是从教育测量学角度反映测试稳定性和可靠性的重要指标。普通话水平测试作为国家级测试,具有较高的信度是其科学性和权威性的体现。

测试信度包括两个方面:试卷信度和评分者信度。试卷信度是确保试卷质量的重要指标,而评分者信度是主试人对应试者试卷评分质量的重要指标。几年来,全国普通话水平测试十分注重试卷的信度分析。从云南、上海取得的数据显示,普通话水平试卷有较高的信度指标,例如1997年云南省依照国家普通话水平测试大纲拟制试卷,大多数试卷信度达到0.80至0.90之间。

评分者信度对普通话水平测试来说便称为"测试员信度"。各地普遍重视对测试员信度的监控,其中云南、上海、湖北成功建立监控系统。其中云南对测试员信度分析结果,取得了超出标准化考试0.9以上的信度指标(0.929以上)。从总体上看,"测试员评

---

* 本文为2001年香港中文大学第三届普通话教育研讨会论文。

判的成绩是准确的,测评的质量是可以信赖的"(参见1997年《普通话水平测试研究》主编戴梅芳)。

1.2 普通话水平测试的性质决定了测试员信度的重要性

普通话水平测试全部采用口试形式。普通话水平测试在口语测试方式中主要采用主试人与应试人面对面的"直接测试",个别地方(如湖北)也试验采用"半直接测试"。"半直接测试"的方式并不要求主试人真正出现,应试人通过录音带或书本提示讲话内容,这种方式通常是在语言实验室进行,同时可以测试一批人。香港中文大学普通话教育研究与发展中心成功举办的利用电脑进行录音测试,将普通话水平测试的"半直接测试"方式推向全新的阶段。无论采用直接还是半直接测试的口试方式,都是由主试人对应试人的口语试题进行主观评分,这种评分方式被称为"主观性测试"。

普通话水平测试的评分方式属于"主观性测试",主要优点是相对"客观性测试"来说,命题比较容易,应试人靠猜测比较困难,也容易测出应试者的实际语言能力。它的主要缺点是尽管有评分标准,由于评分人员主观因素的影响,因而出现评分差异,影响测试成绩的稳定性。

一种测试采用什么评分方式,是采用客观性测试,还是采用主观性测试,是由该测试的目的、性质决定的,并不以评分者的主观愿望为转移。我们要有效地控制评分差异,不断提高普通话水平测试员信度是我们测试工作的重要环节。

大面积的主观性测试评分,如何保证测试信度,在国际上仍是一个有待解决的难题。普通话水平测试规模范围之大是世界少见的,我们要为解决这个难题积累经验,我们也有条件为语言测试作出贡献。

二、测试员信度的具体体现

测试员信度主要体现在两个方面:测试员之间的信度和测试员内部信度。

2.1 测试员之间的信度

测试员之间的信度是指对同一个应试者评分,不同的测试员评分结果不完全相同,出现评分差异。测试员之间的评分差异小是信度高的标志,反之则信度低。

"测试实践证明,不同测试员对同一应试者测试评分数值完全相同应是较为偶然的,有细微或较小差异是正常的。"(参见拙文《普通话水平测试中的评分差异》)因此,我们可以把"评分差异"区分为:评分差异的正常范围和非正常范围。

笔者在对正常的评分差异限定在以下三个范围内:

(1) 在同一等级中的评分差异。主要指"等"中的细微差异。

(2) 在同一评分档或评分段的差异。

(3) 在低分段非临界的较小差异,或在高分段非临界的细微差异。

为了测试员在量化评分有所依凭,笔者在该拙文还对等级中正常的非临界评分差异进行细致描述为:

  一级 差异在 0.9 分以内。
   甲等 差异在 0.5 分以内。
   乙等 差异在 0.9 分以内。
  二级 差异在 1.5 分以内。
  三级 差异在 2.0 分以内。

的确,"如果评分差异严格控制在上述正常范围内,我们可以更有理由确认测试的信度。"同其他语言测试类型相比,普通话水平测试要求的测试员信度是很高的。

为了增强测试员之间的信度,应坚持双人或三人组成测试组,每个测试员独立打分,然后取两个或三个分数的平均值,在外语测试中已经证明这是科学有效的,可以提高测试信度。在大规模的普通话水平测试中也再次得到验证。

2.2 测试员内部信度

测试员内部信度是指同一测试员,在不同时间先后为应试者打分,出现评分差异。

最为常见是同一测试员出现一会儿松一会儿紧,一会儿宽一会儿严,甚至出现同一类语言现象,评分却忽高忽低的情况。偶然出现是难于避免的,但如果屡次出现这类情况,就要究其原因,对此类测试员作出调整。

确保测试员内部信度,以下问题值得注意:

2.2.1 对测试内容的五个部分的测试,测试员内部信度的高低是不同的,一般只在某个部分测试时出现内部信度较低的情况。例如新任测试员主要对定性分析的说话项把握不好,出现较大差异。而对有一定测试经验的测试员则不同。据云南对测试员信度的研究显示,双音节词语和朗读两部分信度指标较低。

2.2.2 测试中不同等级的评定信度指标是不同的。例如据湖北测试员后续培训的考核中,测试员对一级甲等和三级乙等这两个等级评定中信度较低。国家级测试员考核中也出现三级乙等信度较低的情况。

2.2.3 测试中某一类等级的应试者较为集中时,要注意避免出现对其他等级测试信度降低的情况。例如在三级水平集中测试时,注意对二级甲等以上等级评定信度不要降低,主要避免出现偏宽的倾向。在一级水平集中测试时,注意对二级乙等以下等级评定信度不要降低,主要避免出现偏严的倾向。

2.2.4 "半直接测试"是通过录音、录像评分的,录音、录像可以反复播放。那么,就要避免出现一次放录音、录像评分和多次反复放录音、录像评分之间的差异。

三、影响测试员信度的主要因素

3.1 自身普通话水平高低的影响

测试员在测试中需要对应试者的口语状况做出快速听辨,迅速评定分数,直接在其中起衡量作用的是自身的普通话水平。目前,国家明确要求测试员的普通话口语水平达到一级水平。国家级测试员资格考核培训班考核中严格把握这个等级要求,确保了国家级测试员有较高信度。

测试实践中,有的测试员对一级甲等评定时信度指标较低,究其原因,往往是测试员自身普通话水平处于一级水平的低分段,即92分或93分,实际口语水平还常常带有二级甲等的特征。当碰到一级甲等水平便无法驾驭,评分信度降低。因此,笔者在国家级测试员资格考核培训班授课时,向国家级测试员明确提出要求,希望测试员自身的普通话水平取得一级乙等中95分以上的理想成绩。

3.2 语音分辨能力的高低

"语音评定贯穿普通话水平测试的始终,在量化评分中占有重要地位。"因此,具有较高的语音分辨能力是合格的普通话水平测试员必备的基本条件。

具有较高的语音分辨能力包括:确立普通话语音标准;具备分析判别应试者遗留汉语方言可能出现的语音现象的能力,甚至包括分析判别受其他民族语言以及外语影响遗留的语音现象的能力;还要提高迅速准确判断语音失误的能力,等等。

3.3 对语言知识的掌握程度不同

测试员知识结构不同,也会影响测试员信度。一般长期从事现代汉语、普通话教学的教师以及从事汉语方言研究的人员,相对其他行业的测试员来说有较高的信度。1997年,国家语言文字工作委员会发布的《关于普通话水平测试管理工作的若干规定》中明确对测试员资格提出:熟悉"普通话语音理论,熟练掌握《汉语拼音方案》和常用国际音标,熟悉方言同普通话的一般对应规律"。

3.4 测试经验的背景不同

测试员信度与测试员测试经验有密切的关系。测试经验往往直接表现为测试数量,测试数量过少就谈不上测试经验。因此,一般来说随着被测人数的增加,测试员信度升高。国家也明确规定:"对因个人原因承担测试工作量过少的测试员予以解聘。"国家规定选派参加国家级测试员培训的人员必须已经是省级测试员,而且把"有较丰富的测试工作经验"作为国家级测试员的条件之一。目前,参加国家级培训的测试员,在各地测试人数超过百名以上的可以达到90%以上,其中不少测试员已经测试千人以上。

3.5 个人对测试评分的观点不同或测试着眼点不同

尽管有统一的评分标准,有的测试员还是根据自己对测试问题的观点评分,造成测试员之间明显的评分差异。测试工作的组织者要及时了解这种情况,组织讨论,统一认识。如一时不能达成共识,个人的观点可以保留,甚至对评分的标准、原则也可以保留不同意见,但必须服从统一的评分标准和评分原则,避免造成对应试者的不公平。对应试者公平是测试员神圣的职责。

测试员的评分差异也常常表现为测试着眼点不同。例如对同一个应试者说话项的语音面貌评分出现明显差异,有的测试员从应试者语音错误出现的数量出发,有的则从应试者语音失误的类型出发。说话项的评分要处理好定性分析与定量分析的关系。

3.6 长时间工作引起的疲劳

测试工作是紧张繁重的,如果测试员身体状态不佳,工作量超负荷,测试员就很难保证测试评分前后的一致性,无疑测试员信度必然降低。测试员的条件中有"身体健康"一条,这是很必要的。国家已经考虑,明确规定每个测试员每天的测试工作量,一般不超过30人次。这对保证测试员信度是十分必要的。

3.7 个人情绪的波动变化

情绪波动变化会分散人的注意力,测试员情绪波动就会影响测试信度。个人情绪变化是内在的,有时容易察觉,有时不易察觉。我们可以在制度上加以控制,测试员进入考场要遵守有关考务规定。例如可以规定在测试进行中不准接电话,不准处理个人事务,以避免干扰测试员情绪。

另外,我们可以在已知的条件下,对某些受到来自社会、家庭的巨大压力以及遭受不幸的测试员测试工作上加以调整。

3.8 工作环境条件的影响

工作环境条件也会影响人的情绪、注意力。测试考场要选择相对安静无噪声、光线适宜、无特别异味以及周围环境良好的地方。其中相对安静无噪声是基本的条件。

3.9 社会施加的外界影响

人是社会的人,社会施加的外界影响不可忽视。为了降低控制社会的影响,必须制定建立相关的规定,例如回避制度等。国家主管部门正在着手制订《普通话水平测试规程》,其中对测试组织、考场设置、试题管理、测试过程监控、质量检查和复审、测试档案的建立与保管等方面做出详细的规定,这无疑可以更加有效地保证测试员信度。

四、提高测试员信度的基本措施

4.1 重视测试员的培训和后续培训

普通话水平测试属于主观性测试,无疑测试员的培训至关重要。其中,测试员培训的主要任务之一是统一认识、统一测试的评分标准。此处不再赘述。

4.2 测试组执行测试任务

原则上测试员个人无权执行测试任务,应由测试组在统一部署下执行测试任务。测试组由两名或三名测试员组成。由三名测试员组成的测试组,等级评定以多数人的意见为准。由两名测试员组成的测试组,当出现等级评定不一致时,要请第三位测试员加入,以多数人的意见为准。测试员之间等级评定相同时,取平均值为应试者的最后成绩(一般保留小数点后一位数)。

4.3 建立复核、复审制度

国家主管部门明确规定,一级甲等由国家语言文字工作委员会普通话培训测试中心复审,一级乙等由省级普通话培训测试中心复审。

有的省市(如上海)在测试实施过程中,组成复审小组抽查复核各测试组的测试结果,可以有效地监控测试员信度。

4.4 建立回避制度。

测试员应回避测试其供职单位的应试者,回避测试其直接教学的考生,更要回避测试与其有亲缘关系的人。

4.5 建立考核制度

国家主管部门,不仅对国家级、省级测试员的条件、资格考核有明确的规定,还明确每 2～3 年对测试员进行一次工作考核。"考核的主要内容有:工作态度、测试能力、测试工作量、遵守工作纪律情况等。"

许多省市已经试行,测试员资格认定与聘任使用分开的原则以及建立奖惩制度等等。

普通话水平测试已列入我国《国家通用语言文字法》。政府十分重视普通话水平测试工作,以上的基本措施,国家主管部门已经将有的内容明确写入有关政府文件,也有的正在讨论酝酿中,即将颁布实施。我们有理由相信,测试员信度将会进一步提高,我们将为拥有一支庞大的具有较高素质的普通话水平测试员队伍而感到骄傲。

参考文献

[1] 戴梅芳主编《普通话水平测试研究》,语文出版社,1997。
[2] 国家语言文字工作委员会《关于开展普通话水平测试的决定》,1994。
[3] 国家语言文字工作委员会《关于普通话水平测试管理工作的若干规定(试行)》,1997。
[4] 国家语言文字工作委员会普通话培训测试中心、《语言文字应用》编辑部合编《普通话水平测试的理论与实践》,北京:商务印书馆,1998。
[5] 李筱菊著《语言测试科学与艺术》,湖南教育出版社,1997。
[6] 刘照雄主编《普通话水平测试大纲》,吉林人民出版社,1994。
[7] 宋欣桥编《普通话水平测试员实用手册》,北京:商务印书馆,2000。

三、普通话水平测试等级标准
（试行）

一 级

甲等　朗读和自由交谈时，语音标准，词汇、语法正确无误，语调自然，表达流畅。测试总失分率在3%以内。

乙等　朗读和自由交谈时，语音标准，词汇、语法正确无误，语调自然，表达流畅。偶然有字音、字调失误。测试总失分率在8%以内。

二 级

甲等　朗读和自由交谈时，声韵调发音基本标准，语调自然，表达流畅。少数难点音（平翘舌音、前后鼻尾音、边鼻音等）有时出现失误。词汇、语法极少有误。测试总失分率在13%以内。

乙等　朗读和自由交谈时，个别调值不准，声韵母发音有不到位现象。难点音（平翘舌音、前后鼻尾音、边鼻音、fu—hu、z—zh—j，送气不送气、i—ü 不分、保留浊塞音和浊塞擦音、丢介音、复韵母单音化等）失误较多。方言语调不明显。有使用方言词、方言语法的情况。测试总失分率在20%以内。

三　级

甲等　朗读和自由交谈时,声韵调发音失误较多,难点音超出常见范围,声调调值多不准。方言语调较明显。词汇、语法有失误。测试总失分率在30%以内。

乙等　朗读和自由交谈时,声韵调发音失误多,方音特征突出。方言语调明显。词汇、语法失误较多。外地人听其谈话有听不懂的情况。测试总失分率在40%以内。

附：

研制普通话水平测试标准的基本思路

孙 修 章

1988年底,我们承担国家社会科学基金会资助的"普通话水平测试标准"的课题。课题组由我同于根元、曹澄方、宋欣桥、魏丹、姚佑椿六人组成,由我和于根元负责。课题组经过讨论,计划用三年时间研制出"普通话水平测试标准""普通话测试大纲"及"测试题的编制与题型"三个项目,并进行课题实验,写出实验报告。

课题组成立后首先对课题研究的意义进行了论证。大家共同认识到,建立普通话水平测试标准是促进汉语规范化、推动普及普通话工作走上科学化、标准化道路的重要步骤。标准是尺度,也是方向。确定普通话等级标准,既给普通话教学和测试提供了标准,又使普通话推广有了明确方向,使普及与提高密切结合,推动推广普通话工作向更广更高的层次发展。有了标准,可以给人们的普通话水平做出客观评定,既能肯定成绩,又能激励进取;有了标准,还可以促进影视、广播语言规范化,提高普通话社会教育水平。

为了扩大视野,更多地借鉴国内外汉语及外语水平测试、等级水平资料,使课题的研究能在已有成果的基础上进行,我们通过各种渠道,汇集到约50件资料,其中参考价值较强的在15件以上。在制订研究工作计划以后,我们还访问了周有光、徐世荣、王均等专家,就研究工作中应注意的问题及研究方法等广泛听取意见。

在学习和借鉴所得资料的基础上,经深入探讨,我们确定了制订标准和大纲五条原则。1.等级标准是全国统一标准;2.等级标准级中套等;3.主观评级与客观评级相结合,以客观评级为主;4.口试与笔试相结合,以口试为主;5.语音、词汇、语法全面考核,以语音为主。可以这样说,这五条原则是我们制订的普通话水平测试等级标准及测试大纲的特征所在。

研制普通话水平测试标准的基本思路。

(一)普通话水平测试等级分为三级六等

三级的依据是全国语言文字工作会议的主报告《新时期的语言文字工作》中提出的"普通话三级标准"。报告对各级水平是这样描述的:"第一级是会说相当标准的普通话,语音、词汇、语法很少差错。第二级是会说比较标准的普通话,方言不太重,词汇、语法较少差错。第三级是会说一般的普通话,不同方言区的人能够听懂。"此外,还参考了"美国外语水平测试"的等级划分:一级相当于双语水平;二级相当于专业水平;三级为初级水平。

最初我们对报告概括的水平只稍做改动。1.一级去掉"相当",改成"会说标准的普通话";2.三级将"一般的普通话"改为"不标准的普通话";3.去掉各级的说明用语,只保留级的主要特征。后来,在小范围征求意见中发现,许多人对"不标准"的提法不太赞同。他们认为"不标准"与"比较标准"之间跨度太大,"不标准"实际上已超出普通话的范围。另外,有的人认为概括级的主要特征不一定必要,级下有等,等的特征已有具体叙述,级的特征概括得准确还能对等起归纳作用,概括得不准,反而会使级和等脱节。我们接受了这些意见,删去了级的特征,只保留"一级、二级、三级"。

关于设立六个等,我们有两点想法。一是级的跨度大,级中分两等,跨度缩小,能减少晋级的难度,增强人们进取的信心;二是级的跨度大,对级的水平特征难以具体描述,分等以后等的特征和界限很容易说清楚,测试员与受试人也易于掌握,评级的透明度高。

(二) 等的特征和分界

级下有等,等隶属于级;等既是独立的,又是互相联系的。

一级是高级。播音员、解说员、演员必须达到这一级。高级也允许有失误,但失误应属于普通话的范畴。如异读词、连读音变等,原则上不能有方言性质的失误。误差极少的是甲等,稍多的是乙等。

二级是中级。存在不同范围、不同数量的方言性质失误,如z—zh、n—l、n—ng混淆等。失误范围较小,失误数量较少的是甲等;失误范围较大,失误数量较多的是乙等。在声调调值方面,二甲只能有个别的失误,二乙则存在系统性失误。

三级是初级。原来设计的三级特征是,说普通话生硬,有吃力感,外地人有听不懂的情况。三甲情况略好,三乙情况严重,方言刚刚开始变化。一些省语言文字办公室的工作人员觉得,这样订与二级的差距过大,与许多地区的实际情况有距离。三级水平的人,说话不一定生硬,而且也能听得懂。我们觉得他们的意见有道理,便对三级甲乙等的特征进行重新设计。新的特征是,语音失误范围大,方言语调明显。三甲的难点音超出常见范围。如明显保留入声,保留[pf][pf']声母,保留吸气声母,d—j、zh—j 不分,等等;三乙方音特征突出,使用方言词、方言语法的情况较多,外地人听其谈话有时听不懂。改动以后,一级到三级跨度大体相等,下降均衡,不存在大起大落现象了。谈到语言障碍,北方一些方言,说纯方言一般也能与外地人交际,几乎没有语言障碍。评定普通话等级不能完全以说话有没有障碍为标准,完全讲方言就不是普通话,讲纯方言的北方人不论语言有没有障碍,均不得入级。

(三) 各等级分数线的可靠性

水平测试中按等级特征直接评级是主观评级,也可以称作印象评级。这种评级是由测试员或教师在口试中凭经验和印象对受试人的语言能力做出评定。它的优点在于直截了当,缺点则是容易产生印象偏差。个人有个人的好恶,测试员也不例外,当这种非测试因素进入评级中,就会产生印象偏差。为了使评定更客观、公正,我们采取了主观评级与客观评级相结合的办法,各等的分数线便是客观评级的量化标准。制订分数线,我们没有直接的资料可做参考,我们只能凭经验拟订分数线初稿,即一甲失分率在0.5%以内,一乙2%以内,二甲8%,二乙在15%……。由于分数线是主观拟定的,所以在广东一测试就发现偏高。拿一甲来说,在深圳实验学校测到一名高中二年级学生,普通话相当好,完全可以评上一级甲等,但得了98分,与当时定的分数线差1.5%。另外,通过主观评级,我给19个学生评了二乙,但按当时的分数线要有12个学生改评三甲。从广东回来,我们按广东评分情况对分数线进行调整,经再三斟酌改成现在的分数线:一甲失分率3%,一乙8%,二甲13%,二乙20%,三甲30%,三乙40%。后来到上海、石家庄及中央普通话进修班测试,感觉良好,等级特征与分数线相当协调。测试实验中共测得171人的会话评分,与会话等级(主观评级,也是初步评级)相合的有158人,一致率为92.4%,不相合的13人,占7.6%。这些数字可以说明,修改后的分数线是可以作为等级特征的量化标准使用的,按修订的分数线评分是可靠的、可信的。同时也说明,等级特征与等级分数线相结合,可以评出公正、合理的等级。

(四) 等级标准应当是全国统一标准

等级标准作为全国统一标准问题,不同看法是存在的。主要观点是,全国方言差异很大,有的方言与普通话语音、词汇、语法很接近,有的方言则相距甚远。这种远近的差异与学习普通话的难易又大体成正比。基础不同、起点不同、学习普通话进展速度不同,用统一的标准去测试、评级,好比用统一试卷去测试不同年级的学生,得出的结果是不会公正的。对这种观点我们曾认真思考过,起点不同是事实,学习进展有快慢也是事实,但是制订普通话水平测试等级标准不能搞不同的标准,只能搞一个标准,因为普通话只有一个标准。我们制定的既然是普通话标准,就不能也无法脱离普通话。以方言为基础制订普通话标准,从理论上说是站不住脚的,从实际上说也是做不到的。我们认为,解决"远近"不同、基础不同的办法,只有一条,就是在实行普通话水平测试以后,对不同方言区的各类人员在应达到的普通话等级上作出不同要求。要求不必统一,标准必须统一。这才是最现实最合理的办法。

普通话的三级标准,不是普通话本身的标准,而是反映学习普通话进程的不同阶段。普通话只有一个标准,按等级标准来说,即是一级甲等。原来我们给等级标准拟的题目叫"普通话等级标准",后来发现这个提法不准确,容易引起误会,便改成"普通话水平测试等级标准",三个级别的说明文字也删掉了。

(节选自孙修章先生的《"普通话水平测试标准"的研制与实践》一文,标题为编者所加)

四、普通话水平测试的内容、范围

《普通话水平测试实施纲要》(2004年版)
总　论

刘照雄　执笔

一、导语

国家推广全国通用的普通话。普通话是以汉语文授课的各级各类学校的教学用语;是以汉语传送的各级广播电台、电视台和汉语电影、电视剧、话剧必须使用的规范用语;是我国党政机关、团体、企事业单位干部在工作中必须使用的公务用语;是不同方言区以及国内不同民族之间人们的交际用语。

2000年10月31日,第九届全国人民代表大会常务委员会第十八次会议通过的《中华人民共和国国家通用语言文字法》第十九条规定:"凡以普通话作为工作语言的岗位,其工作人员应当具备说普通话的能力。"

以普通话作为工作语言的播音员、节目主持人和影视话剧演员、教师、国家机关工作人员的普通话水平,应当分别达到国家规定的等级标准;对尚未达到国家规定的普通话等级标准的,分别情况进行培训。"

第二十四条规定:"国务院语言文字工作部门颁布普通话水平测试等级标准。"

掌握和使用一定水平的普通话,是进行现代化建设的各行各业人员,特别是播音员、节目主持人、教师、影视话剧演员以及国家机关工作人员必备的职业素质。因此,有必要对上述岗位的从业人员进行普通话水平测试,并逐步实行持等级证书上岗制度。

普通话是汉民族的共同语,是规范化的现代汉语;是全国通用的语言。共同的语言和规范化的语言是不可分割的,没有一定的规范就不可能做到真正的共同。普通话的规范指的是现代汉语在语音、词汇、语法各方面的标准。普通话水平测试是推广普通话工作的重要组成部分,是使推广普通话工作逐步走向制度化、科学化、规范化的重要举措。推广普通话促进语言规范化,是汉语发展的总趋势。普通话水平测试工作的健康开展必将对社会的语言生活产生深远的影响。

汉语方言复杂,语音乃至词汇、语法因时因地而异。毋庸讳言,有的地方话较为接近普通话,有的地方话则与普通话存在较大的差异。进行普通话水平测试必须坚持统一的标准,坚持测试工作的科学性和严肃性。鉴于普通话在一些方言区还不够普及,提高工作还需要逐步强化,从实际出发,在一段时间内,对不同方言区在要求上应该有所区别。

为了突出语音检测的要求,普通话水平测试一律采用口试方式。测试的内容包括有文字凭借的和没有文字凭借的两部分。有文字凭借的测试项应分别体现语音、词汇、语法和阅读理解与朗读程度的检测,各类题目要有明确的目的、要求;无文字凭借的说话部分,全面(语音、词汇、语法)检测和评估应试人使用普通话时所达到的规范程度。测试题目必须尽可能兼顾信度和效度的统一。按照《普通话水平测试大纲》的规定和《普通话水平测试实施纲要》

的要求,建立普通话水平测试国家题库,在计算机生成试卷的基础上,进行必要的专业人员的干预,确实保证试卷的质量。

二、试卷构成、测试时间和评分

试卷包括 5 个组成部分,满分为 100 分。

(一) 读单音节字词(100 个音节,不含轻声、儿化音节),限时 3.5 分钟,共 10 分。

1. 目的:测查应试人声母、韵母、声调读音的标准程度。

2. 要求:

(1) 字词的 70%选自《普通话水平测试用普通话词语表》"表一"(带＊的字词占 40%,不带＊的字词占 30%);另外 30%选自"表二"。

(2) 100 个音节中,每个声母出现次数一般不少于 3 次,不超过 6 次;每个韵母出现次数一般不少于 2 次(个别韵母另有提示),不超过 4 次。4 个声调出现次数大致均衡。

根据《普通话水平测试实施纲要》词表累计出现的 3.1 万多个音节(以此项资料为主)和 60 篇朗读作品里声母、韵母出现的统计资料,声母、韵母的选定数应该有相对的幅度。

声母选定的幅度(按在词表中出现的比例和培训、测试的需要分档排序):

6～3次— ø 声母　　　d　l　　j q x zh ch sh
5～3次—　　b　m f t　g h　　　　　　z
3～2次—　　p　　　h　k　　　　　　r c s

韵母选定的幅度:

4～3次—　　i, u, ian, ing, an, -i(后), ong, ao, ang, e, eng, uei, ai(以上共 13 个韵母);

3~2 次—　　en, iao, uan, in, ou, a, ü, uo, -i(前), uen, iou, ie, iang, ei, uang, ia, üe(以上共 17 个韵母);

2~1 次—　　ua, o, üan, uai, iong, ün(以上共 6 个韵母);

1~0 次—　　er, ueng(以上共 2 个韵母)。

计算机拟卷程序应符合上述要求。在对计算机拟制的试卷进行必要的人工干预时,允许个别(一定是个别的)变动声母、韵母的出现次数。

(3) 音节的排列要避免同一测试要素连续出现。

3. 评分:

(1) 语音错误,每个音节扣 0.1 分。

(2) 语音缺陷,每个音节扣 0.05 分。

(3) 超时 1 分钟以内,扣 0.5 分;超时 1 分钟以上(含 1 分钟),扣 1 分。

语音缺陷在此项里主要是指声母的发音部位不够准确,但还不是把普通话里的某一类声母读成另一类声母,比如舌面前音 j、q、x,读得接近 z、c、s;或者把普通话里的某一类声母的正确发音部位用较接近的部位代替,比如把舌面前音读得接近舌叶音;或者读翘舌音声母时舌尖接触或接近上腭的位置过于靠后或靠前等。韵母读音的缺陷多表现为合口呼、撮口呼的韵母圆唇度明显不够,语感差;或者开口呼的韵母开口度明显不够,听感性质明显不符;或者复韵母舌位动程不够等。声调调形、调势基本正确,但调值明显偏低或偏高,特别是四声的相对高点或低点明显不一致。

(二) 读多音节词语(100 个音节;其中含双音节词语 45~47 个,三音节词语 2 个,4 音节词语 1~0 个),限时 2.5 分钟,共 20 分。

1. 目的:测查应试人声母、韵母、声调和变调、轻声、儿化读音的标准程度。

2. 要求:

(1) 词语的 70% 选自《普通话水平测试用普通话词语表》"表一";30% 选自"表二"。

(2) 声母、韵母、声调出现的次数与单音节字词的要求相同。

(3) 上声和上声连读的词语不少于 3 个,上声(在前)和其他声调(阴平、阳平、去声、轻声)连读的词语不少于 4 个,轻声词语不少于 3 个;儿化词语不少于 4 个(应为不同的儿化韵母)。

(4) 词语的排列避免同一测试要素的集中出现。

3. 评分:

(1) 语音错误,每个音节扣 0.2 分。

(2) 语音缺陷,每个音节扣 0.1 分。

(3) 超时 1 分钟以内,扣 0.5 分;超时 1 分钟以上(含 1 分钟),扣 1 分。

语音缺陷除跟(一)项内相同的以外,还包括变调、轻声、儿化韵读音不完全合要求的情况。

(一)和(二)两项都有同样语音缺陷的,两项分别都扣分。

(三)选择判断*,限时 3 分钟,共 10 分。

1. 词语判断(10 组)

(1) 目的:测查应试人掌握普通话词语的规范程度。

(2) 要求:根据《普通话水平测试用普通话与方言词语对照表》列举 10 组普通话与方言意义相对应但说法不同的词语,由应试人判断并读出普通话的词语。

(3) 评分:判断错误,每组扣 0.25 分。

2. 量词、名词搭配(10组)

(1) 目的:测查应试人掌握普通话量词和名词搭配的规范程度。

(2) 要求:根据《普通话水平测试用普通话常见量词、名词搭配表》列举10个名词和若干个量词,由应试人搭配并读出符合普通话规范的10组名量短语。

(3) 评分:搭配错误,每组扣0.5分。

3. 语序或表达形式判断(5组)

(1) 目的:测查应试人掌握普通话语法的规范程度。

(2) 要求:根据《普通话水平测试用普通话与方言常见语法差异对照表》,列举5组普通话和方言意义相对应,但语序或表达习惯不同的短语或短句,由应试人判断并读出符合普通话语法规范的表达形式。

(3) 评分:判断错误,每组扣0.5分。

选择判断合计超时1分钟以内,扣0.5分;超时1分钟以上(含1分钟),扣1分。

答题时语音错误,每个错误音节扣0.1分,如判断错误已经扣分,不重复扣分。

(四) 朗读短文(1篇,400个音节),限时4分钟,共30分。

1. 目的:测查应试人使用普通话朗读书面作品的水平。在测查声母、韵母、声调读音标准程度的同时,重点测查连读音变、停连、语调以及流畅程度。

2. 要求:

(1) 短文从《普通话水平测试用朗读作品》中选取。

(2) 评分以朗读作品的前400个音节(不含标点符号和括注

的音节)为限,但应试人应将第 400 个音节所在的句子读完整。

3. 评分:

(1) 每错 1 个音节,扣 0.1 分;漏读或增读 1 个音节,扣 0.1 分。

(2) 声母或韵母系统性缺陷,视程度扣 0.5 分、1 分。

(3) 语调偏误,视程度扣 0.5 分、1 分、2 分。

(4) 停连不当,视程度扣 0.5 分、1 分、2 分。

(5) 朗读不流畅(包括回读),视程度扣 0.5 分、1 分、2 分。

(6) 超时扣 1 分。

应该把规定的 60 篇朗读作品作为训练的总体要求,做到选读任何一篇都能基本反映应试人的朗读水平。

(五) 命题说话,限时 3 分钟,共 30 分。

1. 目的:测查应试人在无文字凭借的情况下说普通话的水平,重点测查语音标准程度,词汇、语法规范程度和自然流畅程度。

2. 要求:

(1) 说话话题从《普通话水平测试用话题》中选取。由应试人从给定的两个话题中选定 1 个话题,连续说一段话。

(2) 应试人单向说话。如发现应试人有背稿、离题或说话难以继续等表现时,主试人应及时提示或引导。

3. 评分:

(1) 语音标准程度,共 20 分。分六档:

一档:语音标准,或极少有失误。扣 0 分、0.5 分、1 分。

二档:语音错误在 10 次以下,有方音但不明显。扣 1.5 分、2 分。

三档:语音错误在 10 次以下,但方音比较明显;或语音错误在

10 次～15 次之间,有方音但不明显。扣 3 分、4 分。

四档:语音错误在 10 次～15 次之间,方音比较明显。扣 5 分、6 分。

五档:语音错误超过 15 次,方音明显。扣 7 分、8 分、9 分。

六档:语音错误多,方音重。扣 10 分、11 分、12 分。

(2) 词汇、语法规范程度,共 5 分。分三档:

一档:词汇、语法规范。扣 0 分。

二档:词汇、语法偶有不规范的情况。扣 0.5 分、1 分。

三档:词汇、语法屡有不规范的情况。扣 2 分、3 分。

(3) 自然流畅程度,共 5 分。分三档:

一档:语言自然流畅,扣 0 分。

二档:语言基本流畅,口语化较差,有类似背稿子的表现。扣 0.5 分、1 分。

三档:语言不连贯,语调生硬。扣 2 分、3 分。

说话不足 3 分钟,酌情扣分:缺时 1 分钟以内(含 1 分钟),扣 1 分、2 分、3 分;缺时 1 分钟以上,扣 4 分、5 分、6 分;说话不满 30 秒(含 30 秒),本测试项成绩计为 0 分。

三、样卷(人工拟卷)

(一) 读 100 个单音节字词

昼	*八	迷	*先	毡	*皮	幕	*美	彻	*飞
鸣	*破	捶	*风	豆	*蹲	霞	*掉	桃	*定
宫	*铁	翁	*念	劳	*天	旬	*沟	狼	*口
靴	*娘	嫩	*机	蕊	*家	跪	*绝	趣	*全
瓜	*穷	屡	*知	狂	*正	裹	*中	恒	*社

槐	*事	轰	*竹	掠	*茶	肩	*常	概	*虫
皇	*水	君	*人	伙	*自	滑	*早	绢	*足
炒	*次	渴	*酸	勤	*鱼	筛	*院	腔	*爱
鳖	袖	滨	竖	搏	刷	瞟	帆	彩	愤
司	滕	寸	峦	岸	勒	歪	尔	熊	妥

(标*的是"表一"里频度在1—4000之间的字词。正式试卷不必标出。)

覆盖声母情况：

b:4,p:3,m:4,f:4,d:4,t:5,n:3,l:6,g:5,k:3,h:6,j:6,q:6,x:6,zh:6,ch:6,sh:6,r:2,z:3,c:3,s:2,零声母:7。

总计:100次。未出现声母:0。

覆盖韵母情况：

a:2,e:4,-i(前):3,-i(后):2,ai:4,ei:2,ao:4,ou:4,an:3,en:3,ang:3,eng:4,i:3,ia:2,ie:2,iao:2,iou:2,ian:4,in:2,iang:2,ing:2,u:4,ua:3,uo/o:4,uai:2,uei:4,uan:2,uen:2,uang:2,ong:4,ueng:1,ü:3,üe:3,üan:2,ün:2,iong:2,er:1。

总计:100次。未出现韵母:0。

覆盖声调情况：

阴平:28;阳平:31;上声:14;去声:27。

总计:100。

(二) 读多音节词语(100个音节;其中含双音节词语45个,三音节词语2个,4音节词语1个)

*取得	阳台	*儿童	夹缝儿	混淆	衰落	*分析
防御	沙丘	*管理	*此外	便宜	光环	*塑料

扭转　加油　*队伍　挖潜　女士　*科学　*手指
策略　抢劫　*森林　侨眷　模特儿　港口　没准儿
*干净　日用　*紧张　炽热　*群众　名牌儿　沉醉
*快乐　窗户　财富　应当　生字　奔跑　*晚上
卑劣　包装　洒脱　*现代化　*委员会　轻描淡写

覆盖声母情况：

b:4,p:3,m:4,f:3,d:6,t:4,n:2,l:7,g:4,k:3,h:5,j:6,q:7,x:5,zh:6,ch:3,sh:6,r:2,z:2,c:3,s:3,零声母:13。

总计:100 次。未出现声母:0。

覆盖韵母情况：

a:2,e:6,-i(前):2,-i(后):4,ai:4,ei:2,ao:2,ou:2,an:4,en:4,ang:5,eng:2,i:3,ia:1,ie:3,iao:4,iou:3,ian:3,in:2,iang:2,ing:4,u:4,ua:2,uo/o:3,uai:2,uei:4,uan:3,uen:2,uang:3,ong:2,ü:3,üe:2,üan:2,ün:1,iong:1,er:1。

总计:100 次。未出现韵母:ueng。

其中儿化韵母 4 个:-engr(夹缝儿),-uenr(没准儿),-er(模特儿),-air(名牌儿)。

覆盖声调情况：

阴平:22;阳平:26;上声:19;去声:28;轻声:5。

其中上声和上声相连的词语 4 条:管理,扭转,手指,港口。

总计:100。

(三) 选择判断*(为便于了解题意,样题显示答案)

1. 词语判断:请判断并读出下列 10 组词语中的普通话词语。

(1) 如崭　**现在**　而家　今下　目下

(2) 瞒人　边个　**谁**　啥侬　啥人

(3) 为么子　做脉个　**为什么**　为什里　为啥　为怎样

(4) **细小**　细粒　幼细　异细

(5) 后生子　后生崽里　后生家　后生仔　**小伙子**

(6) 日里向　日里　**白天**　日上　日头　日时　日辰头

(7) **婴儿**　毛它　冒牙子　苏虾仔　婴仔　啊伢欻

(8) 蚂蚁子　蚂蝇里　狗蚁　蚁公　**蚂蚁**

(9) **这里**　个搭　咯里　个里　呢处　即搭

(10) 早上向　**早晨**　早间里　朝早　朝辰头

2. 量词、名词搭配：请按照普通话规范搭配并读出下列数量名短语。

（例如：一 → 个　只　粒
　　　　　　↓
　　　　　人　　　）

一 → 把　张　棵　支　扇　辆　条　间　头　所

　　　汽车　钥匙　桌子　钞票　树　笔　牛　学校　门　草

3. 语序或表达形式判断：请判断并读出下列 5 组句子里的普通话句子。

(1) **他大约要两三个月才能回来。**

　　他大约要二三个月才能回来。

(2) 他好好可爱。

　　他非常可爱。

　　他上可爱。

(3) 你去去逛街?

你去不去逛街?

(4) 你矮我。

你比我过矮。

你比我矮。

你比较矮我。

你比我较矮。

(5) **那部电影我看过。**

那部电影我有看。

(四) 朗读短文:请朗读第 12 号短文。

(五) 命题说话:请按照话题"我的业余生活"或"我熟悉的地方"说一段话(3 分钟)。

* 说明:各省(自治区、直辖市)语言文字工作部门可以根据测试对象或本地区的实际情况,决定是否免测"选择判断"测试项。如免测此项,"命题说话"测试项的分值由 30 分调整为 40 分。评分档次不变,具体分值调整如下:

(1) 语音标准程度的分值,由 20 分调整为 25 分。

一档:扣 0 分、1 分、2 分。

二档:扣 3 分、4 分。

三档:扣 5 分、6 分。

四档:扣 7 分、8 分。

五档:扣 9 分、10 分、11 分。

六档:扣 12 分、13 分、14 分。

(2) 词汇、语法规范程度的分值,由 5 分调整为 10 分。

一档:扣 0 分。

二档:扣 1 分、2 分。

三档:扣 3 分、4 分。

(3) 自然流畅程度,各档分值不变。

简述2003年版(PSC)测试大纲
在测试内容、范围和评分上的调整[*]

宋 欣 桥

第一、单音节字词

调整内容	1994年版大纲	2003年版大纲
限时	3分钟	3.5分钟
超时扣分	3~4分钟扣0.5分 4分钟以上扣0.8分	超时1分钟以内,扣0.5分 超时1分钟以上(含1分钟),扣1分

简述:1. 第一项"限时"的调整是从测试工作开展初期就发现并开始调整的。"考虑到读单音节字词的确有一定难度,又是测试的第一项内容,实际测试中此项限时可以适当放宽。在3分29秒之内读完,暂不扣分。超过3分30秒,按规定扣分。"(参见《普通话水平测试的范围、要求和评分办法》宋欣桥1995年)此外,读单音节字词的测试,要求声韵调的读音稳定规范,排除相邻音节产生连读音变的可能,必须保持适度

---

[*] 本文曾于2003年12月国家语言文字工作委员会举办的第一期和第二期《普通话水平测试大纲》师资培训班作为授课讲义,并承蒙刘照雄先生审改,谨致谢意。

的停顿。

2. "超时 1 分钟"此处即指 3 分 31 秒至 4 分 29 秒之间。

"超时 1 分钟以上(含 1 分钟)"此处指 4 分 30 秒以上。

3. 扣分 0.8 改为扣 1 分,较为规整。

第二、多音节词语

调整内容	1994 年版大纲	2003 年版大纲
测试项名称	读双音节词语	读多音节词语
测试词汇数量	50 个双音节词语 (100 个音节)	45~47 个双音节词语 2 个三音节词语 1~0 个四音节词语 (100 个音节)
上上相连的词语	不少于 2 次	不少于 3 次
限时	3 分钟	2.5 分钟
超时扣分	3~4 分钟扣 1 分 4 分钟以上扣 1.5 分	超时 1 分钟以内,扣 0.5 分 超时 1 分钟以上(含 1 分钟),扣 1 分

简述:1. 第二项"限时"由 3 分钟调整为 2.5 分钟。的确,在实际测试中按一般语速读完只需 1 分 30 秒左右,较慢也可以在 2 分钟以内读完。确定 2 分 30 秒为时限既体现了应试人一定的熟练程度,也给了相当充裕的时间,是可行的。

2. 第二项"限时"减少 30 秒,而第一项"限时"增加 30 秒,在两项限时的总和上没有变化。

3. "超时 1 分钟"此处即指 2 分 31 秒至 3 分 29 秒之间。

"超时1分钟以上(含1分钟)"此处指3分30秒以上。

4. 原第二项因总分比第一项加倍,超时扣分也比第一项加倍。不过,此项超时的情况较少,超时扣分调整为与第一项相同,便于操作。

第三、选择判断

调整内容	1994年版大纲	2003年版大纲
名量搭配中的量词	5个	若干
超时扣分	超时扣0.5分	超时1分钟以内,扣0.5分 超时1分钟以上(含1分钟),扣1分

简述:1. 搭配的量词由5个改为"若干"。2004年《普通话水平测试实施纲要》总论中的样卷设计为10个量词(其中含不能选用的干扰词),适当增加难度。

2. 超时扣分同第一项、第二项相同,即前三项超时扣分完全相同,便于操作。

第四、朗读短文

调整内容	1994年版大纲	2003年版大纲
篇目数量	50篇	60篇
字音扣分	每次字音错、漏扣0.1分	每错一个音节或漏读、增读一个音节,扣0.1分
声母或韵母系统性缺陷扣分	无	声母或韵母系统性缺陷,视程度扣0.5分、1分
语调评定	方言语调一次性扣分(问题突出扣3分;比较明显,扣2分;略有反映,扣1.5分)	语调偏误,视程度扣0.5分、1分、2分

停顿/停连评定	停顿、断句不当每次扣1分	停连不当,视程度扣0.5分、1分、2分
朗读流畅/回读评定	未明确	朗读不流畅(包括回读),视程度扣0.5分、1分、2分
语速评定	语速过快、过慢一次性扣2分	无
超时扣分	超过4分30秒以上扣1分	超时扣1分

简述：1. 朗读作品由50篇增加为60篇。"原大纲选定50篇朗读作品,有多种考虑,其中也考虑到50篇作品所包含的句子数量对应试者口语训练是否够用。"(参见《试论普通话水平测试(PSC)》宋欣桥2003)原大纲设计50篇作品的训练量平均字数在500字左右,但实际在测试中,并没有坚持将全文朗读,每篇仅为400字,超出部分基本不练、不念、不测。增加10篇以弥补此不足。

2. 此项限时、超时扣分均没有改动。只是将原定限时4分钟与超时扣分4分30秒之间的30秒空当去掉了。

3. 字音扣分增加了"增读一个音节扣0.1分"。"增读"实际是增加了读错的机会,与"漏读"有回避难点字音之嫌不同。尽管如此,"增读"毕竟改变了原文,不得不扣分。同时考虑到"增读"常常出现在助词上,如"了""的"之类以及填充为习惯用语"时"读为"时候"、"有时"读为"有时候"等等,罕见一次增读三个音节以上的现象。增读扣分与错、漏同等对待,便于操作。

4. "声母或韵母系统性缺陷,视程度扣 0.5 分、1 分"是新增加的评分规定。原大纲只在读单音节字词和双音节词语两个测试项内规定了语音缺陷的扣分。因为在这两个测试项里,判定语音缺陷不但必要而且相对比较容易。对应试人来说,在读字词、词语时如果存在语音缺陷,在朗读说话中一定会存在同样的问题,甚或更突出。原大纲出于为主测人员减轻难度,在朗读测试项内不设语音缺陷的量化评分。新大纲根据实际需要对此做了补充规定,但又避免过分机械的量化要求,既便于操作,又提高了测试的效度。在朗读测试项增加语音缺陷的扣分规定,对低分区不会影响等级评定,而对高分区来说,由于虽有语音缺陷又不能相应扣分,可能出现评分较高,甚至影响等级评定。另外,原大纲"方言语调"从理论上也不能涵盖"声韵缺陷"。实践证明,增加此项规定主测人员可以把握。

5. "语调偏误"取代了"方言语调"的表述,提法更准确。评分改动是将"1.5 分"改为"1 分",去掉了 3 分档,并增加了一档,即 0.5 分。

6. 原大纲规定"停顿、断句不当每次扣 1 分。"从测试开展初期的实践中,我们感到"此项评分在实际操作时,比较难把握。在目前试行阶段,除明显的停顿、断句不当外,不太明显或偶尔出现的,一般从宽把握,一次性扣分不超过 2 分为宜"。(参见《普通话水平测试的范围、要求和评分办法》宋欣桥 1995 年)规定"停连不当,视程度扣 0.5 分、1 分、2 分"是有实践基础的。起分点定为"0.5 分"对数量有限、一般不太明显的停连不当,较为适合。

7. "朗读不流畅(包括回读),视程度扣 0.5 分、1 分、2 分"在原大纲没有明确规定这个评分项。在评分中"朗读不流畅"原大纲往往体现(或隐含)在"停顿""语速"两个评分项当中。所谓"回读"是笔者在第九期国家级测试员班已经注意到的问题,当时笔者称为"重读"。当时建议"回读"在"停顿"评分中体现出来。此后,部分省市在评分细则中明确了"回读"的评分。

8. 原大纲"语速"评分被取消,问题在于缺乏明确的尺度。

第五、命题说话

调整内容	1994 年版大纲	2003 年版大纲
话题数目	50 题	30 题
限时	说 4 分钟(不得少于 3 分钟,说满 4 分钟主试人应请应试人停止)	限时 3 分钟
缺时扣分 (说话不足 3 分钟)	自然流畅程度"说话时间不足,必须由主试人用双向谈话加以弥补"为三档,即扣 2 分	说话不足 3 分钟,酌情扣分:缺时 1 分钟以内(含 1 分钟),扣 1 分、2 分、3 分;缺时 1 分钟以上,扣 4 分、5 分、6 分;说话不满 30 秒(含 30 秒)说话项成绩计为 0 分
语音标准程度 "一档"	一档 20 分 语音标准	一档:语音标准,极少有失误。扣 0 分、0.5 分、1 分

语音标准程度"二档"	二档 18 分 语音失误在 10 次以下,有方音但不明显	二档:语音错误在 10 次以下,有方音但不明显。扣 1.5 分、2 分
语音标准程度"三档"	三档 16 分 语音失误在 10 次以下,但方音比较明显;或方音不明显,但语音失误在 10 次—15 次之间	三档:语音错误在 10 次以下,但方音比较明显;或语音错误在 10 次—15 次之间,有方音但不明显。扣 3 分、4 分
语音标准程度"四档"	四档 14 分 语音失误在 10 次—15 次之间,方音比较明显	四档:语音错误在 10 次—15 次之间,方音比较明显。扣 5 分、6 分
语音标准程度"五档"	五档 10 分 语音失误超过 15 次,方音明显	五档:语音错误超过 15 次,方音明显。扣 7 分、8 分、9 分
语音标准程度"六档"	六档 8 分 语音失误多,方音重	六档:语音错误多,方音重。扣 10 分、11 分、12 分
词汇、语法规范程度"二档"	二档 4 分 偶有词汇或语法不符合规范的情况	二档:词汇、语法偶有不规范的情况。扣 0.5 分、1 分
词汇、语法规范程度"三档"	三档 3 分 词汇、语法屡有不符合规范的情况	三档:词汇、语法屡有不规范的情况。扣 2 分、3 分
自然流畅程度"二档"	二档 4 分 基本流畅,口语化较差(有类似背稿子的表现)	二档:语言基本流畅,口语化较差,有背稿子的表现。扣 0.5 分、1 分
自然流畅程度"三档"	三档 3 分 语速不当,话语不连贯;说话时间不足,必须由主试人用双向谈话加以弥补	三档:语言不流畅,语调生硬。扣 2 分、3 分

简述:1. 话题数目原为 50 个调整为 30 个题目是总结测试实

践的结果。在开展测试之初,由于某些题目不便展开话题,或者容易涉及个人隐私,实际测试中已不采用。

2. 测试实践中说话项均以 3 分钟为限时。

3. 缺时扣分(说话不足 3 分钟),原大纲在自然流畅程度上,规定"说话时间不足,必须由主试人用双向谈话加以弥补"可定为三档,即扣 2 分。在测试实践中,发现说话不满三分钟的情况比较复杂,甚至发生应试者有意减少说话时间以避免暴露失误的取巧情况,由于缺少明确的规定,而难以处置。对此,新大纲作出较为详细的规定很有必要。

"缺时 1 分钟以内(含 1 分钟),扣 1 分、2 分、3 分",指说话已经满 2 分钟,但不足 3 分钟的情况。建议:在此范围内,缺时 40 秒至 60 秒可以扣 3 分;缺时 20 秒至 39 秒可以扣 2 分;缺时 5 秒至 19 秒可以扣 1 分;缺时 5 秒以内,如非语言本身问题,一般可以不扣分。

"缺时 1 分钟以上,扣 4 分、5 分、6 分",指说话已经满 30 秒钟,但不足 2 分钟的情况。建议:在此范围内,缺时 1 分 01 秒至 1 分 29 秒可以扣 4 分;缺时 1 分 30 秒至 1 分 59 秒可以扣 5 分;缺时 2 分至 2 分 29 秒可以扣 6 分。

"说话不满 30 秒(含 30 秒)说话项成绩为 0 分",指缺时 2 分 30 秒至 3 分钟之间,此项成绩为 0.0 分,即扣 30 分(或 40 分)。这是针对那种说不了几句话却想蒙混过关的情况,施以重判,也提示应试者必须认真对待说话时限(确保说满三分钟),不然成绩会大受影响。

4. 该项第一档,从测试实践总结,不扣分的情况很少出现。为了明确提示主测人员,规定本档可以视情况扣0分、0.5分、1分。0.5分是本项评分操作中最小的扣分起分点。

第六、四项测试在说话项上的分值调整(与五项测试分值对比)

"五项测试"是指大纲规定测试内容共五项。如免测"选择判断"项,则变为"四项测试"。2003年版大纲明确:如采用四项测试,"命题说话"测试项的评分档次不变,分值具体调整如下:

调整内容	五项测试	四项测试
命题说话项总分	30分	40分
语音标准程度的分值	20分	25分
语音标准程度"一档"	0分、0.5分、1分	0分、1分、2分
语音标准程度"二档"	1.5分、2分	3分、4分
语音标准程度"三档"	3分、4分	5分、6分
语音标准程度"四档"	5分、6分	7分、8分
语音标准程度"五档"	7分、8分、9分	9分、10分、11分
语音标准程度"六档"	10分、11分、12分	12分、13分、14分
词汇、语法规范程度的分值	5分	10分
词汇、语法规范程度"二档"	0.5分、1分	1分、2分
词汇、语法规范程度"三档"	2分、3分	3分、4分

简述:1. 免测"选择判断"项,采用"四项测试",是从1994年第一期国家级测试员资格考核培训班上对学员的测

试就开始使用的,并于 1995 年正式写入《普通话水平测试的范围、要求和评分办法》一文(宋欣桥 1995 年),同时提出了具体的评分建议。是否免测"选择判断"项,关键是看应试的对象而定。有些省市只从测试的用时和人力的投入出发看问题,就不能完全反映测试的要求。在除北方话区外的方言区,我们主张并提倡仍应普遍采用五个测试项的试卷。

2. 采用"四项测试",对应试者来说相应提高了普通话口语水平的要求,增加了口语测试的难度。目前存在的问题是,某些地区单纯为了减少测试时间而免测"选择判断"项,但采用"四项测试"后,评分仍然使用"五项测试"的评分规定,并没有把 10 分加到说话项中去,试题满分实际只有 90 分(甚或白送了 10 分),测试信度明显降低,也不符合测试的要求。

附1：

《普通话水平测试大纲》
（1994年版）总论

刘照雄　执笔

1. 导语

国家推广全国通用的普通话。普通话是以汉语文授课的各级各类学校的教学语言；是以汉语传送的各级广播电台、电视台的规范语言，是汉语电影、电视剧、话剧必须使用的规范语言；是我国党政机关、团体、企事业单位干部在公务活动中必须使用的工作语言；是不同方言区以及国内不同民族之间人们的通用语言。

掌握和使用一定水平的普通话，是进行现代化建设的各行各业人员，特别是教师、播音员、节目主持人、演员等专业人员必备的职业素质。因此，有必要在一定范围内对某些岗位的人员进行普通话水平测试，并逐步实行持等级证书上岗制度。

普通话是汉民族的共同语，是规范化的现代汉语。共同的语言和规范化的语言是不可分割的，没有一定的规范就不可能做到真正的共同。普通话的规范指的是现代汉语在语音、词汇、语法各方面的标准。普通话水平测试是推广普通话工作的重要组成部分，是使推广普通话工作逐步走向科学化、规范化、制度化的重要举措。推广普通话促进语言规范化，是汉语发展的总趋势。普通话水平测试工作的健康开展必将对社会的语言生活产生深远的影响。

  普通话水平测试不是普通话系统知识的考试，不是文化水平的考核，也不是口才的评估，是应试人运用普通话所达到的标准程度的检测和评定。根据国家语言文字工作委员会、国家教育委员会、广播电影电视部《关于开展普通话水平测试工作的决定》，普通话水平测试工作先在一定范围内对某些岗位人员实行。(详见《决定》)

  汉语方言复杂，语音乃至词汇、语法因时因地而异，无庸讳言，有的地方话较为接近普通话的标准，而有的地方话跟普通话的标准则存在较大的差异。进行普通话水平测试必须坚持统一的标准，坚持测试工作的科学性和严肃性。鉴于普通话在一些地区还不够普及，以往在推广普通话工作中普及和提高的工作结合得还不够紧密，应该从实际出发，在一段时间内，对不同的方言区在要求上有所区别。

  为了便于操作和突出口头检测的特点，测试一律采用口试。普通话有口语和书面语两种形式。测试也必须采取有文字凭借和没有文字凭借的两种方式进行。有文字凭借的部分要包括适量的语音、词汇、语法的检测项，各类题目要有明确的目的、要求。要选取编制较好的试卷进行信度、区别度和难度分析，通过分析的试卷可以在测试机构内作为标准试卷推广使用，并逐步建立测试题库。

2. 试卷编制和评分办法

试卷包括 5 个部分：
2.1 读单音节字词 100 个(排除轻声、儿化音节)。
目的：考查应试人普通话声母、韵母和声调的发音。

要求：100个音节里，每个声母出现一般不少于3次，方言里缺少的或易混淆的声母酌量增加1—2次；每个韵母的出现一般不少于2次，方言里缺少的或易混淆的韵母酌量增加1—2次。

字音声母或韵母相同的要隔开排列。不使相邻的音节出现双声或叠韵的情况。

评分：此项成绩占总分的10%，即10分。

读错一个字的声母、韵母或声调扣0.1分。

读音有缺陷每个字扣0.05分。

一个字允许读两遍，即应试人发觉第一次读音有口误时可以改读，按第二次读音评判。

限时：3分钟。超时扣分(3—4分钟扣0.5分，4分钟以上扣0.8分)。

读音有缺陷只在2.1读单音节字词和2.2读双音节词语两项记评。读音有缺陷在2.1项内主要是指声母的发音部位不准确，但还不是把普通话里的某一类声母读成另一类声母，比如舌面前音j、q、x，读得太接近z、c、s；或者是把普通话里的某一类声母的正确发音部位用较接近的部位代替，比如把舌面前音j、q、x，读成舌叶音；或者读翘舌音声母时舌尖接触或接近上腭的位置过于靠后或靠前，但还没有完全错读为舌尖前音等；韵母读音的缺陷多表现为合口呼、撮口呼的韵母圆唇度明显不够，语感差；或者开口呼的韵母开口度明显不够，听感性质明显不符；或者复韵母舌位动程明显不够等；声调调形、调势基本正确，但调值明显偏低或偏高，特别是四声的相对高点或低点明显不一致的，判为声调读音缺陷；这类缺陷一般是成系统的，每个声调按5个单音错误扣分。2.1和

2.2 两项里都有同样问题的,两项分别都扣分。

2.2　读双音节词语 50 个。

目的：除考查应试人声母、韵母和声调的发音外,还要考查上声变调、儿化韵和轻声的读音。

要求：50 个双音节可视为 100 个单音节,声母、韵母的出现次数大体与单音节字词相同。此外,上声和上声相连的词语不少于 2 次,上声和其他声调相连不少于 4 次;轻声不少于 3 次;儿化韵不少于 4 次(ɑr、ur、ier、üer),词语的排列要避免同一测试项的集中出现。

计分：此项成绩占总分的 20%,即 20 分。

读错一个音节的声母、韵母或声调扣 0.2 分。

读音有明显缺陷每次扣 0.1 分。

限时：3 分钟。超时扣分(3—4 分钟扣 1 分,4 分钟以上扣 1.6 分)。

读音有缺陷所指的除跟 2.1 项内所述相同的以外,儿化韵读音明显不合要求的应列入。

2.1 和 2.2 两项测试,其中有一项或两项分别失分在 10%的,即 2.1 题失分 1 分或 2.2 题失分 2 分,即判定应试人的普通话水平不能进入一级。

应试人有较为明显的语音缺陷的,即使总分达到一级甲等也要降等,评定为一级乙等。

2.3　朗读　从《测试大纲》第五部分朗读材料(1～50 号)中任选。

目的：考查应试人用普通话朗读书面材料的水平,重点考查语音、连读音变(上声、"一"、"不"),语调(语气)等项目。

计分：此项成绩占总分的 30%，即 30 分。

对每篇材料的前 400 字(不包括标点)做累积计算,每次语音错误扣 0.1 分,漏读一个字扣 0.1 分,不同程度地存在方言语调一次性扣分(问题突出,扣 3 分;比较明显,扣 2 分;略有反映,扣 1.5 分)。停顿、断句不当每次扣 1 分;语速过快或过慢一次性扣 2 分。

限时：4 分钟。超过 4 分 30 秒以上扣 1 分。

说明：朗读材料(1—50 号)各篇的字数略有出入,为了做到评分标准一致,测试中对应试人选读材料的前 400 个字(每篇第 400 字之后均有标志)的失误做累积计算;但语调、语速的考查应贯穿全篇。从测试的要求来看,应把提供应试人做练习的 50 篇作品作为一个整体,应试前通过练习全面掌握。

2.4 判断测试

目的：重点考查应试人员掌握普通话词汇、语法的程度。

题目编制和计分：

此项成绩占总分的 10%，即 10 分。

判断(一)：根据《测试大纲》第三部分,选列 10 组普通话和方言说法不同的词语(每组至少有两种不同的说法),由应试人判断哪种说法是普通话的词语。错一组扣 0.25 分。对外籍人员的测试可以省去这个部分,判断(三)的计分加倍。

判断(二)：根据《测试大纲》第四部分抽选 5 个量词,同时列出分别可以与之搭配的 10 个名词,由应试人现场组合,考查应试人掌握量词的情况。搭配错误的每次扣 0.5 分。

判断(三):根据《测试大纲》第四部分,编制 5 组普通话和方言在语序或表达方式上不一致的短语或短句(每组至少有两种形式),由应试人判定符合普通话语法规范的形式。判断失误每次扣 0.5 分。

在口头回答时,属于答案部分的词语读音有错误时,每次扣 0.1 分;如回答错误已扣分就不再扣语音失误分。

限时:3 分钟。超时扣 0.5 分。

2.5 说话

目的:考查应试人在没有文字凭借的情况下,说普通话的能力和所能达到的规范程度。以单向说话为主,必要时辅以主试人和应试人的双向对话。

单向说话:应试人根据抽签确定的话题,说 4 分钟(不得少于 3 分钟,说满 4 分钟主试人应请应试人停止。)

评分:此项成绩占总分的 30%,即 30 分。其中包括:

(1) 语音面貌占 20%,即 20 分。其中档次为:

一档　20 分　语音标准;

二档　18 分　语音失误在 10 次以下,有方音但不明显;

三档　16 分　语音失误在 10 次以下,但方音比较明显;或方音不明显,但语音失误大致在 10—15 次之间;

四档　14 分　语音失误在 10—15 次之间,方音比较明显;

五档　10 分　语音失误超过 15 次,方音明显;

六档　8 分　语音失误多,方音重。

语音面貌确定为二档(或二档以下)即使总积分在96分以上,也不能入一级甲等;语音面貌确定为五档的,即使总积分在87分以上,也不能入二级甲等;有以上情况的,都应在级内降等评定。

(2) 词汇语法规范程度占5%,即5分。计分档次为:

一档　5分　词汇、语法合乎规范;

二档　4分　偶有词汇或语法不符合规范的情况;

三档　3分　词汇、语法屡有不符合规范的情况。

(3) 自然流畅程度占5%,即5分,计分档次为:

一档　5分　自然流畅;

二档　4分　基本流畅,口语化较差(有类似背稿子的表现);

三档　3分　语速不当,话语不连贯;说话时间不足,必须主试人用双向谈话加以弥补。

试行阶段采用以上评分办法。随着情况的变化应适当增加说话评分的比例。

3. 试卷的分型和样卷

3.1 普通话水平测试试卷按照应试对象的不同分为Ⅰ型和Ⅱ型两类。

Ⅰ型卷　主要供通过汉语水平考试(HSK)申请进行普通话水平测试的外籍或外族人员使用。Ⅰ型卷的出题范围是:

(1) 单音节字词和双音节词语都从《测试大纲》第二部分的[表一]选编,其中带两个星号的字词占60%,带一个星号的字词占40%,测试范围只限于[表一]。

(2) 朗读材料的投签限制在 40 个之内,依字数的多少减去字数较多的 10 篇。

由于普通话水平测试处于试行阶段,同时考虑到在校学生的学习负担,所以在 1996 年 12 月底以前,对中等师范学校和中等职业学校有关专业的学生以及小学教师进行普通话水平测试时,也采用 I 型卷。

Ⅱ型卷　供使用 I 型卷人员以外的应试人员使用。Ⅱ型卷的出题范围是:

(1) 单音节字词和双音节词语按比例分别从《测试大纲》第二部分的[表一]和[表二]选编,选自[表一]的占 70%,其中带两个星号的占 40%,带一个星号的占 30%;选自[表二]的占 30%。

(2) 朗读材料(1—50 号)全部投签。

3.2　样卷(不是标准卷,未经信度、区别度、难度分析)

I 型卷

(1) 读单音节字词 100 个

吵	北	爱	词	岸	半	加	读	埠	菜
灯	脆	动	兵	春	洗	鱼	下	炸	质
热	自	破	蛇	我	鞋	坐	助	杂	足
思	沙	许	芽	抓	跃	嘴	咬	税	头
搜	天	完	味	右	腿	小	暂	元	战
尊	专	香	庄	厅	翁	兄	争	损	真
弱	略	内	猫	所	驴	苗	流	门	老
您	乱	穷	金	矿	容	亲	胖	泉	评
青	让	群	君	枪	空	瓜	风	会	耕
黑	根	口	火	接	快	二	分	富	记

以上100个字词,都选自[表一],其中带两个星号的60个;带一个星号的40个。

覆盖声母情况:b:4,p:3,m:3,f:3,d:3,t:4,n:2,l:5,g:3,k:4,h:3,j:5,q:6,x:7,zh:8,ch:2,sh:3,r:4,z:9,c:3,s:4,零声母:13(y:6,w:4,ø:3)。

覆盖韵母情况:i:2,-i(前):3,-i(后):1,u:5,ü:3,a:4,ia:3,ua:2,o:1,uo:5,e:2,ie:2,üe:2,ai:2,uai:1,ei:3,uei:6,ao:3,iao:3,ou:3,iou:2,an:4,ian:1,uan:3,üan:2,en:4,in:3,uen:3,ün:2,ang:2,iang:2,uang:2,eng:4,ing:4,ueng:1,ong:3,iong:2,er:1。

(2) 读双音节词语 50 个

皮肤	报纸	女儿	玻璃	罪恶
哀悼	烹调	名字	通商	大学
木匠	的确	年头儿	旅游	萝卜
天真	光荣	灵魂	功夫	开会
选举	家伙	小孩儿	敏捷	所以
教师	权限	率领	人质	群众
内脏	响应	完整	英雄	阐述
乘客	处理	玩意儿	愉快	政策
音乐	委员	有用	云彩	写作
参照	纤维	一会儿	挖掘	金鱼儿

以上50个双音节词语都选自[表一],其中带两个星号的30个(60个音节),带一个星号的20个(40个音节)。

覆盖声母的情况:b:3,p:2,m:3,f:2,d:4,t:4,n:3,l:6,g:2,k:3,h:5,j:7,q:3,x:8,zh:7,ch:3,sh:4,r:2,z:4,c:3,s:2,零声

母:21(y:14,w:5,ø:2)。

覆盖韵母的情况:i:3,-i(前):1,-i(后):3,u:5,ü:5,a:1,ia:1,ua:1,o:2,uo:4,e:2,ie:2,üe:4,ai:4,uai:2,ei:2,uei:4,ao:4,iao:3,ou:1,iou:2,an:2,ian:4,uan:2,üan:3,en:2,in:3,uen:1,ün:2,ang:2,iang:2,uang:1,eng:4,ing:5,ong:4,iong:2,er:1。

含有 6 个轻声音节;儿化韵 5 个(tour,hair,yir,huir,yur);上声接上声音节 3 对,上声接去声、阳平音节 8 对。

(3) 朗读:抽签选定朗读材料,从 1—50 号作品中选字数较少的 40 篇投签。

评分办法:详见 2.3 节。

(4) 选择、判断

1) 从每组词中选出普通话的词语

① 日里　　日时　　白天　　日中　　日头

② 鼻　　　鼻子　　鼻公　　鼻哥　　鼻头

③ 冰箸　　棒冰　　雪条　　冰棍儿

④ 唔爱　　勿要　　不要　　唔要

⑤ 苍蝇　　乌蝇　　胡蝇　　蚨蝇

⑥ 屎窖　　屎坑　　厕所　　粪坑厣

⑦ 吹牛　　吹大炮　　车大炮

⑧ 银纸　　纸票　　钞票　　铜细　　纸字

⑨ 卵糕　　鸡卵糕　　蛋糕

⑩ 丢失　　螺脱　　唔见

2) 正确搭配下面的量词和名词

	住宅
把	裤子
	白菜
根	学校
	竹竿
棵	钥匙
	毛巾
条	剪刀
	柳树
所	冰棍儿

（例如：一条…………鱼）

3）指出每组符合普通话的说法

① 给本书我。/给我一本书。/把本书我。

② 别客气,你走头先。/别客气,你走先。/别客气,你先走。

③ 他比我高。/他高过我。/他比我过高。

④ 这事我晓不得。/这事我知不道。/这事我不知道。

⑤ 你有吃过饭没有？/你吃过饭没有？

(5) 说话：抽签选定题目,说4分钟。

Ⅱ型卷

(1) 读单音节字词100个

披	饿	街	歌	日	坡	雪	科	缩	册
麻	旅	季	池	利	思	砸	租	撒	奶
蛆	漱	碑	藕	镖	勺	雁	瞟	剜	臊
月	套	歪	跳	位	摔	药	岁	篮	桥
爹	怀	财	袄	拽	否	暂	钩	串	蚌

癣　闩　秦　碱　裆　邢　晕　脓　润　凝
电　夏　矿　软　先　准　信　人　花　群
罐　嫩　权　狂　翁　坑　巷　荒　绒　增
鳃　哑　哇　铐　釉　淌　庸　舔　迥　佛
奖　跟　寸　脏　冬　山　走　二　上　牛

以上 100 个字词中有 70 个选自[表一]，其中带两个星号的 40 个，带一个星号的 30 个；另外 30 个选自[表二]。[表二]里单音节字词很少，为了反映普通话的语音系统，可以选取个别双音节词里的某一音节编题。

覆盖声母的情况：b：3，p：4，m：1，f：2，d：4，t：4，n：5，l：3，g：4，k：5，h：3，j：5，q：5，x：7，zh：2，ch：2，sh：6，r：5，z：5，c：4，s：5，零声母 16。

覆盖韵母的情况：i：4，-i(前)：1，-i(后)：2，u：3，ü：2，a：2，ia：1，ua：2，o：1，uo：1，e：4，ie：3，üe：2，ai：1，uai：4，ei：1，uei：2，ao：5，iao：5，ou：4，iou：1，an：3，ian：5，uan：5，üan：2，en：3，in：2，uen：3，ün：2，ang：5，iang：3，uang：5，eng：2，ing：2，ueng：1，ong：3，iong：2，er：1。

(2) 读双音节词语 50 个

存在	窗户	抽象	尾巴	老板
同盟	聘请	恳切	扰乱	绿化
耳朵	苹果	纠正	承认	庄稼
耍弄	蘑菇	角色	暴虐	会计
大伙儿	非常	美好	否则	解放
隧道	快餐	脉搏	墨水儿	落选
左右	突击	批准	蜜蜂	有点儿

173

喧嚷	时光	小曲儿	司法	善良
边卡	汤圆	凉爽	俊俏	王冠
拥戴	琼脂	迥然	讹诈	昂首

以上50个双音节词语,选自[表一]的35个,其中带两个星号的20个,带一个星号的15个;另外15个选自[表二]。

覆盖声母的情况:b:5,p:3,m:6,f:5,d:5,t:3,n:2,l:6,g:4,k:3,h:4,j:8,q:6,x:4,zh:5,ch:4,sh:6,r:4,z:3,c:2,s:3,零声母:9。

覆盖韵母的情况:i:4,-i(前):1,-i(后):2,u:3,ü:2,a:4,ia:2,ua:2,o:3,uo:5,e:3,ie:2,üe:2,ai:1,uai:2,ei:2,uei:3,ao:5,iao:2,ou:3,iou:3,an:4,ian:2,uan:2,üan:3,en:2,in:1,uen:2,ün:1,ang:6,iang:3,uang:5,eng:4,ing:2,ong:2,iong:2,er:1。

含有6个轻声音节;儿化韵4个(huor,shuir,dianr,qur);上声接上声音节4对,上声接去声、阳平、轻声共9对。

(3)朗读:从1—50号作品中抽签选定朗读材料。

评分办法:详见2.3节。

选择判断和说话测试以及评分办法同Ⅰ型卷。

附 2：

普通话水平测试的范围、要求和评分办法

宋欣桥

（一）

普通话水平测试的范围、要求和评分办法都在《普通话水平测试大纲》（以下简称《大纲》）中作了充分的说明。参加普通话水平测试的人员必须首先学习和掌握《大纲》的内容，才有基础有条件接受测试。因此，《大纲》既是测试的范围，也是应试前必须进行训练的内容和范围。

普通话水平测试一律采用口试。全部测试共包括五个测试项：①单音节字词，②双音节词语，③朗读，④判断测试，⑤说话，总分为 100 分。测试采用有文字凭借和没有文字凭借两种方式进行。试卷分为 I 型卷和 II 型卷。 I 型卷适用于已经通过汉语水平考试（HSK），申请进行普通话水平测试的外籍或外族人员。目前普通话水平测试仍处于试行阶段，同时考虑到在校学生的学习负担，在 1996 年 12 月底以前，对中等师范学校和中等职业学校有关专业的学生以及小学教师也采用 I 型卷。II 型卷则供使用 I 型卷人员以外的应试人员使用。

《大纲》的"总论"部分对五个测试项的试卷编制和评分办法以及试卷的分型和样卷进行了具体的阐述。为了帮助大家尽快了解

测试的全过程,我们对这五个测试项的内容、要求和评分办法以及如何具体准备等方面分别进行简要的说明。

第一项 单音节字词。

这项测试要求应试人读单音节字词100个,目的是考查应试人普通话声母、韵母、声调的发音。100个音节里,每个声母出现一般不少于3次,每个韵母出现不少于2次。试卷要排除轻声和儿化音节。此项成绩占总分的10%,即10分。测试中,读错一个字扣0.1分。无论这个字声母、韵母或声调哪一部分发音错误,就要判定这个字读音错误。一个字词声、韵、调同时出现错误不重复扣分。测试中,读音有缺陷要扣0.05分。无论这个字声母、韵母或声调哪一部分发音有缺陷,就要判定这个字读音有缺陷。测试中应试人发觉字音有口误时,允许读两遍,按第二次读音评判。限时3分钟,超时扣分。《大纲》规定,3~4分钟扣0.5分,4分钟扣0.8分。考虑到读单音节字词的确有一定难度,又是测试的第一项内容,在各项测试中也是容易超时的一项等情况,在目前试行阶段,实际测试中此项限时可以适当放宽。在3分29秒之内读完,暂不扣分。超过3分30秒,按规定扣分。

此项100个字词选自《大纲》第二部分"普通话(口语和书面语)常用词语"。这部分包括[表一]和[表二]。[表一]收8455条词语,[表二]收15496条词语。[表一]的词语又根据常用的程度划分为带两个星号"※※"和带一个星号"※"两种。Ⅰ型卷里的字词选自[表一],其中带两个星号的60个,带一个星号的40个。Ⅱ型卷里的字词70个选自[表一],其中带两个星号的40个,带一个星号的30个;另外30个选自[表二]。[表二]里单音节词很少,为了反映普通话的语音系统,试卷中也会选取部分双音节词里的某一个音节的汉字编题。当然在选取中将尽量避免[表一]里已经出现的汉字。

　　第一项读单音节字词比第二项双音节词语略有难度。两项的共同特点是采用Ⅰ型卷的应试者必须熟练掌握[表一]8455条词语的正确读音和用法。采用Ⅱ型卷的应试者在熟练掌握[表一]8455条词语的基础上,还要掌握[表二]15496条词语的正确读音和用法。对这近两万四千条词语,应试者必须下功夫逐字逐词地认真学习训练,才能争取好成绩。

(二)

　　第二项　双音节词语。

　　这项测试要求应试人读双音节词语50个,目的是除考查应试人普通话声母、韵母、声调的发音外,还要考查上声变调、儿化韵和轻声的读音。评分时,把这50个双音节词语看作是100个单音节,声母、韵母出现的次数大体与第一项单音节字词相同。此外,上声和上声相连的词语不少于2次,上声与其他声调相连不少于4次;轻声不少于3次;儿化韵不少于4次。此项成绩占总分的20%,即20分。测试中,读错一个字(一个音节)扣0.2分。一个字读音有缺陷扣0.1分。限时3分钟,超时扣分(3~4分钟扣1分,4分钟以上扣1.6分)。

　　此项50个双音节词语也选自《大纲》第二部分"普通话(口语和书面语)常用词语"。Ⅰ型卷里的50个词语选自[表一],其中带两个星号的30个双音节词语(60个音节),带一个星号的20个双音节词语(40个音节)。Ⅱ型卷里的50个词语,35个双音节词语(70个音节)选自[表一],其中带两个星号的20个双音节词语(40个音节),带一个星号的15个双音节词语(30个音节);另外15个双音节词语(30个音节)选自[表二]。

为了保证测试的质量,《大纲》对进入一级特别是进入一级甲等的评定增加了限制性规定。第一、二项的测试中,如果失分10%,即第一项失分1分,第二项失分2分,应判定应试人的普通话水平不能进入一级。应试人有较为明显的语音缺陷的,即使总分达到一级甲等也要降等,评定为一级乙等。

为了反映普通话的习得过程,在第一项、第二项的评分时,在读音"正确"与"错误"之间,设立"缺陷"一档评分。对读音有"缺陷"字音所扣的分数要比读音"错误"的字音少扣一半儿。这样评分,既符合学习普通话的实际情况,又增强了测试的科学性。

《大纲》第一和第二两项,在测试普通话23900多条常用词语的正确读音和用法的同时,实际考查了应试者掌握普通话语音系统的情况。存在一种或一种以上的系统性的语音错误,存在两种或两种以上系统性的语音缺陷,是难于进入一级的。即便要达到二级水平,特别是二级甲等,不克服众多的系统性的难点音,量化评分也是难于达标的。这就要求应试者,在学习词表的同时,下功夫掌握普通话语音系统的正确发音。

(三)

第三项 朗读。

这项测试的目的是除考查应试人用普通话朗读书面材料的水平,重点考查语音、连读音变(上声、"一"、"不")、语调(语气)等项目。

此项朗读篇目是在《大纲》第五部分"朗读材料"中(1~50号)任选一篇,测试时抽签决定。50篇作品的平均字数在500字左右。根据《大纲》规定,测试时可以根据测试对象的情况,控制字数较多或较少作品的投签,例如测试时对学生扣除几篇字数偏多的作品;对教师扣除几篇字数偏少的作品。但是,不同人员测试,朗读材料的投签一般不得少于 40 个。

此项成绩占总分的 30%,即 30 分。语音评分对应试人选读材料的前 400 字(双斜线//之前为 400 字)的失误作累积计算,每次语音错误扣 0.1 分,漏读一个字(或多读一个字)扣 0.1 分。不同程度的存在方言语调一次性扣分,问题突出的扣 3 分;比较明显的扣 2 分;略有反映的扣 1.5 分。语速过快或过慢一次性扣 2 分。《大纲》规定,停顿、断句不当每次扣 1 分。此项评分在实际操作时,比较难把握。在目前试行阶段,除明显的停顿、断句不当外,不太明显或偶尔出现的,一般从宽把握,一次性扣分不超过 2 分为宜。限时 4 分钟,超过 4 分 30 秒以上扣 1 分。

朗读材料各篇字数略有出入,为了做到评分标准一致,各篇 400 字以后(双斜线//之后)的字音错误不再扣分,但语调、语速的考查要贯穿全篇。

此项测试的 50 篇作品是应试人已经预先做了准备的。那么,应试人应把这 50 篇作品作为一个整体进行训练,全面掌握。每篇作品后,均有"语音提示",应试人要认真准备。

(四)

第四项 判断测试(即选择、判断)。

这项测试的目的是重点考查应试人掌握普通话词汇、语法的程度。此项成绩占总分的 10%,即 10 分。共包括三个内容:

判断(一):考查应试人掌握普通话词汇的情况。在《大纲》第三部分"普通话和方言常用词语对照表",选列 10 组普通话和方言说法不同的词语,由应试人判断哪种说法是普通话的词语。错一组扣 0.25 分。

在《大纲》第三部分共列出了 2572 条普通话词语,与上海、厦门、广州、梅州、长沙五个方言点在说法上不同的词语对照。这些词语是从第二部分[表一]的 8455 条词语范围内,根据方言与普通话的对照选编的。应试者要在认真学习第二部分[表一]的基础上强化学习这 2572 条词语的用法。主试人可以在试卷中,在这 2572 个普通话词语的范围内,每组中适当增加一个、两个普通话与本地区方言说法不同的词语,作为对照。因此,学习训练这些词语不仅是这五个方言点所代表的方言区的应试者的事情,其他应试者也要认真准备。但对外籍人员的测试可以省去这个部分,判断(三)的计分加倍。

判断(二):这个内容是考查应试人掌握量词的情况。在《大纲》第四部分"普通话和方言常见的语法差异"中[二]"常见量词的选择"中抽选出 5 个量词,同时列出分别可以与之搭配的 10 个名词。由应试人现场组合,搭配错误的每次扣 0.5 分。

《大纲》共列出 29 个量词,并在量词后列出常见的能与之搭配的若干名词或者这个量词的使用范围。应试者要辨明在方言里容易搭配错误的用法着重进行训练。

判断(三):考查应试人普通话语法的规范程度。在《大纲》第四部分中[一]选出 5 组普通话和方言在语序或表达方式上不一致的短语或短句,由应试人判定符合普通话语法规范的形式。判断失误每次扣 0.5 分。

《大纲》第四部分[一]所列的语法差异又分为 29 小类。《大纲》规定,这些格式的字词是可以改动的。因此,应试者要把着眼点放在学习普通话正确的语序和表达方式上。

这项测试虽然是考查词汇语法的,但在口头回答时如果属于答案的部分读音有错误,也要扣分。每次字音错误扣0.1分。如果答案本身错误已经扣分的,就不再扣语音失误分了。

北方话区有的省主张测试拟卷时省略这部分,认为测试的价值不大。我们则坚持这项具有导向性的测试,一般不应省略。

(五)

第五项 说话。

这项测试目的是考查应试人在没有文字凭借的情况下,说普通话的能力和所能达到的规范程度。

测试的话题范围是《大纲》第五部分所列出的50则谈话题目。应试人根据抽签确定话题。按照《大纲》规定,每次抽签将列出两个内容有较大差别的题目,由应试人任选一题。说话以单项说话为主。说话时间不足,必须由主试人用双向说话的方式弥补的,要按规定适当扣分。说话时间不得少于3分钟,说满4分钟主试人请应试人停止。因此,此项不存在超时扣分的问题。

此项成绩占总分的30%,即30分。其中包括三项内容:

1. 语音面貌,占20分。根据语音失误的情况,分为6个分数档次计分:即20/18/16/14/10/8。按《大纲》规定,如果语音失误超过15次,方音明显的,至少要扣除10分。而且,即使总积分在87分以上也不能进入二级甲等。要想取得较好的成绩,在3~4分钟的说话中语音失误不得超过10次。如果错误达到10次或超过10次,即使总积分达到96分以上,也不能进入一级甲等。

2. 词汇语法规范程度,占5分。计分档次为5/4/3。如果词汇、语法屡次出现不符合规范的情况,要扣除2分。

3.自然流畅程度,占5分。计分档次为5/4/3。应试人说话明显不连贯,语速不当;或者说话时间不足3分钟的,必须由主试人采用双项说话弥补的,要扣除2分。如果应试人说话基本流畅,但口语化较差,有类似背稿子的现象,至少要扣1分。

说话是没有文字凭借的测试项,可以全面反映应试人普通话的真实水平。目前,测试处在试行阶段,此项测试只占总积分的30%,比重偏少。随着普通话水平的提高和对测试对象等级水平的要求提高,应适当增加说话评分的比例。

目前,对国家级、省(自治区、直辖市)级测试员,中央、省级电台、电视台的播音员、主持人以及与此专业相关的院校毕业生,专门从事普通话教学(包括语文科、对外汉语教学)的人员等,将逐步试行扩大说话项测试评分比例的办法。具体调整办法是:1)免去原第四项"判断测试"的测试。测试具体内容由5项减少为4项。2)前3项的内容和评分办法不变,将原第四项的10分加入"说话"项的"语音面貌"。3)"说话"项变为第四项测试内容,此项成绩总分增为40分。其中"语音面貌"增至30分,词汇语法规范程度、自然流畅程度的评分不变。

调整后"语音面貌"的评分档次划分为30/27/24/21/15/12。但实际对上述人员测试的评分(等级水平要求应达到一级乙等以上)档次要求,不得低于第三档"24分",即扣6分以上。从表面上看,这样调整后测试项目减少了,实际上对应试人员的普通话口语水平要求提高了,接受测试的难度也加大了。因此,测试工作要严格按照《大纲》范围和评分办法进行。测试项目的调整要严格控制在上述人员范围内。

(本文连载于1995年《语言文字报》)

五、普通话水平测试试卷

普通话水平测试试卷的编制

宋欣桥

普通话水平测试试卷能否真实、客观、准确地显示应试人的语言基本状况,是保证普通话水平测试信度、效度的重要方面。

普通话水平测试的主要命题依据是《普通话水平测试大纲》(以下简称《大纲》)和《普通话水平测试等级标准(试行)》(以下简称《标准》)。自从1994年10月公布《大纲》以来,经过几年的试行和大量测试实践证明,已经确立了测试的信度和效度,同时需要在实践中进一步充实和完善。

本文是依据1994年版《普通话水平测试大纲》和第一期至第九期国家级普通话水平测试员资格培训班的授课讲稿,对普通话水平测试试卷的基本内容、编制的基本要求和人工拟卷方法和注意事项等方面进行简要的概述。

(一) 试卷的基本内容

试卷分为Ⅰ型卷和Ⅱ型卷两种:Ⅰ型卷"主要供通过汉语水平考试(HSK)申请进行普通话水平测试的外籍或外族人员使用"。Ⅱ型卷"供使用Ⅰ型卷以外的人员"。《大纲》规定,"由于普通话水平测试处于试行阶段,同时考虑到在校学生的学习负担,所以在1996年12月底以前,对中等师范学校和中等职业学校有关专业的学生以及小学教师进行普通话水平测试时,也采用Ⅰ型卷"。考虑到这方面的试行已告一个段落,除外籍或外族的测试外,一般将采用Ⅱ型卷测试,本文主要讨论Ⅱ型卷的编制。(Ⅰ型卷和Ⅱ型卷的差别详见《大纲》总论,并在下文论及)

根据《大纲》总论中的"试卷编制和评分办法"的要求,测试试卷包括五个部分:

1. 单音节字词

这部分"主要考查应试人普通话声母、韵母和声调的发音"。试卷内容是从《大纲》第二部分"普通话常用词语"部分选择100个单音节字词。

2. 双音节词语

这部分"除考查应试人声母、韵母和声调外,还要考查上声变调、儿化韵和轻声的读音"。试卷内容是从《大纲》第二部分"普通话常用词语"中选择50个双音节词语。

3. 朗读

这部分"考查应试人用普通话朗读书面材料的水平。试卷内容是从《大纲》第五部分朗读材料(1~50号作品)抽签确定。

4. 判断测试

这部分"重点考查应试人掌握普通话词汇、语法的程度"。试卷包括三个内容:

判断一:考查应试人掌握普通话词汇的情况。试卷内容是从《大纲》第三部分"普通话和方言常用词语对照表",选列10组普通话和方言说法不同的词语,由应试人判断哪种说法是普通话的词语。

判断二:考查应试人掌握普通话量词的情况。试卷内容是从《大纲》第四部分"普通话和方言常见的语法差异"中[二]"常见量词的选择"中抽选出5个量词,同时列出分别可以与之搭配的10个名词,由应试人现场组合。

判断三:考查应试人普通话语法的规范程度。试卷内容是从《大纲》第四部分[一]中选择5组普通话和方言在语序或表达方式上不一致的短语或短句,由应试人判定符合普通话语法规范的形式。

5. 说话

这部分"考查应试人在没有文字凭借的情况下,说普通话的能力和所能达到的规范程度"。

测试的话题范围是《大纲》第五部分所列出的50则谈话题目。应试人根据抽签确定话题。

(二)试卷编制的基本要求

测试内容的五个部分中朗读篇目和说话题目可以直接印制在试卷上,也可以由应试人员抽签确定。因此,第三部分、第五部分在编制测试试卷时,主要是选取的问题,不是编制试卷的重点和难点,下面我们着重讨论第一部分、第二部分和第四部分试卷的编制问题。

第一部分,单音节字词。对这部分试卷编制的基本要求是:

1. 符合声母、韵母和声调的覆盖率。

按照《大纲》规定,每个声母的出现一般不少于3次,每个韵母的出现一般不少于2次。方言里缺少的或容易相混的声母、韵母可以酌量增加 1~2 次。实践证明,这既符合普通话语音系统实际,又是可以全面客观地检测来自不同方言区的应试人掌握普通话语音系统的情况,可以确保测试的信度。

普通话包括零声母在内共有 22 个声母。根据汉语方言缺少的和容易相混的情况可以把普通话声母分为三类:一类是最为常见的失误,如舌尖后音 zh、ch、sh、r,舌尖中音 n、l,齿唇音 f 和舌面后音 h;另一类是较为常见的失误,如送气音 p、t、k、q、ch、c,舌尖前音 z、c、s,舌面前音 j、q、x;还有一类是发音一般不出现失误的,如双唇音 b、m,舌尖中不送气塞音 d,舌面后不送气塞音 g。大家知道,零声母实际可以分为开口呼零声母和非开口呼零声母两大类,非开口呼零声母又可以细分为齐齿呼、合口呼、撮口呼零声母。这零声母"开""齐""合""撮"的四类情况,在试卷的编制中不应缺少哪一类,每种最好也出现不少于 3 次。

根据以上分析,第一部分试卷声母最为理想的覆盖率可以设计为:b:3,p:4,m:3,f:5,d:3,t:4,n:5,l:5,g:3,k:4,h:5,j:4,q:4,x:4,zh:5,ch:5,sh:5,r:5,z:4,c:4,s:4,零声母:12(包括开口呼:3,齐齿呼:3,合口呼:3,撮口呼:3)。

普通话韵母共 39 个,其中单韵母 ê 不含常用(字)词,实际试卷中只出现 38 个韵母。根据方言中缺少的或容易相混的情况,可以把普通话韵母分为两类:一类较为常见的失误,如鼻韵母、撮口呼韵母、单韵母 e,复韵母 uo、ie,以及前响复韵母(除舌位动程最小的 ei 外);另一类就是除上面列举的韵母外,一般失误较少的韵母。我们还应注意:1)虽然卷舌韵母 er 是难点音,考虑到所含常用字比较少,出现 2 次即可。er 不同辅音声母相拼,有人主张在试卷中只出现 1 次,这样既不符合规定,又不能客观检测难点音,还是出现 2 次为好。2)in、ing 在鼻韵母中是突出的难点。3)韵母 ueng 实际所含常用字只有"翁"字。根据以上分析,第一部分韵母最为理想的覆盖率可以设计为:a:2, o:2, e:3, i:2, u:2, ü:3, －i(前):2, －i(后):2, er:2, ai:3, ei:2, ao:3, ou:3, ia:2, ie:3, ua:2, uo:3, üe:3, iao:2, iou:2, uai:2, uei:2, an:3, en:3, in:4, ün:3, ang:3, eng:3, ing:4, ong:3, ian:3, uan:3, üan:3, uen:3, iang:3, uang:3, ueng:1, iong:3。

(注意:《大纲》已明确注明,样卷"未经信度、区别度、难度分析",不应作为覆盖率的标准。)

1994 年版《大纲》,未对声调的覆盖率提出要求。在《大纲》修订中将会进一步提出明确要求,基本要求是普通话四个声调出现应大体相当。每个声调出现应不少于 20 次。每个声调出现的次数大约在 22 次至 28 次之间。

另外,在第一部分的试卷中应避免出现声韵相拼完全相同的音节,更不能出现声、韵、调完全相同的音节。

2. 按比例选择单音节字词。

按《大纲》规定,应考虑单音节字词的常用程度,按比例选择单音节字词。试卷中既要出现大量最为常用和较为常用的字词,同时又有少量有一定难度的常用词,才能确保有效地测试出普通话水平的不同等级。在《大纲》第二部分"普通话常用词语"分为"表一"和"表二"。"表一"在词语前加注了星号。加注两个星号的是最为常用,加注一个星号的是较为常用。"表二"所收词语为次常用。

按《大纲》规定,Ⅱ型卷第一部分应从"表一"中选择 70% 的字词,从"表二"中选择 30% 的字词。从"表一"中选择的 70% 字词,其中带两个星号的字词占 40%,带一个星号的字词占 30%。(Ⅰ型卷则全部从"表一"中选择,带两个星号的字词占 60%,带一个星号的字词占 40%。)

当选择"表二"的字词时,应避免出现"表一"中已经出现的字词。

第二部分"普通话常用词语"[表二]里,单音节词很少,除单音节儿化词外,只有 188 条。《大纲》规定,"为了反映普通话的语音系统,可以选取个别双音节词里的某一音节编题"。这恰好是为"单音节字词"的定名,加了一个注解。原本第一部分可以定名为"单音节词",考虑到上述原因,则定名为"单音节字词",严格地说,应写作"单音节(字)词"。

3. 避免出现多音字、多音词。

单音节字词容易出现多音的现象,在试卷中应该尽量避免。目的是减少应试人测试时因犹豫不定而造成失误,多音现象超过一定数量还可能造成应试人超时,同时也可能造成测试员的误判、错判。

有的地区为了解决这个问题,在试卷中采用加括号(　　)限定该字词的读音,例如:差(出~)。这样处理优点是填补了多音字词在测试中的空缺,缺点是比没有这样处理的试卷难度会有所增加,也造成卷面不规整。采用这种方法应控制在 5% 以内,如果超过 10%,由于卷面散落括号的干扰,使视觉不明晰,同时判断括号内的限定条件,难度将明显增加。这种处理将波及试卷间难度的一致性和限时的评分等问题。

4. 注意相邻音节的排列。

因为第一部分主要考查应试人普通话的声、韵、调的发音,应避免相邻音节之间的排列不当,造成音变,或者造成测试员漏判、误判。

按《大纲》规定,"字音声母或韵母相同的要隔开排列,不使相邻的音节出现双声或叠韵的情况"。这种避免相邻音节出现相同声母或相同韵母的处理,是为了增加音节与音节之间的语音区别度、清晰度,使测试员的测评更加准确、客观,也可以避免应试人员偶尔误读某个音而波及相邻的同一音素。

同样,相同声调的音节也应隔开排列,特别要避免上声和上声音节相邻。

根据常用和难易程度选择排列字词时,应注意:1)开头的字词要选择较为常用的、比较容易读音的字词。这种设计可以增强应试者的自信心。2)不要将相对易错难念的或相对不大常用的字词集中在一起,无论出现在开头、中间或尾部都是应尽量避免出现的。

第二部分,双音节词语。试卷编制的基本要求是:

1. 声母、韵母、声调的覆盖率和词语选择比例与第一部分的要求相同。

50个双音节可视为100个单音节。声母、韵母出现的次数的要求与单音节字词相同,即每个声母出现一般不少于3次,每个韵母出现一般不少于2次,每个声调出现不少于20次。与第一部分略有不同的是,在词表中没有双音节词语含韵母 ueng,因此这个部分只出现37个韵母。

词语从《大纲》"普通话常用词语"部分的"表一"、"表二"中选择的比例,与第一部分"单音节字词"相同,详见前文。

2. 按规定选择上声变调词语、儿化词、轻声词。

按照《大纲》规定,"上声与上声相连的词语不少于2次"。

"上声与其他声调相连的不少于4次。"这是指上声分别与阴平、阳平、去声、轻声相连的四种情况。

"轻声不少于3次。"选择轻声词应注意:1)尽量不要选择带"子""们""么"以及叠字名词等极易判断的轻声词。2)不要选择教科书、工具书注音有分歧的,实际属于"可轻可不轻"的所谓轻声词,包括《现代汉语词典》已经注明"可轻可不轻"的词语。

"儿化韵不少于4次(ar、ur、ier、üer)。"原设计考虑到在韵母中已有卷舌韵母er,在括号中提示出其他4种有代表性的儿化形式,供选择时参考,但并非排他限定。注意:不要选择用两个汉字表示一个单音节的儿化词,如"花儿"。这实际是单音节词,并非双音节词语。

3. "词语排列要避免同一测试项的集中体现。"

这是指不要把上声变调、轻声词、儿化词等同一个测试项目的词语集中排列在一起,应分布开来。

另外,在选择词语时也应尽量避免出现双声、叠韵的双音节词语,例如:"理论"(双声)、"白菜"(叠韵)等。

4. 避免出现与第一部分"单音节字词"完全相同的汉字。例如,在第一部分单音节字词出现"白",第二部分就不应出现"白天"这样的双音节词语。

第四部分,判断测试(即选择、判断)。

判断一:试卷编制的基本要求,首先要按照规定范围选列。

《大纲》规定,从第三部分"普通话和方言常用词语对照表"中,选列10组普通话与方言说法不同的词语",每组至少应列出两种以上方言的说法。上海、厦门、广州、梅州、长沙五个方言点以及所代表方言区的其他方言点,均可以有针对性地选择。其他方言地区,可以适当增加1个普通话与本地区方言在说法上不同的词语。

选择时应注意:

1. 避免一组词语中出现两个或两个以上的普通话词语。《大纲》第三部分"普通话与方言常用词语对照表"所列词语在表中是很清楚的,但从表中选择出来,脱离了原表注明某个方言的条件,就可能在一组词语中出现两个或两个以上普通话中可以说的词语。例如:普通话"姑姑"在上海话叫"娘娘",在广州话叫"妈妈"(或"姑姐"),在长沙话叫"姑子"。如果不注明,排列在一起,均可认为是普通话的词语,即:姑姑(父亲的姐妹)、娘娘(皇妃或指女神)、妈妈(母亲)、姑子(尼姑),应试人将无法选择。还比如:普通话"爸爸"在长沙话叫"爷爷"(或"爹爹"),普通话"工资"(或"工钱")在广州话叫"人工",普通话"工作"在上海话叫"生活"等。

2. 避免出现难于判定是方言还是普通话的词语。这些词语大多是带有某种方言的色彩,但在全国包括北方话地区的人在内比较熟悉,而北方话又不大使用的词语。例如:普通话"知道"上海话、长沙话说"晓得"。普通话"鞋"上海话、长沙话叫"鞋子"。"晓得""鞋子"带有方言色彩,但《现代汉语词典》注释中并未注明〈方〉。如果选择这样的词语,会给测试评分造成困难。

3. 可以增加本地区的方言词语,但每组最好只出现一次,并且与其他方言点的词语一同排列。增加本地区的词语原则上不应超出第三部分"普通话与方言常用词语对照表"所列的2572条词语的范围。

判断二:从《大纲》第四部分抽选5个量词,同时列出分别可以与之搭配的10个名词。

需要注意的是：

1. 每个量词只能同两个名词搭配，避免出现兼容的现象。其中量词"个"既可以用于没有专用量词的事物，也可以用于某些有专用量词的事物，兼容性较强，在选择与之搭配的名词后，要检查是否仅限于搭配这两个名词，必须是排他的，否则不选。同时注意："棵"与"颗"读音完全相同，不能出现在同一份试卷中。

2. 与量词搭配的可以选用单音节名词，但不要全部选择单音节名词。排列也尽量岔开。

3. 一个量词所搭配的两个名词，不要排列在一起。

判断三：从《大纲》第四部分，编制5组普通话和方言在语序和表达方式上不一致的短语或短句，每组至少有两种形式。

注意：

1.《大纲》注明：可以改换短语或短句的字词。而改动的条件是制卷人必须对该方言熟悉、了解，否则应原则上保留原句形式。

2. 尽量做到试卷中既有两种形式的，又有三种形式的，比例为2∶3，不要只选择两种形式的。

3. 一组选择中，尽量不出现三种句式中有两种是普通话形式的情况。

（三）试卷拟制的基本方法

有的省市和地区利用计算机技术研制成功或正在研制测试题库，为试卷的编制提供了科学依据，这无疑是测试走向科学化的标志之一。同时我们应该清醒地认识到，计算机毕竟是人脑延伸的现代化工具，语言材料的储存整理分析中人是起主导作用的。在制定信息处理用汉语词表的策略时，专家认为：人机并存，"质""量"合一。机器的作用：在"量"上的把握，而人的作用是"质"上的把握,"最后的决策仍由人作出"。同时提出两个原则:"规范+词表"的思路,"经验+统计"的方法。(参见《语言文字应用》杂志1997年第1期)

在国家级测试员资格考核培训班,我们坚持把编制试卷作为训练和考核的内容,目的是要求国家级测试员通过亲自制作试卷,准确把握测试内容的科学性。同时能够编制符合要求的试卷,也是国家级测试员应具备的基本能力。无论今后对此如何调整安排,试卷的编制应是必不可少的测试员培训、教学的内容和要求之一。

为了保证测试的信度和效度,《大纲》对试卷的编制提出详细的要求,但这也给人工编制试卷增加了难度,主要表现第一部分和第二部分的拟制上。总结九期国家级测试员班的教学和各地测试员积累的制卷经验,人工拟制第一、第二部分试卷,符合声韵调的覆盖率是重点和难点,拟制的基本方法是:

1. 利用《普通话声母、韵母拼合表》(见"附表"),编制"单音节字词"和"双音节词语"两部分。

这个方法是刘照雄先生在起草《大纲》总论样卷部分时首先使用的。选用一张 8 开的纸,左面列出包括零声母在内的 22 个声母,零声母放在最后一行;最上面横行列出 38 个韵母(单韵母 ê 实际没有常用字词,除外),为了加大书写空间,有些韵母可以合并排列在一起。例如:卷舌韵母 er、舌尖前韵母 -i(前)和舌尖后韵母 -i(后),三者可以排在一竖行里;韵母 ou、o 可以排在一起;韵母 ong、ueng 排在一起。这样可以减少 4 个格子,实际表中只为韵母画出 34 个格子就够用了。

表格画好后,可以把声韵没有拼合关系的格子用斜线划掉,使有拼合关系的音节位置更清晰,也可以减少干扰。

当每个横行(即每个声母)中出现3个字词(零声母则应出现12次左右)时,这个声母的覆盖率已经符合要求了。当每个竖行(即每个韵母)中出现2个字词时,这个韵母的覆盖率已经符合要求了。注意:合并排列的韵母也要以每个韵母出现3次计算。

2. 从难到易。

这里的"难"与"易"是指声母、韵母拼合关系说的。比如:零声母和辅音声母 n、l 可以与开、齐、合、撮四呼相拼,而声母 f 只能同开口呼、合口呼(只限 u、o)相拼的9个韵母相拼;又如舌面前音 j、q、x,只能同齐、撮呼相拼,与之相拼的只有14个韵母。显然,声母 f、j、q、x 可以拼合的音节形式较少。选择字词时,如果首先选择容易寻找拼合关系的声母,比如带有 n、l 和零声母一类的音节,最后选择那些难于寻找拼合关系的声母,如带有声母 f、j、q、x 的音节,就有可能出现:可以与之相拼的韵母已经超过2次,与其他韵母又没有拼合关系,造成进退两难的局面,甚至走进"死胡同"。韵母亦同此理。实践证明,按声母、韵母的覆盖率选择字词时,按先难后易的顺序进行比较合理。

根据《普通话声母、韵母拼合表》统计,声母可以与之相拼韵母的数目分别是:

b:16	p:17	m:18	f:9
d:21	t:19	n:20	l:26
g:19	k:19	h:19	
j:14	q:14	x:14	
zh:19	ch:19	sh:19	r:14
z:16	c:15	s:15	

零:33

(例释:b:16,即表示声母 b 可以同 16 个韵母相拼。相对来说,能够相拼的韵母越多,说明寻找含有这个声母的字词越容易。)

依据以上统计,大体上是齿唇音(即唇齿音)声母、舌面前声母以及舌尖前声母与韵母相拼的形式较少,而零声母、舌尖中音声母、舌尖后声母与韵母相拼的形式较多。按从难到易的顺序具体排列为:f、j、q、x、r、c、s、z、b、p、m、t、g、k、h、zh、ch、sh、n、d、l、零。

根据《普通话声母、韵母拼合表》统计,韵母可以与之相拼的声母数目分别是:

a:18　　　o:4　　　e:13　　　er:1　　　-i(前):3
-i(后):4　　ai:17　　ei:12　　ao:18
ou:18　　an:19　　en:17　　ang:19　　eng:18
i:11　　　ia:17　　ie:11　　iao:11　　iou:15
ian:11　　in:13　　iang:16　　ing:11　　u:19
ua:7　　　uo:15　　uai:7　　uei:9　　uan:14
uen:14　　uang:7　　ueng:1　　ong:18　　ü:5
üe:5　　　üan:4　　ün:4　　iong:4

依据以上统计,韵母 ueng、er、-i(前)、-i(后)以及韵母 o(实际是同唇音声母相拼的 uo,在拼写上省略为 o)与声母相拼的形式最少。按"四呼"分析,撮口呼与声母相拼的形式最少,开口呼则最多。按"四呼"从难到易排列,大体上是:撮口呼、合口呼、齐齿呼、开口呼。按从难到易的顺序具体排列为:ueng、er、-i(前)、-i(后)、o、iong、ün、üan、üe、ü、uang、uai、ua、uei、ing、ian、iao、ie、i、ei、in、e、uen、uan、iou、iang、ia、en、ai、eng、ou、ao、a、ong、uo、u、ang、an。

3. 先重点，后一般。

这是指第二部分"双音节词语"试卷的拟制方法。

这一部分对声母、韵母、声调的覆盖率的要求与第一部分相同，可以参照第一部分的方法拟制。

所不同的是在选择双音节词语时，要先选择重点考查的内容，即上声变调的词语（上上相连不少于 2 次，上声与其他声调相连不少于 4 次）、轻声（不少于 3 次）、儿化韵（不少于 4 次）。然后再按要求选择其他一般性词语。

附：

关于普通话水平测试计算机制卷系统的研究报告

赵伟国　乔丽华

第一部分　计算机制卷的重要性

普通话水平测试是国家推广普通话工作的重要举措,利用现代化的信息技术,实现计算机制卷,将会对这一工作的科学性、规范性提供强有力的保证,对促进普通话的推广和深化语言文字工作研究也有着深远的影响。

以前普通话水平测试的试卷主要是依赖人工来完成的,我们发现在人工制卷的过程中,存在以下几个方面的问题:

1. 制卷效率问题

由于国家语委颁布的《普通话水平测试大纲》(以下简称《大纲》)对试卷的要求是多方面的,有字数、音节数、声韵母数、儿化和轻声等十几项基本要求,各要求之间又存在较高的相关性,即使我们聘请很有经验的专家,要完成一份符合要求的试卷,至少需要花6～8小时。随着国家推广普通话工作的进一步发展,参加普通话测试的人员迅速增加,制卷工作面临巨大的压力。不走计算机制卷这条路,不提高工作效率,在现有的人手条件下,既要保证制卷质量又要保证制卷数量,显然是无法应付的。

2. 试卷质量问题

由于人工制卷劳动强度大,出现一些偏差往往是难以避免的。这也加重了校对人员的负担,一旦校对人员也未能检查出存在的错误,将会对测试工作的本身造成不利影响。另一方面,制卷人员由于受到时间、知识、偏好等多种因素的影响,会在一定程度上影响试卷的随机性,从而影响测试工作的客观性。

3. 试卷分析和管理的问题

人工制卷的另一问题是对已有试卷进行分析十分困难,很难获得试卷的统计信息,对试卷的规范化程度难以把握,更难以在试卷的信度、效度和区分度上进行科学分析。

人工制卷的过程中,由于制卷环节多、涉及人员多等因素,容易造成试卷散落和失密,使试卷的集中管理工作产生相当大的难度。

测试中心针对上述问题,意识到计算机制卷的必要性和迫切性,投入了相当大的人力和物力,组织科研人员对这一问题进行攻关,经过长时间的努力,计算机制卷系统已初步完成。经过一段时间的试运行,已成功克服了上述人工制卷的种种弊端,大大缩短了制卷时间,提高了试卷规范化程度,极大地减轻了制卷人员的劳动强度,试卷得到了有效的管理,也推动了科研工作的开展。

第二部分 计算机制卷系统的构成

已完成的计算机制卷系统,从功能上区分,主要有制卷功能和制卷的辅助功能两大部分。

一、制卷部分

1. 制卷原则

严格按照《大纲》要求进行命题,力争做到全面性、规范性、随机性的有机统一。

• 全面性:

字、词范围是严格按《大纲》上的条目来确定的。共有23 900余条单字和词语。从原则上讲,所有《大纲》上的单字和词语,都有可能出现在卷面上,制卷系统本身并没有设置任何障碍。除非某些单字或词语,由于读音或词义等原因,容易使考生产生混淆,对此,制卷系统作了锁定处理。这种锁定处理只是使该字或词语在出卷时不予考虑,但是,其基本资料仍将保留在基本题库内。这样,一方面保持了题库资料的完整性,另一方面,也兼顾了实际操作的可行性。

• 规范性:

制卷系统从信息的完整性角度出发,对每个输入的字、词,作了规范化整理。对字、词的属性(比如:声母、韵母、声调、儿化等)作了全面的分析、充分的细化,力求准确地标注。完整的、准确的题库基本资料,是计算机制卷成功的一个重要基础。

制卷系统在制卷过程中,字、词的选择完全是根据《大纲》的一系列要求来确定的。比如声韵母在试卷中的单字部分的均衡性,不出现相同的汉字,儿化、轻声词语的数量要求,测试项的不集中排列等问题,都在系统中得到全面的解决,且在系统所生成的试卷中得到验证。

考虑到制卷工作的完整性,制卷系统对每份试卷都提供相应的标准答案和试卷分析报告。

• 随机性:

由于目前普通话水平测试的次数在不断增加,对试卷的数量要求较高,少则一个星期4份,多则10多份。为了使计算机制卷能适应测试工作的节奏,又要使各试卷在内容上不相似,字、词的随机化程度是一个非常现实的问题,系统设计时在这方面作了充分的考虑。在解决随机率问题上,系统主要是从以下两个方面来考虑的:

a) 由于普通话测试本身的主要目的是考查考生的普通话语音系统的发音水平,而这又体现在考生能否对每个音节的发音准确把握,因此,系统把各个音节的随机出现作为首选考虑的对象。《大纲》中的音节总数是401个,从理论上讲,每个音节在单字部分出现的概率大约是1/4,但是由于《大纲》对每个声韵母出现的次数有个笼统的均衡性要求,又由于每个声韵母在401个音节中的分布存在很大的差异,这样就使得每个音节出现的随机率产生一定程度的差异。

b) 在随机选择音节的基础上,针对每个音节可选择的单字,系统作了完全随机化的处理。尽管如此,试卷中仍然会有一部分单字由于该音节中可选余地偏小,而同其他单字相比,会有较高的出现机会。

2. 制卷类型和方式

系统可根据用户的多种要求进行制卷,除了有《大纲》规定的Ⅰ、Ⅱ型卷,也考虑到在某种特殊场合所需要使用的特殊卷型,可在《大纲》规定的单字和词语范围内制卷。系统提供多种类型的制卷方式:

- 出单份试卷。
- 将预选字词考虑在内的单份试卷。
- 连续制作多份试卷。

系统会严格按照用户设定的有关要求来制卷,整个制卷过程中有可供用户监视的信息窗口和全方位的信息提示。通过不断优化、反复修改,系统的制卷效率不断提高,每份试卷的制卷时间一般可控制在 10 分钟内。

3. 制卷中逻辑问题的处理

系统对计算机制卷的整个过程进行全面细化处理,由于汉语字、词的属性复杂,分布极不平衡,而制卷的要求是多方面的,这些问题的处理同一般的信息工程有很大的差异,有相当一部分属逻辑推理问题。这中间不仅需要语言文字知识和计算机知识,还包括大量的数学、统计等其他学科的知识。科研人员经过艰苦努力,在尊重《大纲》的前提下,成功地解决了一系列逻辑难题,从而保证制卷过程在一般情况下可顺利进行。

二、制卷的辅助部分

从现在的制卷系统规模上讲,制卷部分只占其中的一小部分,而系统的绝大部分是为制卷服务或同制卷有关的辅助功能。除了有试卷的打印、查询和分析这些必备的功能之外,系统还包括了题库结构的设置、题库信息的修改和增减等内容,这些都将为今后普通话测试工作的新发展和新要求,提供灵活应变的能力。

1. 制卷规则的维护

系统提供包括了对Ⅰ、Ⅱ型卷的单字和词语的数量修改,对试卷中出现的声韵母数的上下限修改。

2. 题库基本资料的维护

系统提供了包括对字、词所有测试项的内容的修改,其中有字、词、音节数、儿化、轻声及轻重格式等内容。还包含对题库中的字、词进行锁定和维护词语拆字(部分词语可分拆成单字出现在试卷上)等功能。系统对所有测试项的内容都提供相应综合查询的功能,为科研人员全面了解题库信息提供了便捷的途径。

3. 试卷查询和分析

系统有十分方便的试卷查询和打印功能,可先在计算机上浏览所选中的试卷的全部内容,然后决定是否打印。系统的试卷分析部分可对用户选定的试卷进行多项指标的分析。

4. 题库资料的分类查询

系统提供对所有已录入资料的全面的查询功能,用户可根据不同的选项提取所要的资料。其中包括,按各个或几个声韵母提取在或表一、或表二、或全部表内所含的单字和词语及相关内容;按音节提取在或表一、或表二、或全部表内所含的单字和词语及相关内容;分表提取儿化、轻声、上声连接词语;分表提取多音字、词等功能。

第三部分　制卷系统的特点

一、制卷系统的设计原则

我们在制卷系统设计时,本着高起点、规范化的宗旨,立足当今计算机技术的发展潮流,尽可能采用最新的计算机技术手段,来完成计算机技术与制卷工作的成功结合。在整个系统的制作过程中,我们始终坚持这样的开发原则:信息的全面性、用语的规范性、资料的准确性、操作的方便性和系统的稳定性。我们花费了大量的精力,反复进行模拟操作,将由各种意外情况而引起的系统出错减到最低程度,使制卷系统不断完善。

二、制卷系统的操作特点

已完成的计算机制卷系统在操作上具有以下的特点:

1. 开放式的结构

科研人员可对题库的基本资料、命题规则进行修改,有助于题库资料的完善和适应未来题库信息的变化和命题要求。

2. 直观化操作

制卷系统是在 windows 95 和 windows 98 系统上使用的,完全是可视化、图形化的,通过鼠标的操作基本可满足需要。

3. 全程信息提示

在制卷系统的操作过程中,操作人员可通过制卷系统的帮助系统和信息提示,及时明了所作的操作和操作的后果。对一些不能随意修改的信息,制卷系统将提供警示信息,以防用户误操作。

4. 一体化解决方案

整个制卷系统包含了单字、词语部分和选择判断部分的自动出卷,标志着普通话水平测试工作的试卷的所有部分已完全实现了计算机自动制卷,普通话水平测试的计算机制卷系统也因此成为一个完整的系统,使试卷在真正意义上摆脱了人工干预的状况。

三、网络结构

已制成的制卷系统可在计算机网络上运行,题库资料存放在网络服务器上,做到了信息资源的共享。

四、制卷系统的集成化环境

制卷系统所有功能的实现和操作,如制卷、制卷的规则维护、试卷的查询、试卷的分析、题库信息的维护及安全性维护等,均在同一个集成环境中完成。

五、制卷系统的安全性

我们充分考虑到制卷系统的安全性和制卷工作的保密性,所有进入制卷系统的用户,都须事先登记,设置密码和权限,不同的用户将按所设定的不同权限进行操作。制卷系统还备有系统监视功能、系统备份等其他安全措施,以确保制卷系统的安全运行。

第四部分 制卷系统的自检测试报告

一、制卷系统的基本资料汇总

题库内共有字、词 23 932 条,其中分布如下:

1. 表 1 共有单字 1796 个,词语 6658 个。表 2 共有单字 205 个,词语 15273 个。

2. 实际含有的单音节数 401 个,其中单字(包括词语中的可拆单字)中所含的音节数是 393 个。

3. 可以在试卷上出现的单字有 3416 个,其中有一部分单字因特殊原因被锁定。

4. 儿化词语 186 个。

5. 轻声词语 1283 个。

6. 上声接上声、上声接其他声调的词语共 3436 个。

二、抽样试卷的数据

在抽样的 32 份试卷中,实际已出现的单字 2181 个,词语 1355 个,单字中出现的音节数 393 个,其中最高字频为 5。

计算机制卷工作的运行,使我们的科研人员从繁重的出题工作中解放出来,有更多的精力来开展语言文字的科研工作,并可及时将最新的科研成果直接输入电脑,使制卷工作不断完善。

通过对制卷工作的计算机化的研究,我们不仅达到了提高制卷效率、提高制卷质量的目的,同时我们还建立了相当完整的题库资料,对推动语言文字的科研工作有积极意义。

我们对计算机制卷工作的研究还处于起步阶段,但通过实践,已充分认识到该项工作对于普通话测试工作的重要性,我们还将不断地努力,使计算机制卷工作更趋完善。

(本文收入 2002 年上海市普通话培训测试中心
编《普通话水平测试研究》)

六、普通话水平测试评分

普通话水平测试评分中的几个问题[*]

宋 欣 桥

本文试图结合笔者近五六年以来参与编写《普通话水平测试大纲》(以下简称《大纲》)和测试实践的体会,对普通话水平测试实践中的一些问题进行探讨,提出初步设想。

一 对普通话水平等级基本特征的把握

1994年公布了《普通话水平测试等级标准》(以下简称《标准》)的试行稿。我们在实际测试中应把握等级的特征,对一些关键等级间的界线有比较清楚的认识,以保证测试不偏离等级标准。

1. 三级的基本特征

"一级"是代表普通话标准的级别,即"标准级"。相对二级、三级来说,也可以称它是"高级"。

---

[*] 本文承蒙仲哲明、刘照雄两位先生审改,谨致谢意。

具体特征:(1)语音标准。这里指普通话语音系统标准,但个别字音允许出现失误;(2)词汇语法正确无误。严格地说,不应该在词汇语法上有任何失误;(3)语调自然,表达流畅,即一般不出现方言语调。表明普通话水平已达到自然流畅的程度;(4)失分率在8%以内,即得分在92分或92分以上。

"二级"是相对标准或接近标准的级别,它介于"一级"和"三级"之间,也可以称为"中级"。

具体特征:(1)语音基本标准。即声母、韵母、声调遗留一类或两类中的部分语音错误或同时出现两类、三类中的部分语音缺陷;(2)词汇语法出现少量的失误;(3)带有方言语调,但不太明显;(4)失分率在8.1%~20%以内,即得分在91.9分以下,80分或80分以上。

"三级"是学习和使用普通话的初级阶段,通常我们认为,说话人是在说普通话。可以称为"初级"。

具体特征:语音、词汇、语法同时存在明显的或较多的失误,带有明显的方言语调。失分率在20.1%~40%以内,即得分在79.9分以下,在60分或60分以上。

2. 一级甲等基本特征的把握——兼及一级甲等与一级乙等之间的界线

"一级"是代表普通话标准的级别,那么,"一级甲等"就是在"一级"内代表最为纯正的普通话的等级,我们说"普通话只有一个标准",那么"一级甲等"就是这个标准的代表。下面粗略地描述一级甲等的基本特征:

(1) 没有明显的语音缺陷。《大纲》明确规定:"应试人有较为明显的语音缺陷的,即使总分达到一级甲等也要降等,评定为一级乙等。"在目前测试实施尚不完善的情况下,这个规定对确保评为一级甲等人员普通话的纯正程度是很必要的。评为一级甲等的人员在被测时,也会有失误,但这种失误只允许是极少的、偶然出现的,而且这种极少的失误不能集中在同一种类型上。评分上主要体现在第一项"单音节字词"、第二项"双音节词语",如果其中一项,同类"缺陷"问题反复出现5次以上,就可以基本认定是存在语音缺陷。偶然出现1~2次(即3次以内),可不断定为"语音缺陷"。

(2) 不带任何方言语调。"方言语调"的评分出现在第三项"朗读"当中。虽然对"方言语调"的含义和把握有待进一步探讨,但对直接同"方言语调"紧密相关的语音现象,已经有了初步的认识,例如:句调、声调(字调)、轻重音、语气(明显的表现在语气词的运用上)、语音节律(包括语速、停顿在内)等方面(参看本文第三部分第3节)。在这些方面,进入一级甲等的普通话口语中不能出现方言色彩。原则上,进入一级乙等的也不应在"方言语调"上失分,但在实际测试中被评定为92分、93分这种临界分数时,在"方言语调"上失分并不少见,而评定为95分以上的,一般不会也不应该在"方言语调"上失分了。

(3) 语速正常,停顿没有错误。语速、停顿是反映应试人朗读书面材料水平的主要方面之一。《大纲》对朗读项的"语速"和"停顿"是分别评分的。《大纲》规定:"语速过快或过慢一次性扣2分。""停顿、断句不当每次扣1分。"不言自明,一级甲等失分率只有3分,如果在"语速"上被一次性扣掉2分,进入一级甲等的希望几乎等于零。进入一级甲等的普通话水平在被测中不允许在停顿方面出现明显的错误。在实际测试中,进入一级甲等的,也会有偶然出现停顿不当的情况,但一般不应是明显的停顿错误,只能扣去1分。

(4) 不出现任何方言词汇、语法现象。这主要体现在第四项"判断测试"(即选择、判断)和第五项"说话"中运用词语、语法正确,在这方面不失分。《标准》对"一级"的表述,明确规定:"词汇、语法正确无误",对一级甲等无疑应该严格把握。在第五项"说话"中规定:"偶有词汇或语法不符合规范的情况,扣1分。""词汇、语法屡有不符合规范的情况,扣2分。"如果在此项失分,也很难进入一级甲等。

注意:当遇到方言和普通话的界线不清的词汇、语法现象时,一般不应按错误扣分。例如,方言与普通话界线不清的词语,一般是带有某种方言色彩,但全国特别是北方话地区的人比较熟悉、也可以理解的。像普通话说"鞋""知道"而上海话、长沙话说"鞋子""晓得",普通话说"从来"或"根本",而北京话说"压根儿"(多用于否定句)。翻开《现代汉语词典》一查,"鞋子""晓得""压根儿",均未注明〈方〉(即方言)。建议:在试卷中要避免出现这类词语。如果未能避免,或应试人在被试中出现了这种情况,在评分中一般不要按错误扣分。

(5) 第一项"单音节字词"和第二项"双音节词语"的失分率一般不超过5%。一级甲等的失误,常常出现在这两项测试当中。但失误率超过5%,即标志累积失分超过1.5分,进入一级甲等比较困难。由于不能保证其他三项不失分,这两项只有1%~3%的失分率,即两项相加失分最多不超过1分,才有可能进入一级甲等。

3. 一级乙等的基本特征和评分把握——兼及一级乙等与二级甲等之间的界线

目前应试者主要是要求达到一级和二级的人员,对一级乙等与二级甲等之间的界线进行分析和把握,在测试中至关重要。这个界线体现了普通话水平测试员、播音、影视、话剧、配音等专业人员(包括相关专业的毕业生)和普通话语音的教学人员是否合格的基本要求,也体现了师范院校北方学生与南方学生普通话水平是否合格的不同要求。

"级"内的"甲等"与"乙等"的区分是通过一定失分的"量"划分出来的,而"级"与"级"之间的界线是在失分的"量"累积上产生的"质"的区分。一级乙等和二级甲等之间的界线实际是一级和二级这两个"级"的区分。

根据《大纲》和测试实践,具体评分时可以参考以下条件:

(1) 在第一项"读单音节字词"失1分或1分以上,或在第二项"读双音节词语"中失2分或2分以上,即此两项中无论哪一项失分超过10%,都不能进入一级乙等,即不能进入一级。《大纲》已有明确规定。

(2) 在等级标准中,一级要求"语音标准"是指普通话语音系统的标准,不包括偶然出现的语音错误,以及受方言影响遗留的非系统的语音错误。因此,存在一类(涵盖常用字字音比较多的,例如舌尖后音声母 zh、ch、sh,或前后鼻音韵母的区分等)或两类(涵盖常用字字音较少的,例如声母 f 在 3500 个常用字中只有 120 个左右,声母 r 只有 50 多个)以上系统性的语音错误,或存在两类或三类以上系统性的语音缺陷,不能进入一级乙等。从量化实际评分上看,也很难进入一级。

(3) 在第三项"朗读"中字音错误失分在 1 分以上(即相当于

10个字音错误,此处仅限于字音错误,不包括"漏读"的失分情况),或者"方言语调"问题比较突出扣去2~3分的,不能进入一级乙等。

(4) 在第四项"判断测试"中扣去1~2分的,不能进入一级乙等。严格地说,进入一级的人员在此项不能出现任何错误,不应失分。

(5) 在第五项"说话"的"语音面貌"中扣4分以上的;或者在词汇语法规范程度中失分2分的;或者在自然流畅程度上失分2分的,均不能进入一级乙等。

4. 不进入等级(不入等级)水平的评定

我们把这种不进入等级(不入等级)简称为"不进级"或"不入级",是指失分率超过40%,量化评分在59.9分以下的情况。评定"不入级"的水平主要依据测试量化评分的结果,即测试评分不满60分的,不能进入等级。当然也不能获得普通话等级证书。

二 试拟普通话水平测试语音评定参照框架的基本设想

普通话水平测试是对应试者运用普通话所达到的标准程度的检测和评定。语言运用包括语音、词汇、语法和言语交际等方面,而对操方言的成年人掌握普通话的水平来说,语音的测试必须占适当的比重,这是从普通话跟汉语方言的关系这个实际情况出发的,也是几年来的测试实践进一步证明了的。

此外,现阶段主要应试人员都接受过中等、高等教育,普通话书面语的基础较好,在词汇、语法上的失误较少,普通话水平集中体现在口语语音的规范程度上。因此,在测试内容上,语音测试的比重明显多于词汇、语法。语音评定贯穿于水平测试的始终,在量化评分中起主导地位。语音评定的准确与否,直接影响到测试量化评分的准确性、科学性。制定并把握语音评定参照细则是保证测试科学化的关键。

笔者试拟普通话水平测试语音评定参照框架,进一步明确语音评定中的关键问题——语音正误判定。

学习普通话的过程是从单一使用汉语方言逐步向全面掌握普通话的过渡。一般应试人员在接受测试时,往往会或多或少地遗留方言的(底层)语音习惯。为了正确反映这个语言学习的过程,普通话水平测试把语音评定如实地分为"正确""错误""缺陷"三种情况量化评分。

语音"正确"就是能够代表标准的普通话语音系统。为了明确普通话的语音标准,在《大纲》的第一部分"普通话语音分析"中力图对普通话语音系统作出准确的描写。语音"错误"原则上是指普通话语音(音位)系统中,把一个音(音位)误读作另一个音(音位),即把"此"读作"彼",把"甲"读作"乙"。例如:把字音中声母 zh 读作 z 的;把字音中韵母 an 读作 ang 的;把字音中声调调值高的读成低的,平的读成曲折的,等等。语音"缺陷"概括地说是指发音没有完全达到标准程度的情况。这种情况,从语音的物理属性方面分析,存在明显的偏差,但是,它一般不会在交际中造成困难或误解。因此,把这类情况判定为介于"正确"与"错误"之间的"缺陷"。例如:字音中舌尖后音 zh、ch、sh 的发音部位靠前,大体是舌尖与上齿龈的部位构成阻碍,还没有读作舌尖前音 z、c、s(属发音"错误");字音(主要是单音节字词)中前响复合韵母读得动程不到位,但还没有读作单元音;字音中阴平调虽然可以保持平调调形,但

(重读音节)调值偏低,大体相当于半高平调44,甚至介于半高平和中平调之间(低于中平调33,应属于"错误")等等。"缺陷"还包括一些在语音学可以区分描写,而在普通话语音(音位)系统中不构成对立的语音现象。例如:把字音中舌尖前音声母z、c、s读作齿间音[tθ]、[tθ']、[θ]的;把字音中单韵母央低元音[ʌ]读成前低元音[a]或读成后低元音[ɑ]甚或后低圆唇元音[ɒ]的。

笔者在国家级测试员培训班授课的讲义《普通话水平测试语音评定参照框架》一文中,列举常见发音"错误"、发音"缺陷"的基本类型79个,虽然主观上力求概括语音评定的大多数问题,但实际上是不可能把全部问题概括详尽的,仍属于举例的性质,供测试员语音评定时参考。

下面根据笔者草拟的"普通话水平测试语音评定参照框架"(以下简称"框架"),就测试工作中大家普遍关心的若干语音评定问题,作个简要的分析,并提出评分的参照性意见。

1. 所谓"尖音"问题的处理 现在通常所说的"尖音"在意义上已经泛化,表现在以下三个方面:

(1)已经不是仅仅同"团音"相对的概念了。所谓"尖音"现象,除了少数受某些分"尖团"的方言影响外,大量是处在非系统地区分"尖音"和"团音"的方言地区,即"不分尖团"的地区。也就是说,问题的出现并不都是受分尖团方言的影响。

(2)一般所谓"尖音"的概念,不仅指把普通话ji、qi、xi读作zi、ci、si的情况,而且大量的所谓"尖音"现象是指舌面前音的j、q、x发音部位明显靠前,同时带有舌尖部位的摩擦,即发舌面前音声母带有舌尖前音z、c、s的色彩,实际音色接近"舌叶音"。

(3)这种所谓"尖音"现象,常常是不规则、无规律的,甚至是时隐时现、时重时轻。

　　常见的现象是：j、q 不出现"尖音"，或出现得比较轻微，而 x 则较为明显地读作 s，即明显地把 xi 读作 si。徐世荣先生把这种并非按语音系统分"尖团"以及仅把声母 x 读作 s 的现象称为"纷乱的尖音"。

　　测试中，建议把这种所谓"尖音"现象细分为两种情况分别对待：1）把舌面前音读作舌尖前音，即把 j、q、x 分别读作 z、c、s，判定为发音"错误"。2）舌面前音 j、q、x 发音部位明显靠前，但还未纯粹读成舌尖前音 z、c、s，实际音色接近舌叶音，判定为发音"缺陷"。

　　2. 合口呼零声母的读音问题　　"框架"在声母发音"缺陷"中列入：把韵母 u、uo 的零声母读成齿唇（唇齿）浊擦音[v]，属于发音"缺陷"。这是因为，韵母 u、uo 的零声母单念时，实际读音为双唇半元音[w]。除受到前后音节影响产生音变外，只有明显地遗留方言色彩才会读作齿唇浊擦音[v]。其他合口呼零声母，特别是 uai、uei、uan、uen 四个韵母的零声母会出现无擦通音[ʋ]的读法，可视为音位变体，而不判定为"缺陷"。

　　3. 遗留"入声"的问题　　最初草拟"框架"时，列入"遗留明显的入声塞音韵尾"，属于发音"错误"。有的先生则建议归入发音"缺陷"。笔者在听取了刘照雄先生的意见后，把遗留的入声现象细分为"入声塞音韵尾"和"入声调值"，一个是韵母问题，一个是声调问题。韵母发音遗留入声塞音韵尾的，归入发音"缺陷"。如果在声调上遗留入声调值，应参照声调的语音评定细则判定。

　　4. 声调正误的判定问题　　普通话四个声调（字调）的调形（调型）分别是"平、升、曲、降"，区别十分明显。测试中声调发音"错误",主要表现在调形的"错误"上。也就是说,只要在测试中能够感知到调形错了,就应判定为发音"错误"。

在调值高低度的把握上,我们认为:(1)听感上能够明确显示出调值高或调值低的失误,应判定为发音"错误"。例如:当读普通话阴平字的时候,保持平调调形,而听感上可以明显感知到调值(相对)过低的,那么这时的声调调值一般已低于中平调33。(2)在调值的高低上,语音区别特别注重声调的起点。例如:51(全降调)与31(低降调)差别较大,而51(全降调)与53(高降调)的差别较小。把(重读音节)调值51读作31,应判定为发音"错误",而把(重读音节)调值51读作53的,则应归入"缺陷",甚至可以(在非重读音节)从宽不计。(3)要区别重读音节与非重读音节。声调(字调)的调值在语流中都会或多或少地发生变化。在重读音节中声调比较稳定,可以基本保持原调调值,而在非重读音节(即中音音节或轻音音节)调值会出现变化或比较明显的变化(即称为"变调")。测试中要注意把握这个界线,除第一部分"单音节字词"严格按每个字(词)声调调值评定外,其他部分的测试,首先要把主要注意力用在重读音节调值"正误"的判定上。

5. 语气助词"啊"音变错误的判定　　"框架"提出两条建议:

(1) 朗读项中凡是《大纲》作品的"语音提示"中注明"啊"音变的,或朗读篇目中语气助词"A"汉字写作"啊"的,应试者未按规律音变的,(如一律读作"呀"的)应判定为发音"错误"。

(2) 说话项中,并非列举事物,也没有表示什么强烈的语气,而把语气助词"啊"一律读作"呀"的,可以按发音错误处理。

6. 对叠字形容词变调的处理　　叠字形容词中 AA 式、ABB 式、AABB 式,除部分口语中习惯变调的或必须变调的(例如:"慢腾腾""马马虎虎"等词语,以及 AA 式带上儿尾读作"儿化韵"必须变调)的情况外,在朗读中可以不变调。也就是说,叠字形容词(仅指口语可以变调的)除上述情况,无论按规律变调,还是按字读原调,均不扣分。

注意:叠字形容词 AA 式带上"儿"尾,读作儿化韵时,第二个音节原调是非阴平调,应该按规律变为阴平调调值。没有变调的,一律按发音"错误"扣分。例如:"慢慢儿"两个音节的声调应分别读作"51""55"。读作原调的,即"51""51",应划归发音"错误"。又如:"满满儿"声调不能读作"214→35""214"(箭头前为原调,箭头后为变调,下同),应该读作"214→211""214→55"。

7. 轻声词的判定 判定轻声词"错误"的基本范围:(1)工具书、教科书和《大纲》均注音为轻声,而没有读作轻声的。(2)把工具书、教科书和《大纲》没有注音为轻声的词语(实际口语的轻重音也不读作"重·次轻"格式的),读作"轻声"(或"轻音")的。

不视为"错误"的情况:(1)工具书、教科书注音不一致的所谓"轻声词"。(2)《现代汉语词典》认为:"一般轻读,间或重读的字",注音时,后一个音节标声调符号,并在前面加圆点的。例如:"因为"注为"yīn·wèi"。凡是这样注音的词语。(3)工具书、教科书虽然没有注明轻声,而普通话口语中的轻重音格式可以读作"重·次轻"的词语。这三条所列的均属于"可轻可不轻"的情况。测试中应试人无论是否轻读,都不应扣分。

8. 儿化词的判定 判定"错误"的基本范围:(1)《大纲》中明确注音为"儿化",包括第二部分"普通话常用词语"[表一][表二]词形上带"儿尾"并注音为"儿化韵",以及在朗读部分"语音提示"中明确注音为"儿化韵"而没有读作"儿化韵"的。(2)《现代汉语词典》中词语条目词形明确带有"儿尾",注音为"儿化韵"而没有读作"儿化韵"的。(3)在第一部分"单音节字词"的测试中,把任何一个单音节字词读作"儿化韵"的,或者把第二部分"双音节词语"没有标明"儿尾"的词语读作"儿化韵"的,均视为发音"错误"。

不视为"错误"的情况:(1)《大纲》所规定的朗读篇目中,虽没有标明"儿尾",但表示喜爱、温和、委婉或细小轻微的情感时,习惯上可以读作"儿化韵"的,如果读作儿化韵不作为"错误"处理。(2)《现代汉语词典》在词语条目词形上没有标明"儿尾",只是在释义前的括号中加注(~儿)的,这类词语无论是否读作"儿化韵",均不应视为"错误"。

三 几个具体测试项目的评分

1. 对朗读项"语速"的评分

"语速"即语调速度,表现为语调的"音长"。更细致的说明,不仅表现为音节的长度,更明显的表现为音节与音节之间的疏密程度。

普通话(朗读)的正常语速大约每分钟240个音节左右。当然,这种普通话正常语速每分钟的音节数是个可以上下浮动的不十分确定数,主要受不同场合、不同职业、不同语境等因素的影响造成的。但这种浮动也是有限的,大致在每分钟150~300个音节之间。

普通话水平测试第三项"朗读"测试评分中,对语速过快或过慢,规定一次性扣2分。

什么是语速"过快"?

普通话的正常语速中也会出现较快的语速（约在每分钟270～300个音节之间，可能偶尔出现略高于300个音节的情况）。这种较快的语速一般出现在朗读文章的基调允许出现较快语速的情况（如大量篇幅描写欢快、紧急、战斗的场面等），但一般每分钟不超过360个音节，即每秒钟不超过6个音节，每个字约160毫秒，这是一个"准极限数"。《大纲》规定的朗读作品，基调一般应采用舒缓的语速，或中等语速，而应试人对所朗读的作品未经认真准备，草草应付，"有口无心"，快速读完了事。每分钟超过270个音节，可视为"过快"。

什么是语速"过慢"？

普通话的正常语速中也会出现较慢的语速（大约每分钟150个音节左右）。这种较慢的语速一般出现在朗读文章的基调允许出现较慢语速的情况（如大量篇幅描写低沉、悲伤、舒缓等情感），但一般每分钟不会少于120个音节，即每秒钟不少于2个音节，每个字约500毫秒。这也是一个"准极限数"。《大纲》朗读作品的基调本应采用中等语速的，而应试人未经准备，或语音难点颇多，见字读音，步履蹒跚。每分钟少于170个音节的，即少于每秒钟3个字，每个字330毫秒以上，可视为"过慢"。

以上论及朗读中等语速的作品时，视为"过快""过慢"的每分钟的音节数，是个评分的参照数，并非"绝对精确数"。这同作品本身的基调有密切关系。我们会感到，作品的基调越舒缓，语速超过每分钟270个音节，就越不能容忍。作品基调为中速偏快的节奏，每分钟少于170个音节，就越不能容忍。总之，越接近"准极限数"，对语速的评分的把握性就越确定。

2．对朗读项"停顿"的评分把握

《大纲》在朗读测试项规定,"停顿、断句不当每次扣1分"。

"停顿",狭义是指语句中短暂的间歇,实际在测试中,我们关注的是此处是否应该停顿,即该"停",还是该"连"(播音教学中明确称之为"停连"。)朗读中的"停顿",表现为朗读的节奏。语句停顿得正确可以使句子语法结构关系明确,语义表达清楚。停顿错误可以造成表达不清楚,甚至造成歧义。因此,停顿也属于语调的组成部分。

实际测试中,对"停顿、断句不当每次扣1分",比较难把握。为了增加可操作性,我们提出每次停顿"错误"可以扣分,限制在以下两种情况内:1)停顿造成对一个双音节或多音节词语的肢解。2)停顿造成对一句话、一段话的误解,形成歧义的。这两种在朗读中明显造成停顿"错误"的情况,可以每次扣1分。一般的停顿不当(如停顿虽没有上述两种情况,但每个意群停顿过长,甚至屡有停顿超过3秒钟的情况),一次性扣分以不超过2分为宜。

3. 朗读项"方言语调"包括的基本范围

《大纲》在朗读项规定,"不同程度地存在方言语调一次性扣分。问题突出的,扣3分;比较明显,扣2分;略有反映,扣1.5分。"

目前,语言学界对语调的研究比较薄弱,对语调的定义也不尽相同,对汉语各方言语调的研究成果就更少了。这对此项测试评分造成困难。为了测试工作的正常开展,我们首先要大体明确"方言语调"的基本范围,为"方言语调"的评分把握奠定基础。

我们能否这样表述"语调"的概念:人们在语流中用抑扬顿挫和其他语音变化来帮助表达思想感情的语音形式,就是"语调"。(参见林焘、王理嘉《语音学教程》)的确,语调使有声语言具有极强的表现力,也是给语调研究带来困难的原因之一。用周殿福先生的话来概括:"语调研究是语音研究的各方面的总和"。

语调构成的语音形式,从语音四要素分析,音质成分在这方面表现得并不那么重要,主要表现在"音高""音长""音强"等非音质成分上,而语调突出地表现在"音高"上,其次是在"音长"上。我们试图从以下几个方面分析"方言语调"的基本范围:

(1) 声调(字调)不准确会直接影响到普通话语调,其中声调(字调)调形的错误是影响普通话语调的首要因素,其次是声调(字调)中调值高低与普通话有明显差异的,也会影响到普通话语调。

由于语调和字调并存于语句之中,是一种叠加的关系,方言与普通话在声调(字调)调形上的差异越大(如一个"升"一个"降"的差异),表现在语调上的方言色彩越浓。例如:"不行?"普通话"行"字的声调(字调)是阳平,调值是向上扬的,这个疑问句的语调在普通话通常也是向上升的音高模式,两者叠加,使调域明显加宽。如果方言中语调保持向上升的音高模式,而"行"字的方言声调(字调)是个降调,那么,由于语调不会完全改变字调,而语调又对字调产生某种制约,使语调带有明显的方言色彩。我们是否可以这样说:方言声调(字调)的遗留,表现在语句中一定会影响普通话语调的准确,是构成方言语调的重要特征之一。

(2) 轻重音的方言模式是方言语调的另一个特征之一,包括以下几个方面:

1) 违背普通话词语的轻重音格式。例如:普通话双音节词语绝大多数是"中·重"的轻重音格式。在方言中却有把一部分普通话读"中·重"格式的词语读作"重·轻"的格式,实际表现为第一个音节音长较长,而第二个音节音长短(所谓"轻音"主要表现为音长短,而"重音"主要表现为音长长)。例如:"四川"、"湖北"两个词,普通话都是读作"中·重"的格式,如果第一个音节"四"和"湖"读得比第二个音节长,就明显带有方言语调了。

2) 轻声音节重读。表现为读普通话轻声词时,轻声音节读得音长较长,实际已经失去轻声音节的语音特征了。例如:语气助词在普通话中通常是读轻声的,即音长短。而方言中有重读情况,表现在把语气助词拖长。北方人学带粤腔的时候,便把末尾语气词拖长,像"当然啦……"之类。

3) 朗读中逻辑重音的错误,此处不赘述。

(3) 语调节奏的方言色彩,包括语速、停顿、节拍群与普通话的差异。由于语速、停顿已经另设项评分,在朗读测试项的方言语调评分方面可以不作为一个主要的方面考查。

(4) 方言中特有的感叹词、语气助词是方言语调特征之一。方言中特有的语气助词,例如:"咧"、"哩"。方言中特有的感叹词,如"噫"、"哗"、"唷嚯"、"妈妈呀噫"等。由于测试朗读项的作品是由主持人选取,一般不会出现方言语气助词、感叹词,如果出现,也是作品本身的选编问题,与应试人员无关。因此,方言特有的感叹词、语气助词固然带有明显的方言语调色彩,但不是朗读测试项主要考查的方面。

当然,语气助词"啊"的音变运用得不正确,也会带有方言语调的痕迹。例如,把应该音变的语气助词"啊",一律读作"呀"等。

(原载《语言文字应用》1997 年第 3 期,有增删。)

普通话水平测试中的评分差异*

宋 欣 桥

普通话水平测试采用口试"直接测试法",即通过主试人和应试人面对面的口语测试的方法进行。几年来的测试实践证明,这种方式可以具有令人满意的测试可靠性。同时,我们也清醒地认识到,普通话水平测试现阶段仍处于初创阶段,受到试卷的编制、评分标准的确定与把握、主试人(测试员)测试能力的高低等诸多因素的影响,测试过程中普遍存在评分差异。诚然,在一定范围内出现正常的评分差异是不足为怪的。在"朗读""说话"两个测试项评分时,主试人(测试员)大约以每秒钟 4 个音节左右的速度进行快速听辨。在测试"单音节字词"和"双音节词语"两项时稍慢,也要约在 1 秒钟左右听辨一个音节。如应试者错误率较高,特别是错误过于密集,或语音缺陷较多,测试员会出现少量"漏判"甚至是"误判"的情况,自然评分便会出现差异。加之测试员对语音缺陷的评分宽严把握以及定性分析上的主观不稳定性等因素,产生评分差异就是不可避免的。

一、评分差异的正常范围

本文"评分差异"主要是指在普通话水平测试中不同测试员对

---

* 本文承蒙刘照雄先生审改,谨致谢意。

同一应试者评分数值上产生的差异。测试实践证明：不同测试员对同一应试者测试评分数值完全相同应是较为偶然的，有细微或较小差异则是正常的。测试评分中的这种差异不影响对普通话等级的正确评定时，属于正常的范围。这种正常范围的差异反映在以下几个方面：

1. 在同一等级中的评分差异。这种差异只要不超过一定的评分数值，特别是在"等"中的细微差异，应视为正常的范围。在同一"级"中超出"等"（即甲等和乙等之间）的评分差异虽仍属小的差异，但已经影响到等级的正确评定，应尽量避免。如在评分中出现这种差异应按规定视为"误差"，需着重复核，以多数测试员的意见为准。

2. 在同一评分档或评分段的差异。例如对说话项"语音面貌"的评分，同处一个评分"档"的差异。"评分段"是指多数测试员可以认可的一个评分范围，例如对"朗读"字音的评分，假定多数测试员对某个应试者的评分在2.3分～2.5分之间，这就形成一个评分段。

3. 在低分段非临界的较小差异，或在高分段非临界的细微差异。

低分段的较小差异主要指评定为三级水平的测试成绩，可能出现百分制测试中不超过2分的非临界差异。三级水平还带有较浓重的方言色彩，不标准不规范的问题类型较多，失分率在21%至40%之间。三级的甲等、乙等分别有10分的分值跨度，尽管存在不超过2分的非临界差异，也不会影响等级的正确评定。

高分段的细微差异主要指评定为一级水平的测试成绩，可能出现0.9分以内的非临界差异，多数表现为小数点后一位数的差异。(测试可能出现保留小数点后两位数的情况,这是因为在第一测试项"单音节字词"评分中有扣 0.05 分的可能,或三位测试员的评分数相加求平均值而产生的。但测试结果除临界分数有参考价值外,保留小数点后两位数没有实际意义。因此,除原始档案忠实记录原分数外,公布和证书登记的测试成绩只保留小数点后一位即可。)一级水平是代表标准普通话的级别,失误较少,失分率只允许在 8% 以内。合格的测试员对一级水平的评定完全有时间有能力进行从容的判断,因而评分差异较小。

为了量化评分有所依凭,我们根据测试实践,将等级中正常的非临界评分差异细致描述如下,供测试人员参考:

　　一级　　　差异在 0.9 分以内。

　　　甲等　　差异在 0.5 分以内。

　　　乙等　　差异在 0.9 分以内。

　　二级　　　差异在 1.5 分以内。

　　三级　　　差异在 2 分以内。

说明:1)一级的评分差异较小,甲、乙两等分别描述。2)评定为某一个等级时,即参考相应等级的正常差异数值。不可误解为各等级间数值的累积计算。3)这里"评分差异"是指不同测试员对同一应试者评分中"最高分"与"最低分"之间的非临界差异,不可误解为以平均分值为依据的上下评分幅度(与下文中要求测试员的误判幅度不同),这样所谓"评分差异"的数值就要大大增长了。例如:三个测试员的评分分别为 82.1 分、83.8 分、86.1 分。最高分与最低分之间差 4 分之多。尽管 86.1 分的评分,同另外两个评分相比,差距较大,但按平均分值(为 84.1 分)上下幅度为 2 分计算,仍属于"正常"范围之内,显然这个要求过于宽松了。

如果评分差异严格控制在上述正常范围内,我们可以更有理由确认测试的信度。

二、对临界评分差异的处理

对临界评分差异的处理,直接影响到等级的最后确认,是容易产生意见分歧的敏感问题。

临界分数是指"级"与"级"之间,"等"与"等"之间最后划分界线的分数线。例如:92分与91.9分之间的分数的确认。尽管只有0.1分的差异,却代表等级间"质"的区分,即"一级"和"二级"两个"级"之间的区分,也是"一级乙等"与"二级甲等"两个跨"级""等"之间的区分。处理此类问题,原则上在复核后以多数测试员的意见为准。复核的范围大体是与临界分数相差1.0分范围之内。如上例,92分(包括92分)至92.9之内;91.9分至91分之内(包括91分)。

复核临界分数的范围可以根据开展测试工作和上岗测试员的情况确定。一个地区、一个单位在开展测试工作之初,或一个测试员刚刚上岗,要特别注重复核工作。除复核临界分数外,可以对整体测试评分差异进行复核,以确保测试真实有效。目前,在测试组织、程序尚不完善的情况下(如回避制度),常出现偏宽偏松的情况,如发现这样的苗头,要特别对临界分数线的线上成绩进行复核。对测试组织工作比较严密、测试员队伍素质整齐的单位和地区的测试工作,在没有异议(或投诉)的情况下一般可以不再对进入高一等级的评分进行复核(如前例,已满92分的情况)。为了对应试者负责,必要时可以对临界分数线下的分数进行复议、复核后再确认。一般只对临界分数线下1.0分范围内进行复核(如前例,在91分至91.9分之间复核)。只有在特殊情况下才对超过临界分数 1.1 分情况进行复核。(以上所述的临界分数均指最后确认的评定分值,即测试员之间的平均分值,不是测试员个体的评分数值。)

当最后确认的评定分值为临界线线下 0.1～0.3 分之内,常出现应试者对此评分疑惑或不满情绪,例如:取得 91.9 分未进入一级乙等,取得 79.8 分未进入二级乙等,取得 59.7 分未进入三级乙等,不能获得等级证书。为了避免以上情况,笔者建议对临界线线下 0.3 分以内,最后确认的评定分值进行技术性空档处理,即针对不同等级的具体情况,尽量避免出现临界线线下 0.3 分以内的评分。避免出现的评分有:

一级甲等线下:96.9。一级乙等线下:91.9。

二级甲等线下:86.9、86.8。二级乙等线下:79.9、79.8。

三级甲等线下:69.9、69.8、69.7。三级乙等线下:59.9、59.8、59.7。

三、对测试员评分差异的基本要求

根据前文所述,不同测试员对同一应试者的测试结果,低分段出现超过 2 分的差异,高分段出现超过 0.9 分的差异,而且屡次出现,是不容忽视的。测试工作的组织领导者为了保证测试的信度必须究其原因,提出相应的对策。归结起来,造成评分较大差异,大体有两个方面原因:一是评分标准不明确,例如所谓定性分析的描述界线不清,过于含糊;或者评分标准不统一,表现在测试员各自把握评分的宽严尺度不统一。二是有的测试员缺乏必备的测试能力,特别是听辨语音的能力较差,或体力精力不能保持工作的一贯性,因而出现了差异较大的评分,应对此类测试员进行调整。

如果有的测试员"误判""漏判"的现象屡次超过一定的范围,出现较大的评分误差,应该认为他不具备测试员的基本条件。笔者在国家级测试员培训班授课时,在论及衡量测试员在语音评定上是否具备基本测试能力时,依据1994年版《普通话水平测试大纲》测试内容,提出"合格""基本合格"和"不合格"的参照要求(本文略有调整),主要供自我检验使用。首先选择典型的测试例型,依此例型公认的平均分值作为根据,提出下列具体的参照要求:

(1) 对"单音节字词"一项的总体评分,语音误判上下幅度在0.3分以内为合格,0.5分以内为基本合格,超过0.6分为不合格。

(2) 对"双音节词语"一项的总体评分,与"单音节字词"要求相同,即语音误判上下幅度在0.3分以内为合格,在0.5分以内为基本合格,超过0.6分为不合格。

(3) 对"朗读"一项的评分,字音误判上下幅度在0.3分以内为合格,0.5分以内为基本合格,超过0.6分为不合格。对此项语音的总体评分(含字音、方言语调)1.0分以内为合格,1.5分以内为基本合格,超过1.6分为不合格。

(4) 对"说话"一项"语音面貌"的总体评分,不错"档"为合格,虽错"档"但误判分数上下幅度没有超过1.0分的为基本合格,既错"档",误判幅度又超过1.0分的为不合格。

"判断测试"(即选择判断)项主要考查应试者掌握普通话词汇、语法的规范程度,没有列入这个语音评定的基本要求(字音评分可参照"朗读"项)。

现阶段的测试工作仍处于研究探索的初创阶段,对测试员的测试能力还不可能提出过高要求。随着测试工作深入发展,测试员不断积累测试经验,测试队伍整体素质得到提高,对测试员测试能力就应该提出更高的更全面的要求了。

(原载《语文建设》1998年第9期)

"方音成分"不等于"语音错误"

宋 欣 桥

在普通话水平测试中常见把"方音成分"作为主要理由评定为"语音错误"的情况,甚至以此划分"语音错误"与"语音缺陷"(也说"语音欠缺")。这个论述关系到普通话水平测试评分量化的准确性和科学性,我们有必要加以认真分析。

这里所谓"方音成分"按照正常的理解是指在进行普通话测试时应试者所遗留方言语音系统中的某些成分。这意味着凡方言语音系统中存在的语音现象在说普通话时遗留、显现均可以认为是"语音错误"。

诚然,方言语音系统中存在着明显与普通话语音系统不同的语音成分,例如:没有声母 zh、ch、sh,没有鼻音韵尾,而有浊塞音声母、有入声韵尾等许多事实,这是大家都熟知的。另外,在方言特别是北方方言的语音系统中,还存在或大量存在与普通话相同或基本相同的语音成分,例如声母 b、p、m、d、t、g、k,这个事实也是不言而喻的。由此可见,所谓"方言成分"只能狭义地理解,是从普通话语音系统的角度分析,仅指与普通话不同的语音成分。

那么,与普通话语音系统不同的"方音成分",都应归入"语音错误"吗?我们参见《汉语方音字汇(第二版)》(1989年,语文出版社)中对20个方言点的声母、韵母、声调的语音细致描写,也难于

得出这样的结论。(以下引文均出自该书。引文中的符号为国际音标,恕不一一注明)例如:

一、声母:

1. 北京话、济南话、武汉话、合肥话"声母 tɕ、tɕʻ、ɕ 发音部位偏前"。

2. 苏州话、温州话"清塞音声母 p、pʻ、t、tʻ、k、kʻ 发音时破裂性强"。

3. 北京话、苏州话、温州话、广州话、阳江话、厦门话、建瓯话"零声母字音节开头带有轻微的喉头闭塞成分"。

4. 长沙话"声母 ts、tsʻ、s、z 发音部位偏后"。

5. 潮州话"声母 l 发音时舌边气流弱,除阻时舌尖用力较轻"。

6. 建瓯话"声母 x(注意:[x]与普通话声母 h 的发音部位相同)发音部位偏后"。

二、韵母:

1. 济南话"复元音 ei、uei、ou、iou 有单元音化的倾向"。

2. 北京话、西安话、太原话、武汉话、成都话、扬州话、长沙话、双峰话、南昌话、梅县话"……齐合撮口呼音节开头带有轻微的唇齿同部位摩擦"。

3. 太原话"复元音 ai、au 两组发音时动程短,主要元音偏高,韵尾偏低,音色接近单元音"。

4. 成都话"an 组韵母中鼻韵尾弱化"。

三、声调:

1. 北京话"上声字在口语中往往下降后上升幅度不足,实际调值为 213 甚至 212"。

2. 梅县话、苏州话中去声调值描写为52。

3. 南昌话上声调值描写为213。

以上所举的例子应该肯定是方言的语音现象,但均与通常描述的普通话语音系统仅有细微差别。假定应试者把这些语音现象或发音习惯遗留显现在测试当中,我们能贸然评定为"语音错误"吗?除少数可以进一步研究外,答案应该是否定的。

我们能否这样说,所谓"方音成分"遗留或显现在实际测试中,既有可能是"语音错误",也有可能是"语音缺陷",甚而言之,如果与普通话语音系统基本相同或基本一致的语音现象(两者存在的细微差异常常是没有经过语音专门训练的人不易察觉的),连"语音缺陷"也算不上。

(本人对"语音错误"与"语音缺陷"评分意见基本体现在《普通话水平测试评分中的几个问题》一文中,请参见《语言文字应用》1997年第3期。)

(原载《语文建设》1998年第10期)

普通话水平的语言表征与相应
的测试等级

宋 欣 桥

[摘要]本文主要论述反映普通话水平的某些语言表征与相应的普通话水平测试等级标准(三级六等)之间的关系。作者以这五年来测试实践作为论述的基本依据,试图通过对两者之间关系较为详细的阐述,进一步论证普通话水平测试等级标准的可靠性。同时认清两者关系,对普通话水平测试员正确把握测试等级标准,对普通话教师有的放矢地提高学生的普通话水平,都是十分必要的。

[关键词]普通话 表征 等级

我们把普通话水平在语言上表露的征象称之为普通话水平的语言表征。这些表征是我们分析判断应试者普通话水平可以参照的外在表露形式。我们在普通话水平测试中为了正确把握测试等级标准,必须对这些表征进行充分分析,比较准确地定位。五年来大量的测试实践,使我们对这些表征有了初步的认识,也是本文论述普通话水平的语言表征与相应的等级标准两者之间关系的基本依据。

一

语音表征与相应的测试等级是我们对普通话水平语言表征分

析的重要方面。

语音是负载语义的外在物质形式。在普通话口语交际中，我们是通过语音这个物质形式来传达语义的。应试者的普通话语音是否规范、标准直接影响到普通话水平的高低。因此，普通话水平测试中语音评定占有重要的地位。现行普通话水平测试的架构，通过单音节字词、双音节词语、朗读和说话等项内容测试，可以较为全面地显现应试者整体的语音面貌。

掌握普通话语音系统是应试者从单一使用汉语方言语音，逐步向全面掌握现代汉语标准语——普通话语音过渡。比较汉语方言和普通话之间的语音差异，找出两者之间的对应规律是普通话语音教学的成功经验。但是我们应该清醒地认识到，两者之间毕竟是同属汉语语音的范畴，有许多共有的语音特征。讲汉语方言的人学习普通话不是掌握另一种语言的完全陌生的语音系统。因此，应试者语音失误的类型总是有限的。在有限的语音失误中，应试者语音系统方面有两大类失误：一大类是普通话语音系统有而汉语方言系统中没有的某种语音现象，因应试者没有掌握普通话语音而导致的失误。例如：舌尖后音声母、卷舌韵母、撮口呼韵母、曲折的降升调等发音错误。另一大类是汉语方言语音系统有而普通话语音系统没有的某种语音现象，因应试者遗留汉语方言语音而导致的失误。例如：舌叶音、齿间音、入声韵尾等语音现象的遗留。

显而易见，普通话语音教学首先要进行发音训练，掌握普通话语音系统有而方言中没有的语音，同时纠正、克服普通话没有而方言语音中有的语音现象。没有经过发音训练或者发音训练不够，在测试中就会一类一类的、一批一批的成系统的显现语音错误或语音缺陷。这种成系统的语音错误或语音缺陷的语音表征是影响普通话水平的主要因素之一。

二

不同类型的语音失误对普通话水平的影响不尽相同。我们从现代汉语常用字的语音分布加以说明。

根据《普通话水平测试大纲》的设计，实际测试当中是以单音节语素或单音节字音为语音评定的基本单位。例如：第一测试项"单音节字词"和第二测试项"双音节词语"，主要测试应试者的声、韵、调以及轻声、儿化、变调等语音系统和常用单音节（字）词、双音节词语的掌握情况。从试卷编制和评分系统来看，双音节词语不是按词评分，而是按词语中单字字音评分。

我们为了讨论语音表征的方便，首先分析现代汉语常用字3500个（包括常用字2500个，次常用字1000个）的语音分布。

从常用字的语音负载看，声调负担的确最重。普通话四个声调中所含常用字最多的是去声，为1300多字，最少的是上声，也有600多字。普通话声母比韵母要负担重一些。普通话声母除n、k、r、z、c、s外，其他声母所含的常用字都超过100字，其中b、d、l、j、x、zh、sh超过200字。声母j含常用字最多，超过300字。而韵母中所含常用字超过100字的只占韵母总数的2/5，这些韵母是a、i、u、ü、-i(后)、ai、ao、ie、üe、iao、uei、an、ian、eng、ing、ong。韵母所含常用字只有an超过200个，i、u超过300字。从这个角度说，普通话声调是否准确是影响普通话水平的首要因素，其次为声母。当然，一些韵母是否准确也不可忽视。

为了进一步分析语音表征，我们从语音系统不同类型的角度，对普通话声母、韵母所含常用字列表举例说明：

声母举例	常用字	次常用字	合计
唇齿音	90	20	120
舌尖中鼻音	50	30	80
舌尖中边音	180	90	270
舌面前音	520	170	700
舌面前音 x	160	60	220
舌尖后音(不含 r)	470	150	620
舌尖后音 r	40	10	50
舌尖前音	190	60	260
后半高不圆唇元音韵母	40	10	60
卷舌韵母	4	3	7
撮口呼韵母	180	70	250
前响复合元音韵母	340	110	450
中响复合元音韵母	240	100	340
前鼻尾音韵母	560	210	770
韵母 in	30	20	60
后鼻尾音韵母	480	160	640
韵母 ing	100	30	140

说明：1.本表未经复核，请勿引用。2.统计的字数凡两位数、三位数均隐去个位数，四位数则隐去十位数和个位数。因此，常用字和次常用字与两者相加的合计数，产生差异。例如：韵母 in，实际所含常用字 36 个，次常用字 28 个。当隐去个位后，分别成为 30、20，两者相加的实际字数则是 64 个，隐去个位，成为 60。

以上两个表可以说明，舌尖后音声母和前、后鼻尾音韵母所含常用字较多，是普通话教学的重点，也是反映普通话水平比较突出的语音表征之一。

假定应试者单纯在舌尖后音(不包括声母 r)或单纯在后鼻尾音韵母这两大类字音上的分别失误(语音错误),能获得几级几等的成绩呢?

首先分析舌尖后音。第一项和第二项:舌尖后音至少出现 18 次,扣 2.7 分。朗读项(以第一篇作品为例)字音扣 5.8 分。选择判断项(以《普通话水平测试大纲》样卷为例)字音扣 1.2 分。说话项(无论什么话题,字音失误会超过 15 次)语音面貌至少扣 10 分。加上选择判断项和说话项其他方面的要求,应是比较接近三级甲等的水平。

分析后鼻尾音韵母。第一项和第二项:后鼻尾音韵母至少出现 32 次,扣 4.4 分。选择判断项(以《普通话水平测试大纲》样卷为例)扣 0.4 分。朗读项(以第一篇作品为例)扣 6.3 分,说话项(无论什么话题,字音失误会超过 15 次)语音面貌至少扣 10 分。加上选择判断项和说话项其他方面的要求,应是比较确定的三级甲等水平。

而单纯舌尖后音 r 或单纯卷舌韵母的失误(语音错误)就难于这样明确判定了。例如卷舌韵母,按以上测试项的顺序范围,第一项和第二项扣 0.6 分,第三项没有扣分,朗读项扣 0.2 分,说话项假定扣 1 分,可以计算的扣分只有 1.8 分。

以上是比较极端的例子。在实际测试中,应试者在舌尖后音声母或后鼻尾音韵母的失误并不表现为单纯的"语音错误",而是更多地表现为"语音错误"和"语音缺陷"分布不等的集合。同样出现一类语音失误,由于应试者发音和正音的训练程度不同,分别反映为"语音错误"和"语音缺陷",同时也反映出不同的失误量。某类语音失误通常在不同等级有不同的显现和遗留。

当然,普通话水平被评定为不同的等级是语音、词汇、语法以及口语表达等诸多方面的综合判断,是量化评分的最后结果。

普通话语音表征常常同常用字的使用频度有直接关系。比如应试者没有完全掌握舌尖后音声母的字。假定他只是"狰""涮""赊"等次常用字读音错误,不会在朗读和说话项有明显的显现。如果是在"是""上""这""中""说""时""生""出"等使用频度极高的常用字出现错误,就会在朗读和说话两项中较为明显显现,影响到整体的普通话水平。朗读以作品1号为例,以上使用频度极高的这八个字就出现约30次。

国家语委编制的《现代汉语常用字频度统计》中累积频率在50.94%以内的高频度常用字175个,累积频率在80%以内的高频度常用字有664个。提高普通话水平就要在教学中首先教好这些频度高的字音。

三

汉字读音正确与否是普通话是否标准、规范最直观的表征。因此,普通话水平语言表征的量化分析中,我们通常十分关注字音失误的数量。以下我们分析字音失误与相应的等级标准。

第一项、第二项字音错误的量化分析:(为了计算的方便,我们不独立计算字音的语音缺陷,把字音的语音缺陷折合为语音错误来计算。例如:错字数为3,既可以代表3个字音错误,也代表6个字音的缺陷;也可以代表字音错误或字音缺陷的综合分数,例如:错字数为3,既可以包括1个字音错误和4个字音缺陷,也可以包括2个字音错误和2个字音缺陷。)

	单音节字词		双音节字词	
	错字数	累计失分	错字数	累计失分
一级甲等	3/5 内	0.5 内	3 内	0.6 内
一级乙等	10 内	1.0 内	10 内	2.0 内
二级甲等	15 左右	1.5 左右	15 左右	3.0 左右
二级乙等	20 左右	2.0 左右	20 左右	4.0 左右
三级甲等	30 左右	3.0 左右	30 左右	6.0 左右
三级乙等	30~49 之间	3.0~4.9 之间	30~49 之间	6.0~9.8 之间
不进级	50 以上	5.0 以上	50 以上	10.0 以上

朗读项、说话项字音错误的量化分析：(根据1994年版《普通话水平测试大纲》的规定，朗读和说话两项字音量化评分，只计算语音错误。朗读项的字音评分还包括对漏字的扣分要求。

	朗读项		说话项	
	错漏字数	累计失分	错字数	语音面貌累计失分
一级甲等	3 左右/限 5 内	0.3 左右/限 0.5 内	3 内	1.0/限 2.0 内
一级乙等	10 内/限 15 内	1.0 内/限 1.5 内	10 左右/限 15 内	2.0~3.0/限 4.0 内
二级甲等	15 左右	1.5 左右	10~15 之内	4.0 左右/限 6.0
二级乙等	20 左右	2.0 左右	15 内	6.0 左右/限 8.0 内
三级甲等	30 左右	3.0 左右	15 以上/限 35 内	10.0 内
三级乙等	40 左右	4.0 左右	40 左右	12.0 内
不进级	50 以上	5.0 分以上	50 以上	12.0

四

有些语言表征不是一个"级"或一个"等"特有的,而是表现几个"级""等"共有的或可能有的。当然,共有的"级""等"是相连成序的,表现为某个等级以上或某个等级以下几个等级共有的或可能有的。例如:说话项可以做到"流畅"则是三级甲等以上的等级共有的。"自然流畅"是二级甲等以上的等级共有的。又如:朗读项语速过快过慢在二级甲等以下的等级有可能发生。停顿出现错误或不当则在一级乙等以下的等级就有可能发生。以下我们列表说明:

朗读项:

	停 顿		语 速	
	错误	不当	过快	过慢
一级甲等	无	无	无	无
一级乙等	无/可有	无/可有	无	无
二级甲等	可有	可有	可有	可有
二级乙等	可有	可有	可有	可有
三级甲等	有	有	可有	可有
三级乙等	有	有	可有	可有/有

说话项:

	流畅程度	口语较差背稿现象	词汇规范程度	话语不连贯(时间不足)
一级甲等	自然流畅	无	规范	无
一级乙等	自然流畅	无/可有	规范/可有	无
二级甲等	自然流畅	可有	规范/可有	无
二级乙等	流畅	可有	可有	无
三级甲等	流畅	可有	有	可有/有
三级乙等	基本流畅/不流畅	可有/有	有	可有/有

五

　　非语言表征的一些因素也会影响到普通话水平测试的成绩，例如：并非普通话水平低导致的说话时间不足以及超时被扣分的情况。在说话项说话时间不足常常是应试人普通话水平不高造成的。但是，在大量测试中我们也发现一些应试人事先准备不充分，或者心理过度紧张也会造成说话时间不足。按1994年版《普通话水平测试大纲》的规定，说话项"说话时间不足，必须主试人用双向谈话加以弥补"，要扣2分。

　　我们对事先准备不足、心理过度紧张造成说话时间不足的情况与相应的测试等级加以分析：

说话项：

	准备不充分	心理过度紧张
一级甲等	无	无
一级乙等	无	无
二级甲等	无/可有	无/可有
二级乙等	无/可有	无/可有
三级甲等	无/可有	无/可有
三级乙等	无/可有	无/可有

　　无论进行何种考试，都会提出在一定时间内完成的要求。普通话水平测试也不例外，对各测试项（除说话项外）提出限时的要求。以下是各等级出现或可能出现超时的情况，列表说明：

	单音节词语 (限时3分)	双音节词语 (限时3分)	选择判断 (限时3分)	朗读 (限时4分30秒)
一级甲等	无	无	无	无
一级乙等	无/可有	无	无	无
二级甲等	无/可有	无/可有	无	无
二级乙等	无/可有	无/可有	无	无
三级甲等	无/可有	无/可有	无/可有	无/可有
三级乙等	无/可有	无/可有	无/可有	无/可有

综上所述，普通话水平测试是通过五项内容的测试，综合评定应试者的普通话水平。我们不可能通过一个字、一个词、一句话来判定一个应试人的普通话水平，也不可能通过一个语言表征就准确判断一个应试者的普通话测试等级。而且语言表征的综合分析大多表现为相对的参考量，很难成为绝对的确定量。同时，我们现行的普通话水平测试也不可能通过一个测试项来评定一个应试者的普通话测试等级。我们可以说，评定应试者普通话水平是通过全部测试内容的考查，主试人分析应试人所有可供判断的语言表征得出的结果。

（原载《语言文字应用》2000年第3期）

试论普通话水平"一级甲等"的等级表征[*]

宋欣桥 齐 影

[**摘要**]本文在国家测试机构复审"一级甲等"的实践基础上,对普通话水平等级中"一级甲等"的等级表征进行综合描述。描述"一级甲等"等级表征是通过"一级甲等"和高分段的"一级乙等"的各测试项的对比,以及两者语音失分的类型对比显现的。本文试图从测试操作层面上,提高测试员评定"一级甲等"的信度。

[**关键词**]普通话 一级甲等 表征

"一级甲等"是普通话水平测试等级标准"三级六等"中的最高等级,即"代表最为纯正的普通话的等级,我们说'普通话只有一个标准',那么,'一级甲等'就是这个标准的代表。"(宋欣桥 1997)根据现行等级标准,应试人必须取得97分以上(含97分)的测试成绩,并通过国家测试机构的复审才能获得认定。中央人民广播电台和中央电视台的新闻播音员在播音主持的总体水平上是普通话"一级甲等"水平生动、典型的代表。

"一级甲等"是纯正的普通话的代表,国家主管语言文字工作机构对该等级的评定十分重视,明确规定必须要通过国家测试机构复审后方能认定。几年来,国家测试机构对全国各省、自治区、

---

[*] 本文承蒙刘照雄先生审改,谨致谢忱。

直辖市报送的"一级甲等"送审材料进行认真复审,规范程序,严格把关,慎重处理。在我们的测试实践中,经复审取得"一级甲等"的最后成绩里,至今尚未发现取得99.0分至100分的应试者。虽然测试员独立打分曾出现过超出99.0分的罕见情况,但在测试组平均的最后得分中没有出现达到99.0分的情况。取得98.0分至98.9分之间的测试成绩属于凤毛麟角,取得97.0分至97.9分之间成绩占大多数。根据专业要求,取得"一级甲等"是不容易的,取得"一级甲等"中98.0分以上的高分更为困难。这是因为取得"一级甲等"的应试人不仅普通话要纯正,还要有良好的心理素质,在测试的有限时间内现场充分展示自身的语言水平,不仅语言完全符合规范,而且熟练、流畅。稍有疏忽迟疑,便达不到完美的程度。

综合观察,测试员在评判"一级甲等"上的信度要比评判其他等级的信度低。从2002年国家测试机构对全国各省、自治区、直辖市送审的"一级甲等"复审的情况分析:复审总体通过率在52.6%,其中最高的有78%,而最低的只有8.2%。测试员评判"一级甲等"信度低的原因大体可以分析为两条:1)各地测试员,不仅省级测试员就是国家级测试员直接测试"一级甲等"的几率相对较少,缺乏实践经验;2)测试员在自身普通话水平与应试人大致持平,甚至应试人比测试员自身水平还高时,测试员出现评判犹豫、失控。

在未通过复审的47.2%的应试人中,44.7%的测试成绩集中在95分至96.9分之间,仅有2.7%为95分(不含95分)以下。我们是否可以这样分析:1)各地送审的"一级甲等"应试人绝大多数已经达到95分以上高分段的好成绩。尽管通过率并不令人满意,但是也在一定程度上反映了目前测试员所具备的基本素质。2)进入95分才是稳定的、典型的一级水平的标志,这也证实我们以往鼓励测试员应该向95分努力的意见是完全合适和必要的(进入95分当然还不是一级甲等)。3)基于以上两条,所以我们认为,正确认识95分~96.9分和97分~97.9分两个分数段的等级差异是准确评定一级甲等的关键。

一、从各测试项的量化对比,分析一级甲等的等级表征

我们将一级甲等(以下简称为"一甲")和一级乙等(以下简称为"一乙")高分段(即指95分~96.9分之间的测试成绩)进行量化分析。通过统计"单音节字词""双音节词语""朗读"三个测试项字音失误的数量以及"说话"测试项"语音面貌"的评分,直观地反映"一甲"的等级表征。我们从2002年的复审材料中按这两个分数段随机各抽出30人的成绩进行分析统计,又选取其中10人的成绩制成以下三个表,显现"一甲"和"一乙"高分段之间量化对比。

表一:"一乙"高分段成绩表

	单音节	双音节	朗读				说话			总分
			字音	停顿	方言语调	语速	语音	词汇	流畅	
1	0.7	1.1	0.5				2.0			95.7
2	0.3	0.8	0.5				2.0			96.4
3	0.4	1.0	0.5				2.0			96.1
4	0.4	0.7	0.1				2.0		1	95.8
5	0.55	0.5	0.7				2.0			96.25
6	0.55	0.8	0.8				2.0			95.85
7	0.4	1.1	0.4				2.0			96.1
8	0.5	0.7	0.6				2.0			96.2
9	0.3	1.0	0.6				2.0			96.1
10	0.3	0.4	0.5				3.0			95.8

注:"流畅"扣分原因为有类似"背稿"的现象。

表二:"一甲"成绩表

	单音节	双音节	朗读				说话			总分
			字音	停顿	方言语调	语速	语音	词汇	流畅	
1	0.1	0.4	0.2				2.0			97.3
2	0.15	0.3	0.4				2.0			97.15
3	0.3	0.5	0.4				1.5			97.3
4	0.15	0.2	0.6				2.0			97.05
5	0.2	0.3	0.4				2.0			97.1
6	0.1	0.2	0.3				2.0			97.4
7	0.25	0.1	0.5				2.0			97.15
8	0.6	0.4	0.2				1.5			97.3
9	0.25	0.3	0.2				2.0			97.25
10	0.4	0.6	0.4				1.5			97.1

注:1.抽样中没有取得98分以上的样本。
　　2.为了评分需要,在高分区说话项"语音面貌"实际已经出现了0.5分增减方式,因此样本中出现1.5的评分。

我们对随机各抽出30人的成绩各项扣分范围以及各项平均扣分进行对比统计分析,得出以下综合列表:

表三:"一甲"、"一乙"(高分段)扣分对比统计综合列表

	单音节扣分范围	双音节扣分范围	朗读扣分范围	说话扣分范围	平均扣分			
					单音节	双音节	朗读	说话
"一甲"	0.0~0.4	0.0~0.6	0.1~0.6	1.5~2.0	0.17	0.3	0.25	1.85
"一乙"(高分段)	0.15~0.70	0.3~1.1	0.1~0.8	2.0~3.0	0.4	0.66	0.46	2.2

通过对比统计后,我们可以较为清晰地发现评分过程中凡取

得"一级甲等"都具备以下条件：

1. 单音节字词项所扣分数一般不超过 0.5 分。
2. 双音节词语项所扣分数一般不超过 0.6 分。
3. 单音节字词项和双音节词语项两个测试项扣分之和不超过 1.0 分。
4. 朗读项所扣分数一般不超过 0.5 分。
5. 前三项扣分之和在 1.5 分以内。
6. 说话项的失分主要表现在"语音面貌"方面，所扣分数在 2 分以内。

取得 95 分以上成绩的应试人在说话项"词汇语法规范程度""自然流畅程度"两个方面通常不会失分。在说话项"语音面貌"失分达到 3 分的，测试成绩就很难达到 95 分以上，尤其不可能达到 96 分以上。取得 96.0 分至 96.9 分的和取得 97.0 分至 97.9 分的应试人，在说话项"语音面貌"上的失分除少数情况外通常为 2 分。

从"一甲"和"一乙"（高分段）各测试项的对比看，说话项的"语音面貌"差异很小，而单音节字词、双音节词语两项评分则会对区分两个等级起了决定性的作用。

二、从"一甲"和"一乙"（高分段）的失分范围（主要指语音失分）对比来分析

我们抽出 50 名进行"一甲"复审的应试人的语音资料，经过对他们的语音分析，我们将"一甲"和"一乙"高分段的失分范围进行了比较：

表四:"一级甲等""一级乙等"高分段失分范围比较表

失分范围		一级甲等	一级乙等(95分~96.9分)
单音节字词、双音节词语	声母错误	无	无/或偶有非系统性错误
	声母缺陷	无/或偶有非系统性缺陷,个别缺陷有可能集中出现	无/或偶有非系统性缺陷,甚至有2、3种缺陷集中出现
	韵母错误	无/或偶有非系统性错误	无/或偶有非系统性错误
	韵母缺陷	无/或偶有非系统性缺陷	无/或有非成系统性缺陷,甚至有3种以上的非系统性缺陷集中出现
	声调错误	无	无
	声调缺陷	无/或偶有非系统性缺陷,个别缺陷有可能集中出现	无/或有1、2种非系统性缺陷,有少部分(约20%)在某1种非成系统性缺陷集中出现
	读错字	平均读错字0.38个	平均读错字0.92个
	轻声	平均读错0.05个	平均读错0.24个
	儿化	平均读错0.38个	平均读错0.84个
	上声变调	无	无
朗读	字音失误(含添、漏)	平均失误2.5个	平均失误4.5个
	方言语调	无	无
	停顿	无	30人中有2人被扣分(占6.7%)
	语速	无	无
	语音失误	平均失误1.57个	平均失误2.72个
说话	流畅(有背书现象)	无	30人中有2人被扣1分(占6.7%)
	轻重格	无	无/或偶有失误

注:1. 根据1994年版《普通话水平测试大纲》的规定,朗读和说话项的语音失误只记语音错误。
  2. 非系统性缺陷集中出现一般指某类缺陷出现2~3次,不超过5次。

对表4的各项数据进行分析后,我们可以进一步明确,"一级甲等"也会有失误,尽管这些失误是偶发的、零星的,也毕竟是失误。在口语测试中,普通话要说得完美无瑕,无可挑剔,从专业角度要求几乎是不可能的。

综合以上分析,可进一步做下列归纳:

1. "一甲"和"一乙"高分段均未见失分的范围:

(1) 单音节字词、双音节词语两项中未见声调错误(个别口误除外,下同)。

(2) 单音节字词、双音节词语两项中未见上声变调错误。

(3) 朗读项中没有"方言语调"。

(4) 朗读项中"语速"未失分。

2. "一甲"未见失分,而"一乙"高分段也多数未见失分,只是偶有应试人失误的范围:

(1) 单音节字词、双音节词语两项中"声母语音错误""一甲"未见失分,而"一乙"高分段也多数未见失分,或偶有非系统性错误。

(2) 朗读项中"停顿""一甲"未见失分,而"一乙"高分段也多数未见失分,或偶有失分。

(3) 说话项"流畅程度""一甲"未见失分,而"一乙"高分段也多数未见失分,或偶有失误。

(4) 说话项"流畅程度"多表现为"有背书现象","一甲"未见失分,而"一乙"高分段也多数未见失分,或偶有失分。

(5) 说话项"语音面貌"里词语"轻重音格式"失误,"一甲"未见失误,而"一乙"高分段也多数未见,或偶有失误。

3. "一甲"和"一乙"高分段都会有非系统性的语音缺陷存在。"一甲"在声母、声调方面有可能个别缺陷集中出现,而"一乙"高分段集中出现的语音缺陷种类超过"一甲",韵母方面甚至可以达到3种以上。

4. "一甲"和"一乙"高分段在"单音节字词""双音节词语""朗读""说话"等测试项字音读音错误上(包括误读,以及轻声、儿化读音错误在内)差异最为明显,"一乙"高分段甚至高出"一甲"2至3倍。

三、应试人获得"一级甲等"应具备的条件

我们经过以上统计,从"一甲"和"一乙"高分段两个等级的区分上探讨,如出现下列情况之一进入"一甲"是困难的:

1. 前两个测试项总失分超过1分,且朗读项失分超过0.5分,或前三项总失分超过1.5分的;

2. 说话项的语法词汇规范程度和自然流畅程度两项中有任何一项失分的;

3. 朗读中"停顿"一项失分的;

4. 说话项中出现了轻重音格式问题的;

5. 各项中字音失误相对偏多的;

6. 某个语音缺陷较为集中出现的。

的确,实际测试中"一甲"和"一乙"两个等级的区分"常常表现在语音缺陷的程度上","一级乙等则有稍稍多一些的语音缺陷,甚至某个语音缺陷可能较为集中的出现"(宋欣桥 2002)。

四、经过对"一甲"复审资料的分析,可以看出影响取得"一甲"的语音方面,最为常见的前七类问题是:

1. 前鼻尾音偏后,后鼻尾音偏前(以 in、ing 为主,in 韵偏后的问题较为突出);

2. 舌面前音读为舌尖前音;

3. in、ün 韵不到位;

4. 词语轻重音格式偏误;

5. 舌尖前音读为齿间音;

6. 复韵母单元音化;

7. 阴平(第一声)调值偏低。

总之,应试人已经获得一级乙等的高分,要争取提高,获得"一级甲等"的成绩,就要加强自身语言文化修养,在字音基本功下力气,特别增强语音的纯正程度,并且能在测试的全过程保持良好的心理状态。

提高测试员评判"一级甲等"的信度,首先要对"一级甲等"的等级表征有更加清晰的认识,同时也要努力提高自己的语言纯正程度。

此文仅供各地测试机构和测试员在送审、评判"一级甲等"时参考,不妥之处敬请批评指正。

参考文献

[1] 宋欣桥编《普通话水平测试员实用手册》,商务印书馆,2000。
[2] 宋欣桥《试论普通话水平测试(PSC)》,参见《首届全国普通话水平测试学术研讨会论文集》,语文出版社,2003。

七、语音评定

语音评定参照细则框架*

宋 欣 桥

语音评定贯穿于普通话水平测试的始终，在量化评分上占有重要的地位。笔者对这个问题已经在《普通话水平测试评分中的几个问题》一文中做了简要的说明，但并未列出具体的参照细则。本文就是笔者在国家级测试员资格考核培训班授课的基础上，经过反复修改增补，列举出130条参照细则，作为语音评定的基本类型举例，供测试员在语音评定中参考。

测试员在语音评定中会碰到三类"语音错误"，一是误读产生的读音错误，包括读错字、别字、白字以及异读词读音错误等，例如把"涮"读作"shuā"；把"拔"读作"bō"；把"闩"读作"guān"或"chā"；把"葡"读作"táo"；把"呆"读作"ái"等。这类读音错误，测试员容易判定，不列入本文。二是完全按照汉语方言读音，即指声、韵甚至声、韵、调都按方言读音的情况。例如：把"鞋"读作"hai"；把"街"读作"gai"；把"全"读作"chuan"。这同前面一类相近，测试员不难判定，一般不列入本文。三是受汉语方言语音系统的影响，在

---

* 本文承蒙刘照雄先生审改，谨致谢意。

说普通话时字音遗留某类声母、或某类韵母、或某类声调调值的读音。本文所列的"语音错误"主要指这类情况。

"语音缺陷"是测试员语音判定的难点,也是本文要着重解决的问题之一。语音缺陷也可以分为三类情况:一是遗留汉语方言语音系统的某类声母或某类韵母或某类声调的读法。例如:遗留齿间音;用舌叶音代替舌面前音;遗留喉塞音入声韵尾;阴平调(在重读音节)调值偏低,读作半高平调44的。二是在学习普通话语音系统过程当中,纠正发音不彻底,没有完全达到标准的程度。例如:舌尖后音发音部位靠前,实际舌尖是接触或接近上齿龈(上牙床);卷舌韵母er虽有卷舌色彩,但相当不自然。三是由于语音教学训练不当,形成语音缺陷。例如:训练舌尖后音时,没有要求舌头整体后缩,而是过分要求舌尖后卷,造成"大舌头"色彩;当读zhi、chi、shi音节时,强调声母发音部位"抵住"的时候,实际使舌尖韵母丢失;过分强调发好鼻音韵尾-n和-ng,使韵尾延长,音节结构发生变化;又如,强调上声曲折,但没有注意突出上声(实际忠实描写调值应为2114)中低调段11的特点,稍延长则在214后带降尾等。

以下对这个参照细则体例作简要说明:

1. 为了减少拼音字母特别是国际音标的排印错误,本文少用或不用拼音字母和国际音标,尽量采用语音学术语进行描述。这样可能会使一部分对语音学不熟悉的测试员感到阅读有些困难。

2. 由于篇幅所限,不能逐一解释"为什么"。因为"为什么"大量属于普通话语音基础知识的范围。请参阅本文所附的《普通话水平测试实施纲要》第一部分"普通话语音分析"(宋欣桥执笔),也可以参阅《普通话语音训练教程》(宋欣桥编著)。

3. 本文所列"基本类型",本意是想更多地涵盖各汉语方言遗留的常见的语音现象,但实际是不可能把全部语音问题概括详尽的,虽用"细则"二字仍属于"举例"的性质。

4. 本文是笔者在培训国家级测试员的教学中积累的研究成果,带有研讨的性质。恳请大家在测试实践中提出修订意见。

1. 声母

1.1 判定声母为"语音错误"的基本类型举例

1.1.1 把舌尖后音(翘舌音)读作舌尖前音(平舌音)。

1.1.2 把舌尖前音(平舌音)读作舌尖后音(翘舌音)。

1.1.3 把舌尖中鼻音读作舌尖中边音。

1.1.4 把舌尖中边音读作舌尖中鼻音。

1.1.5 把舌面后清擦音(韵母是合口呼)读作齿唇(唇齿)清擦音。

1.1.6 把齿唇(唇齿)清擦音读作舌面后清擦音(韵母是合口呼)。

1.1.7 把送气音读作不送气音。

1.1.8 把不送气音读作送气音。

1.1.9 把舌尖后浊擦音 r 读作舌尖前浊擦音。

1.1.10 把舌尖后浊擦音 r 读作舌尖中边音。

1.1.11 把舌尖后浊擦音 r 读作齐齿呼零声母。

1.1.12 把零声母(即无辅音声母开头)读作舌尖中鼻音。

1.1.13 把零声母(即无辅音声母开头)读作舌面后(舌根)鼻音。

1.1.14 把舌面前音读作舌尖前音。

1.1.15 把部分合口呼零声母读作双唇鼻音。

1.2 判定声母为"语音缺陷"的基本类型举例

1.2.1 舌尖后音的发音部位靠前,实际发音部位舌尖是接触或接近上齿龈(上牙床)。

1.2.2 齿唇清擦音上齿作用不明显,带有双唇摩擦,接近双唇清擦音。

1.2.3 舌面后清擦音发音部位靠后,即发作喉门擦音。

1.2.4 舌面前音发音部位明显靠前,但还未纯粹读成舌尖前音,实际音色接近舌叶音。

1.2.5 把舌尖前音分别读成齿间音。

1.2.6 把韵母 u、uo 的零声母读成齿唇浊擦音。

1.2.7 把重读音节中不送气的清塞音、清塞擦音声母读作不送气的浊塞音、浊塞擦音。

1.2.8 齐齿呼韵母前面的声母 d、t 带有腭化色彩。

1.2.9 发舌尖后音时,舌尖过于后卷,产生"大舌头"的色彩。

1.3 声母不作为"语音错误"或"语音缺陷"处理的语音现象举例

1.3.1 把非重读音节(主要指轻声音节)不送气的清塞音、塞擦音读作不送气浊塞音、浊塞擦音。

1.3.2 把轻声音节送气的清塞音、清塞擦音读作不送气的清塞音、清塞擦音。

1.3.3 合口呼零声母(除 u、uo 的零声母外)带齿唇通音[υ]。

1.3.4 零声母带轻微的喉塞音。

1.3.5 零声母带软腭通音或舌面后通音。

1.3.6 在齐齿呼、撮口呼韵母前面,把舌尖中鼻音声母读作舌面前鼻音。

2. 韵母
2.1 判定韵母为"语音错误"的基本类型举例

2.1.1 把后半高不圆唇元音 e 读作前中元音 ê,或读作前半高元音。

2.1.2 卷舌韵母 er 没有卷舌色彩。

2.1.3 舌尖前元音-i(前)没有保持单元音的状态,明显向央元音的舌位滑动。

2.1.4 舌尖后元音-i(后)没有保持单元音的状态,明显向央元音的舌位滑动,有的同时带有卷舌色彩。

2.1.5 前高不圆唇元音 i 没有保持单元音的状态,明显向央元音的舌位滑动。

2.1.6 当后半高不圆唇元音 e 处在舌尖后音(翘舌音)声母后面,舌位靠前,带有卷舌色彩。

2.1.7 把圆唇音复合的复韵母 uo 读作后半高不圆唇的单元音。

2.1.8 把韵母 ie、üe 中的前中不圆唇元音 ê,读作后半高不圆唇元音。

2.1.9 把复韵母 uo 明显读作后半高圆唇的单元音。

2.1.10 把撮口呼韵母读作齐齿呼韵母。

2.1.11 宽窄(即舌位移动幅度的大小,并伴随口形的开合)复韵母相混、宽窄鼻韵母相混,特指韵头、韵尾相同,而韵腹元音舌位高低不同的韵母相混,即:ai→ei, ao→ou, ia→ie, ua→uo, iao→iou, uai→uei, ei→ai, ou→ao, ie→ia, uo→ua, iou→iao, uei→uai, an→en, ang→eng, ian→in, iang→ing, uan→uen, uang→ueng (ong), üan→ün, en→an, eng→ang, in→ian, ing→iang, uen→uan, ueng(ong)→uang, ün→üan。

2.1.12 把有韵头的韵母读作无韵头的韵母。
2.1.13 把无韵头的韵母读作有韵头的韵母。
2.1.14 把带鼻辅音韵尾-n 的韵母(前鼻音韵母)读作带鼻辅音韵尾-ng 的韵母(后鼻音韵母)。
2.1.15 把带鼻辅音韵尾-ng 的韵母(后鼻音韵母)读作带鼻辅音韵尾-n 的韵母(前鼻音韵母)。
2.1.16 把二合前响复合元音读作单元音。
2.1.17 把三合复合元音读作二合元音。
2.1.18 把鼻韵母读作鼻化元音。
2.1.19 鼻韵母没有鼻辅音(包括半鼻化音)收尾,变成开尾韵。
2.1.20 遗留入声双唇塞音韵尾以及明显遗留舌尖中塞音韵尾、明显遗留舌面后塞音韵尾。
2.1.21 把与唇音声母相拼的舌面前高不圆唇元音读作舌尖前元音。
2.1.22 鼻韵尾-n 没有产生音变而读作鼻韵尾-m。

2.2 判定韵母为"语音缺陷"的基本类型举例

2.2.1 把单韵母(央低元音)a 明显读作前低不圆唇元音或后低不圆唇元音、后低圆唇元音。
2.2.2 单韵母(高元音)i、u、ü 带有摩擦,实际已经成为或接近半元音。

2.2.3 单韵母 u 的舌位靠前,接近央元音 u。

2.2.4 卷舌韵母 er 虽有卷舌色彩,但相当不自然。

2.2.5 舌尖前韵母-i(前)有摩擦,接近舌尖前浊擦音。

2.2.6 舌尖后韵母-i(后)有摩擦,接近舌尖后浊擦音。

2.2.7 舌尖后韵母-i(后)有拢唇的动作。

2.2.8 二合前响复合元音动程明显不到位,但还没有发成单元音。

2.2.9 三合前响复合元音动程明显不到位,但还没有发成二合元音。

2.2.10 把韵母 ao、iao 中韵腹后低不圆唇元音读作央低不圆元音或前低不圆唇元音。

2.2.11 把韵母 ai、uai 中的前低不圆唇元音读作接近央低元音,甚至读作后低不圆唇元音或后低圆唇元音。

2.2.12 韵母 ie、üe 中的前中不圆唇元音读音接近央中元音(也称作"混元音")。

2.2.13 把韵母 ie、üe 中的前中不圆唇元音读作前半高不圆唇元音。

2.2.14 韵母 ou、iou 中韵腹、韵尾整体舌位靠前,即 ou 发音接近[ɛʉ],iou 发音接近[iɛʉ]。

2.2.15 韵母 iou、uei、uen 在声调是上声、去声时,或 uei、uen 同舌面后(舌根)声母相拼时,韵腹弱化或消失。

2.2.16 韵母 ian 中韵腹[æ]开口度大,韵腹实际成为前低不圆唇元音。

2.2.17 韵母 üan 中韵腹[æ]开口度大,韵腹实际成为央低不圆唇元音。

2.2.18 韵母 an 开口度小,舌位高,大体相当于[æn]。

2.2.19 在有介音(韵头)-i-的音节中,i 介音音长太短。

2.2.20 在有介音(韵头)-u-的音节中,u 介音圆唇度明显不够(常同 u 舌位靠前有关)。

2.2.21 在有介音(韵头)-ü-的音节中,ü 介音圆唇度明显不够(常同 ü 舌位偏低有关)。

2.2.22 鼻韵母 in、ing 中 i 和鼻韵尾之间(特别是在读阴平、阳平时)明显嵌入央元音 e。

2.2.23 元音韵尾-i、-u(o)过于强调或突出。

2.2.24 遗留轻微的入声喉塞音韵尾。

2.2.25 过分强调鼻音韵尾-n、-ng,使韵尾延长。

2.3 韵母不作为"语音错误"或"语音缺陷"处理的语音现象举例

2.3.1 鼻韵母韵腹(主要元音)没有鼻化,韵尾-n、-ng 以半鼻化音收尾的。

2.3.2 轻声音节或一部分明显读作轻音音节中,二合的前响复合元音变为单元音。

2.3.3 轻声音节或一部分明显读作轻音音节中,三合的复合元音变为二合的复合元音。

3. 声调

3.1 判定声调为"语音错误"的基本类型举例

3.1.1 把阴平调调值 55(高平调)读作升调,包括高升调 35、中升调 24、低升调 13、全升调 15 等。

3.1.2 把阴平调调值 55(高平调)读作降调,包括高降调 53、中降调 42、低降调 31、全降调 51 等。

3.1.3 把阴平调调值 55(高平调)读作曲折调,包括高降升调 535、中降升调 424、低降升调 313、全降低升调 513、低降全升调 315、高升降调 353、中升降调 242、低升降调 131、高升全降调 351、全升高降调 153,以及低降升调 214 等。

3.1.4 把阴平调调值 55(高平调)读作半低平调 22、低平调 11,以及在重读音节读作中平调 33 的。

3.1.5 把阳平调调值 35(高升调)读作平调,包括高平调 55、半高平调 44、中平调 33、半低平调 22、低平调 11。

3.1.6 把阳平调调值 35(高升调)读作降调,包括高降调 53、中降调 42、低降调 31、全降调 51 等。

3.1.7 把阳平调调值 35(高升调)读作曲折调,包括高降升调 535、中降升调 424、低降升调 313、全降低升调 513、低降全升调 315、高升降调 353、中升降调 242、低升降调 131、高升全降调 351、全升高降调 153,以及低降升调 214 等。

3.1.8 阳平调调值 35(高升调)在重读音节读作低升调 13 或 12 等。

3.1.9 把上声调调值 214(降升调)读作升调,包括高升调 35、中升调 24、低升调 13、全升调 15 等。

3.1.10 把上声调调值 214(降升调)读作降调,包括高降调 53、中降调 42、低降调 31、全降调 51 等。

3.1.11 把上声调调值 214(降升调)读作平调,包括高平调 55、半高平调 44、中平调 33 等。

3.1.12 把去声调调值 51(全降调)读作升调,包括高升调 35、中升调 24、低升调 13、全升调 15 等。

3.1.13 把去声调调值 51(全降调)读作曲折调,包括高降升调 535、中降升调 424、低降升调 313、全降低升调 513、低降全升调 315、高升降调 353、中升降调 242、低升降调 131、高升全降调 351、全升高降调 153,以及低降升调 214 等。

3.1.14 去声调调值 51(全降调)在重读音节读作低降调 31 或 21。

3.2 判定声调为"语音缺陷"的基本类型举例

3.2.1 虽阴平调保持平调调形,但在重读音节音高低,读成半高平调 44,而又没有明显低于中平调 33 的。

3.2.2 阴平调调值读作微升调 45 的。

3.2.3 阴平调调值读作微降调 54 的。

3.2.4 阳平调调值中间略带曲折,不太明显,还没有同上声调值相混,调值大体相当于 335 或 325。

3.2.5 阳平调在重读音节调值读作微升调 34 的。

3.2.6 上声为曲折调,但开头略高,相当于 31－或 41－开头,例如:412、312 等。

3.2.7 上声在第一部分"单音节字词"或在第二部分"双音节词语"中第二个音节读作"半上"211 的。

3.2.8 上声(在非重读音节)发音大体相当于低平调 11 或半低平调 22 的。

3.2.9 上声注意了曲折,但没有突出低调的基本特点,稍延长则在 214 后带了降尾。

3.3 声调不作为"语音错误"或"语音缺陷"处理的语音现象举例

3.3.1 在去声音节后的阴平调调值(特别是以浊音声母 m、n、l、r 开头的音节)为半高平调 44 的。

3.3.2 阳平调在非重读音节调值读作 34 的。

3.3.3 在朗读和说话两项中由于语气的需要在单念或句末以及非重读音节读音时,上声调值读作"半上"211 的。

3.3.4 在朗读和说话两项中语速较快时,去声调值在非重读音节读作高降调 53 的。

4. 变调、音变、轻重音等

4.1 判定变调、音变、轻重音等为"语音错误"的基本类型举例

4.1.1 《现代汉语词典》《普通话水平测试大纲》注音没有分歧的轻声词中的轻声音节没有读作轻声的。

4.1.2 轻声音节音长等同于前一个音节或长于前一个音节的。

4.1.3 《现代汉语词典》《普通话水平测试大纲》在词语条目中注明"－儿"尾并注音为儿化的,没有读作儿化韵的。

4.1.4 儿化音节读得近乎两个音节,即有"儿"未"化"。

4.1.5 把儿化音节中带有 ar 的儿化韵读作带有 er 的儿化韵。

4.1.6 把儿化音节中带有 er 的儿化韵读作带有 ar 的儿化

韵。

4.1.7 把儿化韵 ur 读作 uer。

4.1.8 把儿化韵 aor、iaor 分别读作 ar、iar。

4.1.9 把儿化韵 our、iour 分别读作 er、ier。

4.1.10 把儿化韵 er[ɤr]读作 er[ər]。

4.1.11 把儿化韵 i:er、ü:er 分别读作 ier、üer。

4.1.12 上声音节和上声音节相连没有按规律变调的,即前一个上声音节变调调值为 211(也称为"半上"),后一个上声音节变调调值为 35(也称为"直上")。前后两个音节均判定为错误。

4.1.13 "一""不"变调错误,包括朗读中应变调而读作原字调的情况。

4.1.14 语气助词"啊"的音变错误。

4.1.15 叠字形容词中 AA 式带上"－儿"尾读儿化韵时,在朗读中没有变调的。

4.2 判定变调、音变、轻重音等为"语音缺陷"的基本类型举例

4.2.1 儿化音节卷舌色彩生硬或卷舌色彩不明显的。

4.2.2 "一""不"除朗读外应变调时读作原调的,即"一"读作 yī,"不"读作 bù。

4.2.3 把双音节词应读"中·重"轻重音格式的或三音节词应读"中·次轻·重"轻重音格式的,读作第一个音节为重读音节。

4.2.4 三个上声音节相连,第一个音节处在被强调的逻辑重音的位置(单双格)时,调值没有变为 211 的。

4.3 变调、音变、轻重音等不作为"语音错误"或"语音缺陷"处理的语音现象举例

4.3.1 叠字形容词中 ABB 式、AABB 式,除部分口语中习惯读变调的情况外(例如:慢腾腾、马马虎虎、清清楚楚等少量词),在朗读中可以不变调。

4.3.2 读作"重·次轻"轻重音格式,即第一个音节读重音,后一个音节读次轻音的情况,读作"中·重"格式,即第一音节读中音,后一个音节读重音。

4.3.3 《现代汉语词典》《普通话水平测试大纲》注音不一致的所谓"轻声词"。

4.3.4 《现代汉语词典》《普通话水平测试大纲》在词语条目中没有注明"－儿"尾,但在口语中可以儿化的词语。

附：

《普通话水平测试实施纲要》
（2004年版）

第一部分　普通话语音分析

宋欣桥　执笔

普通话以北京语音为标准音。普通话语音系统主要包括声母、韵母、声调、音节，以及变调、轻声、儿化、语调等。分述如下：

一、声母

普通话的声母包括零声母在内共22个。（拼音后为例字，下同）

b	巴步别	p	怕盘扑	m	门谋木	f	飞付浮
d	低大夺	t	太同突	n	南牛怒	l	来吕路
g	哥甘共	k	枯开狂			h	海寒很
j	即结净	q	齐求轻			x	西袖形
zh	知照铡	ch	茶产唇			sh	诗手生	r	日锐荣
z	资走坐	c	慈蚕存			s	丝散颂

零声母　安言忘云

普通话 22 个声母中有 21 个由辅音充当,我们可以根据辅音的发音部位和发音方法给声母分类。

1. 按发音部位分类

普通话的辅音声母可以按发音部位分为三大类,细分为七个部位。

(1) 唇音　以下唇为主动器官,普通话又细分为两个发音部位:

双唇音:上唇和下唇闭合构成阻碍。普通话有 3 个:b、p、m。

唇齿音(也叫"齿唇音"):下唇和上齿靠拢构成阻碍。普通话只有 1 个:f。

(2) 舌尖音　以舌尖为主动器官,普通话又细分为三个发音部位:

舌尖前音(也叫平舌音):舌尖向上门齿背接触或接近构成阻碍。普通话有 3 个:z、c、s。

舌尖中音:舌尖和上齿龈(即上牙床)接触构成阻碍。普通话有 4 个:d、t、n、l。

舌尖后音(也叫翘舌音):舌尖向硬腭的最前端接触或接近构成阻碍。普通话有 4 个:zh、ch、sh、r。

(3) 舌面音　以舌面为主动器官,普通话又细分为两个发音部位:

舌面前音:舌面前部向硬腭前部接触或接近构成阻碍。普通话有 3 个:j、q、x。

舌面后音(也叫"舌根音"):舌面后部向硬腭和软腭的交界处接触或接近构成阻碍。普通话声母有 3 个:g、k、h。

声母由辅音构成。辅音是气流呼出时,在口腔某个部位遇到程度不同的阻碍构成的。我们把起始阶段叫"成阻",持续阶段叫"持阻",阻碍解除的阶段叫"除阻"。

2. 按发音方法分类

普通话辅音声母的发音方法有以下五种:

(1) 塞音　成阻时发音部位完全形成闭塞;持阻时气流积蓄在阻碍的部位之后;除阻时受阻部位突然解除阻塞,使积蓄的气流透出,爆发破裂成声。普通话有6个塞音:b、p、d、t、g、k。

(2) 鼻音　成阻时发音部位完全闭塞,封闭口腔通路;持阻时,软腭下垂,打开鼻腔通路,声带振动,气流到达口腔和鼻腔,气流在口腔受到阻碍,由鼻腔透出成声;除阻时口腔阻碍解除。鼻音是鼻腔和口腔的双重共鸣形成的。鼻腔是不可调节的发音器官。不同音质的鼻音是由于发音时在口腔的不同部位阻塞,造成不同的口腔共鸣状态而形成的。普通话有2个鼻音声母:m、n。

(3) 擦音　成阻时发音部位之间接近,形成适度的间隙;持阻时,气流从窄缝中间摩擦成声;除阻时发音结束。普通话有6个擦音:f、h、x、sh、s、r。

(4) 边音　普通话只有一个舌尖中的边音:l。舌尖和上齿龈(上牙床)稍后的部位接触,使口腔中间的通道阻塞;持阻时声带振动,气流从舌头两边与两颊内侧形成的空隙通过,透出成声;除阻时发音结束。

(5) 塞擦音　是以"塞音"开始,以"擦音"结束。由于塞擦音的"塞"和"擦"是同部位的,"塞音"的除阻阶段和"擦音"的成阻阶段融为一体,两者结合得很紧密。普通话有6个塞擦音:j、q、zh、

ch、z、c。

普通话的辅音声母还有"送气音"与"不送气音"、"清音"与"浊音"的区别。

普通话只有塞音和塞擦音区分送气音和不送气音。

送气音　这类辅音发音时气流送出比较快和明显,由于除阻后声门大开,流速较快,在声门以及声门以上的某个狭窄部位造成摩擦,形成送气音。普通话有6个送气音:p、t、k、q、ch、c。

不送气音　指发音时,没有送气音特征,又同送气音形成对立的音。普通话有6个不送气音:b、d、g、j、zh、z。

普通话有4个浊辅音声母:m、n、l、r。普通话除了4个浊辅音声母外,其余辅音声母都是清音,它们是:b、p、f、d、t、g、k、h、j、q、x、zh、ch、sh、z、c、s。

普通话声母的发音分析:
b[p]双唇不送气清塞音

双唇闭合,同时软腭上升,关闭鼻腔通路;气流到达双唇后蓄气;凭借积蓄在口腔中的气流突然打开双唇成声。

发音例词:

颁布 bānbù　　　板报 bǎnbào　　　褒贬 bāobiǎn
步兵 bùbīng　　　标本 biāoběn　　　辨别 biànbié

p[pʻ]双唇送气清塞音

成阻和持阻阶段与b相同。不同的是除阻时,声门(声带开合处)开启,从肺部呼出一股较强气流成声。

发音例词:

批评 pīpíng　　　偏旁 piānpáng　　　乒乓 pīngpāng

匹配 pǐpèi　　　瓢泼 piáopō　　　偏僻 piānpì

m[m]双唇鼻音

双唇闭合,软腭下垂,打开鼻腔通路;声带振动,气流同时到达口腔和鼻腔,在口腔的双唇后受到阻碍,气流从鼻腔透出成声。

发音例词:

麦苗 màimiáo　　眉目 méimù　　门面 ménmiàn

磨灭 mómiè　　　命名 mìngmíng　迷茫 mímáng

f[f]唇齿清擦音

下唇向上门齿靠拢,形成间隙;软腭上升,关闭鼻腔通路;使气流从齿唇形成的间隙摩擦通过而成声。

发音例词:

发奋 fāfèn　　　反复 fǎnfù　　　方法 fāngfǎ

仿佛 fǎngfú　　　肺腑 fèifǔ　　　丰富 fēngfù

d[t]舌尖中不送气清塞音

舌尖抵住上齿龈,形成阻塞;软腭上升,关闭鼻腔通路;气流到达口腔后蓄气,突然解除阻塞成声。

发音例词:

达到 dádào　　　带动 dàidòng　　单调 dāndiào

当初 dāngchū　　道德 dàodé　　　等待 děngdài

t[tʻ]舌尖中送气清塞音

成阻、持阻阶段与 d 相同。不同的是除阻阶段声门开启,从肺部呼出一股较强的气流成声。

发音例词:

谈吐 tántǔ　　　探讨 tàntǎo　　　淘汰 táotài

体贴 tǐtiē　　　团体 tuántǐ　　　妥帖 tuǒtiē

n[n]舌尖中鼻音

舌尖抵住上齿龈,形成阻塞;软腭下垂,打开鼻腔通路;声带振动,气流同时到达口腔和鼻腔,在口腔受到阻碍,气流从鼻腔透出成声。

发音例词:

奶牛 nǎiniú　　　男女 nánnǚ　　　恼怒 nǎonù
能耐 néngnai　　　泥泞 níníng　　　农奴 nóngnú

l[l]舌尖中边音

舌尖抵住上齿龈的后部,阻塞气流从口腔中路通过的通道;软腭上升,关闭鼻腔通路,声带振动;气流到达口腔后从舌头跟两颊内侧形成的空隙通过而成声。

发音例词:

拉力 lālì　　　利落 lìluo　　　流利 liúlì
履历 lǚlì　　　罗列 luóliè　　　轮流 lúnliú

g[k]舌面后不送气清塞音

舌面后部隆起抵住硬腭和软腭交界处,形成阻塞;软腭上升,关闭鼻腔通路;气流在形成阻塞的部位后积蓄;突然解除阻塞而成声。

发音例词:

杠杆 gànggǎn　　　高贵 gāoguì　　　更改 gēnggǎi
观光 guānguāng　　　灌溉 guàngài　　　光顾 guānggù

k[k']舌面后送气清塞音

成阻、持阻阶段与 g 相同。不同的是除阻阶段声门开启,从肺部呼出一股较强的气流成声。

发音例词:

开垦 kāikěn　　　苛刻 kēkè　　　刻苦 kèkǔ
空旷 kōngkuàng　　宽阔 kuānkuò　　困苦 kùnkǔ

h[x]舌面后清擦音

舌面后部隆起接近硬腭和软腭的交界处,形成间隙;软腭上升,关闭鼻腔通路;使气流从形成的间隙摩擦通过而成声。

发音例词:

航海 hánghǎi　　呼唤 hūhuàn　　花卉 huāhuì
谎话 huǎnghuà　　挥霍 huīhuò　　悔恨 huǐhèn

j[tɕ]舌面前不送气清塞擦音

舌尖抵住下门齿背,使舌面前贴紧硬腭前部,软腭上升,关闭鼻腔通路。在阻塞的部位后面积蓄气流,突然解除阻塞时,在原形成闭塞的部位之间保持适度的间隙,使气流从间隙透出而成声。

发音例词:

积极 jījí　　　家具 jiājù　　　坚决 jiānjué
讲解 jiǎngjiě　　捷径 jiéjìng　　军舰 jūnjiàn

q[tɕ']舌面前送气清塞擦音

成阻阶段与j相同。不同的是当舌面前与硬腭前部分离并形成适度间隙的时候,声门开启,从肺部呼出一股较强的气流成声。

发音例词:

齐全 qíquán　　　恰巧 qiàqiǎo　　亲切 qīnqiè
情趣 qíngqù　　　请求 qǐngqiú　　缺勤 quēqín

x[ɕ]舌面前清擦音

舌尖抵住下齿背,使舌面前接近硬腭前部,形成适度的间隙,气流从空隙摩擦通过而成声。

发音例词:

喜讯 xǐxùn　　　　现象 xiànxiàng　　学习 xuéxí
心胸 xīnxiōng　　　行星 xíngxīng　　选修 xuǎnxiū

zh[tʂ]舌尖后不送气清塞擦音

舌头前部上举,抵住硬腭前端,同时软腭上升,关闭鼻腔通路。在形成阻塞的部位后积蓄气流,突然解除阻塞时,在原形成闭塞的部位之间保持适度的间隙,使气流从间隙透出而成声。

发音例词:

战争 zhànzhēng　　真正 zhēnzhèng　　政治 zhèngzhì
支柱 zhīzhù　　　　制止 zhìzhǐ　　　　周转 zhōuzhuǎn

ch[tʂ']舌尖后送气清塞擦音

成阻阶段与 zh 相同。不同的是在突然解除阻塞时,声门开启,从肺部呼出一股较强的气流成声。

发音例词:

超产 chāochǎn　　抽查 chōuchá　　　橱窗 chúchuāng
戳穿 chuōchuān　　驰骋 chíchěng　　　充斥 chōngchì

sh[ʂ]舌尖后清擦音

舌头前部上举,接近硬腭前端,形成适度的间隙;同时软腭上升,关闭鼻腔通路;使气流从间隙摩擦通过而成声。

发音例词:

赏识 shǎngshí　　少数 shǎoshù　　　设施 shèshī
神圣 shénshèng　　事实 shìshí　　　 舒适 shūshì

r[ʐ]舌尖后浊擦音

发音部分与 sh 相同。不同的是声带振动,摩擦轻微。

发音例词:

忍让 rěnràng　　　仍然 réngrán　　　荣辱 róngrǔ

如若 rúruò　　　软弱 ruǎnruò　　　闰日 rùnrì

z[ts]舌尖前不送气清塞擦音

舌尖抵住上门齿背形成阻塞,在阻塞的部位后积蓄气流;同时软腭上升,关闭鼻腔通路;突然解除阻塞时,在原形成阻塞的部位之间保持适度的间隙,使气流从间隙透出而成声。

发音例词:

在座 zàizuò　　　造作 zàozuò　　　自尊 zìzūn
总则 zǒngzé　　　祖宗 zǔzōng　　　罪责 zuìzé

c[ts']舌尖前送气清塞擦音

成阻阶段与z相同。不同的是在突然解除阻塞时,声门开启,从肺部呼出一股较强的气流成声。

发音例词:

猜测 cāicè　　　残存 cáncún　　　仓促 cāngcù
从此 cóngcǐ　　　催促 cuīcù　　　措辞 cuòcí

s[s]舌尖前清擦音

舌尖接近上门齿背,形成间隙;同时软腭上升,关闭鼻腔通路;使气流从间隙摩擦通过成声。

发音例词:

洒扫 sǎsǎo　　　松散 sōngsǎn　　　诉讼 sùsòng
琐碎 suǒsuì　　　思索 sīsuǒ　　　速算 sùsuàn

零声母

零声母也是一种声母。实验语音学证明,零声母往往也有特定的、具有某些辅音特性的起始方式。普通话零声母可以分为两类,一类是开口呼零声母,一类是非开口呼零声母。

非开口呼零声母,即除开口呼以外的齐齿呼、合口呼、撮口呼

三种零声母的起始方式:

齐齿呼零声母音节汉语拼音用隔音字母 y 开头,由于起始部分没有辅音声母,实际发音带有轻微摩擦,是半元音[j],半元音仍属辅音类。合口呼零声母音节汉语拼音用隔音字母 w 开头,实际发音带有轻微摩擦,是半元音[w]或齿唇通音[ʋ]。撮口呼零声母音节汉语拼音用隔音字母 y(yu)开头,实际发音带有轻微的摩擦,是半元音[ɥ]。

开口呼零声母汉语拼音字母不表示。不经过专门的语音训练,人们一般感觉不到以 a、o、e 开头的音节还有微弱的辅音(喉塞音[ʔ]或舌面后浊擦音[ɣ])存在,因为这些音节开头的辅音成分没有辨义作用,我们可以忽略不计。

发音例词:

恩爱 ēn'ài　　偶尔 ǒu'ěr　　额外 éwài　　洋溢 yángyì
谣言 yáoyán　　医药 yīyào　　万物 wànwù　　忘我 wàngwǒ
威望 wēiwàng　永远 yǒngyuǎn　踊跃 yǒngyuè　孕育 yùnyù

二、韵母

普通话的韵母共有 39 个。

		i	闭地七益	u	布亩竹出	ü	女律局域
a	巴打铡法	ia	加佳瞎压	ua	瓜抓刷画		
e	哥社得合	ie	爹界别叶			üe	靴月略确
o	(波魄抹佛)			uo	多果若握		
ai	该太白麦			uai	怪坏帅外		
ei	杯飞黑贼			uei	对穗惠卫		

ao	包高茂勺	iao	标条交药				
ou	头周口肉	iou	牛秋九六				
an	半担甘暗	ian	边点减烟	uan	短川关碗	üan	捐全远
en	本分枕根	in	林巾心因	uen	吞寸昏问	ün	军训孕
ang	当方港航	iang	良江向样	uang	壮窗荒王		
eng	蓬灯能庚	ing	冰丁京杏	ueng	翁		
				ong	东龙冲公	iong	兄永穷

ê   欸
-i(前)   资此思
-i(后)   支赤湿日
er   耳二

  普通话39个韵母中23个由元音(单元音或复合元音)充当,16个由元音附带鼻辅音韵尾构成。普通话韵母的韵头有i-、u-、ü-三个。韵尾有四个,其中两个元音韵尾-i、-u(包括汉语拼音的拼写形式-o,如 ao、iao 中的-o)和两个辅音韵尾-n、-ng。

  普通话的韵母可以分成单韵母、复韵母、鼻韵母三大类:普通话有10个单韵母,即:a、o、e、ê、i、u、ü、-i(前)、-i(后)、er。有13个复韵母,即:ai、ei、ao、ou、ia、ie、ua、uo、üe、iao、iou、uai、uei。有16个鼻韵母,即:an、en、in、ün、ang、eng、ing、ong、ian、uan、üan、uen、iang、uang、ueng、iong。

  汉语音韵学还根据韵母开头的实际发音把韵母分为"开口呼""齐齿呼""合口呼""撮口呼"四类。普通话有15个开口呼韵母:a、o、e、ai、ei、ao、ou、an、en、ang、eng、ê、-i(前)、-i(后)、er。有9个齐齿呼韵母:i、ia、ie、iao、iou、ian、in、iang、ing。有10个合口呼韵母:u、ua、uo、uai、uei、uan、uen、uang、ueng、ong。有5个撮口呼韵母:

ü、üe、üan、ün、iong。

普通话韵母的发音分析

1. 单韵母(单元音)的发音

a[A]央低不圆唇元音

口大开,舌尖微离下齿背,舌面中部微微隆起和硬腭后部相对。发音时,声带振动,软腭上升,关闭鼻腔通路。

发音例词:

打靶 dǎbǎ　　　大厦 dàshà　　　发达 fādá

马达 mǎdá　　　喇叭 lǎba　　　哪怕 nǎpà

o[ɔ]后中圆唇元音

上下唇自然拢圆,舌体后缩,舌面后部隆起和软腭相对,舌位介于半高半低之间。发音时,声带振动,软腭上升,关闭鼻腔通路。

发音例词:

伯伯 bóbo　　　婆婆 pópo　　　默默 mòmò　　　泼墨 pōmò

e[ɤ]后半高不圆唇元音

口半闭,展唇,舌体后缩,舌面后部隆起和软腭相对,比元音 o 略高而偏前。发音时,声带振动,软腭上升,关闭鼻腔通路。

发音例词:

隔阂 géhé　　　合格 hégé　　　客车 kèchē

特色 tèsè　　　折射 zhéshè　　　这个 zhège

ê[E]前中不圆唇元音

口自然打开,展唇,舌尖抵住下齿背,使舌面前部隆起和硬腭相对。发音时,声带振动,软腭上升,关闭鼻腔通路。

(韵母 ê 除语气词"欸"外单用的机会不多,只出现在复韵母

ie、üe 中。)

i[i]前高不圆唇元音

口微开,两唇呈扁平形,上下齿相对(齐齿),舌尖接触下齿背,使舌面前部隆起和硬腭前部相对。发音时,声带振动,软腭上升,关闭鼻腔通路。

发音例词:

笔记 bǐjì　　　　激励 jīlì　　　　基地 jīdì
记忆 jìyì　　　　霹雳 pīlì　　　　习题 xítí

u[u]后高圆唇元音

两唇收拢成圆形,略向前突出;舌体后缩,舌面后部隆起和软腭相对。发音时,声带振动,软腭上升,关闭鼻腔通路。

发音例词:

补助 bǔzhù　　　读物 dúwù　　　辜负 gūfù
瀑布 pùbù　　　入伍 rùwǔ　　　疏忽 shūhu

ü[y]前高圆唇元音

两唇拢圆,略向前突;舌尖抵住下齿背,使舌面前部隆起和硬腭前部相对。发音时,声带振动,软腭上升,关闭鼻腔通路。

发音例词:

聚居 jùjū　　　　区域 qūyù　　　屈居 qūjū
须臾 xūyú　　　序曲 xùqǔ　　　语序 yǔxù

er[ər]卷舌元音

口自然开启,舌位不前不后不高不低,舌前、中部上抬,舌尖向后卷,和硬腭前端相对。发音时,声带振动,软腭上升,关闭鼻腔通路。

发音例词:

而且 érqiě   儿歌 érgē   耳朵 ěrduo   二胡 èrhú

-i(前)[ɿ]舌尖前不圆唇元音

口略开,展唇,舌尖和上齿背相对,保持适当距离。发音时,声带振动,软腭上升,关闭鼻腔通路。这个韵母在普通话里只出现在 z、c、s 声母的后面。

发音例词:

私自 sīzì   此次 cǐcì   次子 cìzǐ

-i(后)[ʅ]舌尖后不圆唇元音

口略开,展唇,舌前端抬起和前硬腭相对。发音时,声带振动,软腭上升,关闭鼻腔通路。这个韵母在普通话里只出现在 zh、ch、sh、r 声母的后面。

发音例词:

实施 shíshī   支持 zhīchí   知识 zhīshi
制止 zhìzhǐ   值日 zhírì   试制 shìzhì

2. 复韵母(复合元音)的发音

普通话前响复合元音共有 4 个:ai、ei、ao、ou。发音的共同点是元音舌位都是由低向高滑动,开头的元音音素响亮清晰,收尾的元音音素轻短模糊,因此收尾的字母只表示舌位移动的方向。

ai[aɪ]

是前元音音素的复合,动程大。起点元音是比单元音 a[A]的舌位靠前的前低不圆唇元音[a],可以简称它为"前 a"。发音时,舌尖抵住下齿背,使舌面前部隆起与硬腭相对。从"前 a"开始,舌位向 i 的方向滑动升高,大体停在次高元音[ɪ]。

发音例词:

爱戴 àidài　　采摘 cǎizhāi　　海带 hǎidài
开采 kāicǎi　　拍卖 pāimài　　灾害 zāihài

ei[eɪ]

  是前元音音素的复合,动程较短。起点元音是前半高不圆唇元音 e[e]。发音过程中,舌尖抵住下齿背,使舌面前部(略后)隆起对着硬腭中部。从 e 开始,舌位升高,向 i 的方向往前往高滑动,大体停在次高元音[ɪ]。

  发音例词：

肥美 féiměi　　妹妹 mèimei　　配备 pèibèi

ao[aʊ]

  是后元音音素的复合。起点元音比单元音 a[ʌ]的舌位靠后,是个后低不圆唇元音[ɑ],可简称为"后 ɑ"。发音时,舌体后缩,使舌面后部隆起。从"后 ɑ"开始,舌位向 u(汉语拼音写作-o,实际发音接近 u)的方向滑动升高。收尾的-u 舌位略低,为[ʊ]。

  发音例词：

懊恼 àonǎo　　操劳 cāoláo　　高潮 gāocháo
骚扰 sāorǎo　　逃跑 táopǎo　　早操 zǎocāo

ou[əʊ]

  起点元音比单元音 o 的舌位略高、略前,接近央元音[ə]或[ɵ],唇形略圆。发音时,从略带圆唇的央元音[ə]开始,舌位向 u 的方向滑动。收尾的-u 接近[ʊ]。这个复韵母动程很小。

  发音例词：

丑陋 chǒulòu　　兜售 dōushòu　　口头 kǒutóu
漏斗 lòudǒu　　收购 shōugòu　　喉头 hóutóu

  普通话后响复合元音有 5 个：ia、ie、ua、uo、üe。它们发音的共同点是舌位由高向低滑动,收尾的元音音素响亮清晰,在韵母中处在韵腹地位,因此舌位移动的终点是确定的。而开头的元音音素都是高元音 i-、u-、ü-,由于它处于韵母的韵头位置,发音不太响亮,比较短促。这些韵头在音节里特别是零声母音节里常伴有轻微摩擦。

iɑ[iʌ]

起点元音是前高元音 i,由它开始,舌位滑向央低元音 ɑ[ʌ]止。i 的发音较短,ɑ 的发音响而长。止点元音 ɑ 位置确定。

发音例词:

假牙 jiǎyá　　　恰恰 qiàqià　　　压价 yājià

ie[iɛ]

起点元音是前高元音 i,由它开始,舌位滑向前中元音 ê[ɛ]止。i 较短,ê 响而长。止点元音 ê 位置确定。

发音例词:

结业 jiéyè　　　贴切 tiēqiè　　　铁屑 tiěxiè

uɑ[uʌ]

起点元音是后高圆唇元音 u,由它开始,舌位滑向央低元音 ɑ[ʌ]止,唇形由最圆逐步展开到不圆。u 较短,ɑ 响而长。

发音例词:

挂花 guàhuā　　　耍滑 shuǎhuá　　　娃娃 wáwa

uo[uɔ]

由后圆唇元音音素复合而成。起点元音是后高元音 u,由它开始,舌位向下滑到后中元音 o[ɔ]止。u 较短,o 响而长。发音过程中,保持圆唇,开头最圆,结尾圆唇度略减。

发音例词:

错落 cuòluò　　硕果 shuòguǒ　　脱落 tuōluò

üe[yɛ]

由前元音音素复合而成。起点元音是圆唇的前高元音 ü，由它开始，舌位下滑到前中元音 ê[ɛ]，唇形由圆到不圆。ü 较短，ê 响而长。

发音例词：

雀跃 quèyuè　　约略 yuēlüè

普通话里的三合元音都是中响复合元音，共有 4 个：iao、iou、uai、uei。这些韵母发音的共同点是舌位由高向低滑动，再从低向高滑动。开头的元音音素不响亮，较短促，在音节里特别是在零声母音节里常伴有轻微的摩擦。中间的元音音素响亮清晰。收尾的元音音素轻短模糊。

iao[iɑu]

由前高元音 i 开始，舌位降至后低元音 a[ɑ]。然后再向后次高圆唇元音 u[ʋ]的方向滑升。发音过程中，舌位先降后升，由前到后，曲折幅度大。唇形从中间的元音 a 逐渐圆唇。

发音例词：

吊销 diàoxiāo　　疗效 liáoxiào　　巧妙 qiǎomiào

调料 tiáoliào　　逍遥 xiāoyáo　　苗条 miáotiao

iou[iəu]

由前高元音 i 开始，舌位降至央（略后）元音[ə]（或[ɵ]），然后再向后次高圆唇元音 u[ʋ]的方向滑升。发音过程中，舌位先降后升，由前到后，曲折幅度较大。唇形从央（略后）元音[ə]逐渐圆唇。

复合元音 iou 在阴平（第一声）和阳平（第二声）的音节里，中间的元音（韵腹）弱化，甚至接近消失，舌位动程主要表现为前后的滑动，成为[iʊ]。如：优[iʊ]、流[liʊ]、究[tɕiʊ]、求[tɕʻiʊ]。这是汉语拼音 iou 省写为 iu 的依据。这种音变是随着声调自然变化的，在语音训练中不必过于强调。

发音例词：

久留 jiǔliú　　　求救 qiújiù　　　绣球 xiùqiú

优秀 yōuxiù　　　悠久 yōujiǔ　　　牛油 niúyóu

uɑi[uaɪ]

由圆唇的后高元音 u 开始，舌位向前滑降到前低不圆唇元音 ɑ（即"前 ɑ"），然后再向前高不圆唇元音的方向滑升。舌位动程先降后升，由后到前，曲折幅度大。唇形从前元音 ɑ 逐渐展唇。

发音例词：

外快 wàikuài　　　怀揣 huáichuāi　　　乖乖 guāiguāi

uei[ueɪ]

由后高圆唇元音 u 开始，舌位向前向下滑到前半高不圆唇元音偏后靠下的位置（相当于央元音[ə]偏前的位置），然后再向前高不圆唇元音 i 的方向滑升。发音过程中，舌位先降后升，由后到前，曲折幅度较大。唇形从 e 逐渐展唇。

在音节中，韵母 uei 受声母和声调的影响，中间的元音弱化。大致有四种情况：1）在阴平（第一声）或阳平（第二声）的零声母音节里，韵母 uei 中间的元音音素弱化接近消失。例如："微""围"的韵母弱化为[uɪ]。2）在声母为舌尖音 z、c、s、d、t、zh、ch、sh、r 的阴平（第一声）和阳平（第二声）的音节里，韵母 uei 中间的元音音素弱化接近消失。例如："催""推""垂"的韵母弱化为[uɪ]。3）在舌尖音声母的上声（第三声）或去声（第四声）的音节里，韵母 uei 中间的元音音素只是弱化,但不会消失。例如:"嘴""腿""最""退"的韵母都弱化成[uᵉɪ]。4)在舌面后(舌根)音声母 g、k、h 的阴平或阳平音节里,韵母 uei 中间的元音 e 也只是弱化而不消失。例如:"规""葵"的韵母弱化成[uᵉɪ]。这种音变是随着声母和声调的条件变化的,语音训练中不必过于强调。

发音例词:

垂危 chuíwēi　　归队 guīduì　　悔罪 huǐzuì
追悔 zhuīhuǐ　　荟萃 huìcuì　　推诿 tuīwěi

普通话里三合元音构成的韵母,可以看成是在前响二合元音前面加上了 i-、u-、ü-的韵头。因此,韵腹舌位的前后,可以根据前响二合元音的情况确定。

3. 鼻韵母(复合鼻尾音)的发音

鼻韵母是复合鼻尾音充当韵母。复合鼻尾音是在元音音素之后附带一个鼻辅音作为尾音(韵尾)。

普通话韵母有两个辅音韵尾-n、ng[ŋ],都是鼻音。韵尾-n 的发音同声母 n 基本相同,只是-n 的部位比 n 靠后,一般是舌面前部接触硬腭(参见《普通话发音图谱》),教学上仍把它看成是舌尖中鼻音。

普通话区分以-n 和-ng 为韵尾的两组韵母。普通话有鼻韵母 16 个,其中以-n 为韵尾的韵母 8 个:an、en、in、ün、ian、uan、uen、üan,以-ng 为韵尾的韵母 8 个:ang、eng、ing、ong、iang、uang、ueng、iong。

-n、-ng 两组韵母的区分,在普通话韵母的教学中占有重要的地位。前、后鼻尾音的韵母区分的主要特点是:1)韵腹元音舌位的前后不同是两者区分的主要标志。例如:an 与 ang 的区分主要表现在 an 中的元音是前低元音[a],而 ang 中的元音是后低元音[ɑ]。2)-n、-ng 是韵尾,只有与韵腹构成一个整体时才参与前、后鼻韵母对比区分。为了确切体会鼻尾音的发音和听感性质,必须要求尽量发音完整。3)它们之间的对比关系是:an—ang、en—eng、in—ing、ian—iang、uan—uang、uen—ueng(ong)、ün—iong。(传统语音学认为 ong、ueng 是一个韵母,注音字母拼写成ㄨㄥ。汉语拼音方案按照实际发音设计为两个韵母。)基本上是一对一的对比关系,不是一对多或多对一的关系。

an[an]

起点元音是前低不圆唇元音 a[a],舌尖抵住下齿背,舌面前部隆起,舌位降到最低,软腭上升,关闭鼻腔通路。发"前 a"之后,软腭下降,打开鼻腔通路,同时舌面前部与硬腭前部闭合,使在口腔受到阻碍的气流从鼻腔里透出。口形开合度由大渐小,舌位动程较大。

发音例词:

参战 cānzhàn　　反感 fǎngǎn　　烂漫 lànmàn
谈判 tánpàn　　坦然 tǎnrán　　赞叹 zàntàn

en[ən]

起点元音是央元音 e[ə],舌位居中(不高不低不前不后),舌尖接触下齿背,舌面隆起部位受韵尾影响略靠前,软腭上升,关闭鼻腔通路。发央元音 e 之后,软腭下降,打开鼻腔通路,同时舌面前部与硬腭前部闭合,使在口腔受到阻碍的气流从鼻腔里透出。口形开合度由大渐小,舌位动程较小。

发音例词:

| 根本 gēnběn | 门诊 ménzhěn | 人参 rénshēn |
| 认真 rènzhēn | 深沉 shēnchén | 振奋 zhènfèn |

in[in]

起点元音是前高不圆唇元音 i，舌尖抵住下齿背，软腭上升，关闭鼻腔通路。发舌位最高的前元音 i 之后，软腭下降，打开鼻腔通路，同时舌面前部与硬腭前部闭合，使在口腔受到阻碍的气流，从鼻腔透出。开口度始终很小，几乎没有变化，舌位动程很小。

发音例词：

| 近邻 jìnlín | 拼音 pīnyīn | 信心 xìnxīn |
| 辛勤 xīnqín | 引进 yǐnjìn | 濒临 bīnlín |

ün[yn]

起点元音是前高圆唇元音 ü。与 in 的发音状况只是唇形变化不同。唇形从 ü 开始逐步展开，而 in 始终展唇。

发音例词：

| 军训 jūnxùn | 均匀 jūnyún | 芸芸 yúnyún |
| 群众 qúnzhòng | 循环 xúnhuán | 允许 yǔnxǔ |

ang[aŋ]

起点元音是后低不圆唇元音 a[a]，口最开，舌尖离开下齿背，舌体后缩，软腭上升，关闭鼻腔通路。发"后 a"之后，软腭下降，打开鼻腔通路，同时舌面后部与软腭闭合，使在口腔受到阻碍的气流从鼻腔里透出。开口度由大渐小，舌位动程较大。

发音例词：

| 帮忙 bāngmáng | 苍茫 cāngmáng | 当场 dāngchǎng |
| 刚刚 gānggāng | 商场 shāngchǎng | 上当 shàngdàng |

eng[ɤŋ]

起点元音是后半高不圆唇元音 e[ɤ]，口半闭，展唇，舌尖离开下齿背，舌体后缩，舌面后部隆起，比发单元音 e[ɤ]的舌位略低，软腭上升，关闭鼻腔通路。发 e 之后，软腭下降，打开鼻腔通路，同时舌面后部与软腭闭合，使在口腔受到阻碍的气流从鼻腔里透出。

发音例词：

承蒙 chéngméng　丰盛 fēngshèng　更正 gēngzhèng

萌生 méngshēng　声称 shēngchēng　升腾 shēngténg

ing[iŋ]

起点元音是前高不圆唇元音 i，舌尖接触下齿背，舌面前部隆起，软腭上升，关闭鼻腔通路。发 i 之后，软腭下降，打开鼻腔通路，同时舌面后部与软腭闭合，使在口腔受到阻碍的气流从鼻腔透出。口形没有明显变化。

发音例词：

叮咛 dīngníng　　经营 jīngyíng　　命令 mìnglìng

评定 píngdìng　　清静 qīngjìng　　姓名 xìngmíng

ong[ʊŋ]

起点元音是比后高圆唇元音 u 舌位略低的后次高圆唇元音[ʊ]，舌尖离开下齿背，舌体后缩，舌面后部隆起，软腭上升，关闭鼻腔通路。发后次高圆唇元音[ʊ]之后，软腭下降，打开鼻腔通路，同时舌面后部与软腭闭合，使在口腔受到阻碍的气流从鼻腔里透出。唇形始终拢圆。

发音例词：

共同 gòngtóng　　轰动 hōngdòng　　空洞 kōngdòng

隆重 lóngzhòng　　通融 tōngróng　　恐龙 kǒnglóng

ian[iæn]

发音时,从前高元音 i 开始,舌位向前低元音 a(前 a)的方向滑降。舌位只降到前次低元音[æ]的位置就开始升高,直到舌面前部抵住硬腭前部形成鼻音-n。

发音例词:

艰险 jiānxiǎn　　简便 jiǎnbiàn　　连篇 liánpiān

前天 qiántiān　　浅显 qiǎnxiǎn　　田间 tiánjiān

uan[uan]

发音时,从圆唇的后高元音 u 开始,口形迅速由合口变为开口,舌位向前迅速滑降到不圆唇的前低元音(前 a);然后舌位升高,直到舌面前部抵住硬腭前部形成鼻音-n。

发音例词:

贯穿 guànchuān　　软缎 ruǎnduàn　　酸软 suānruǎn

婉转 wǎnzhuǎn　　专款 zhuānkuǎn　　转换 zhuǎnhuàn

üan[yæn]

发音时,从圆唇的前高元音 ü 开始,向前低元音 a 的方向滑降。舌位只降到前次低元音[æ]略后就开始升高,直到舌面前部抵住硬腭前部形成鼻音-n。唇形由圆唇在向折点元音的滑动过程中逐渐展唇。

发音例词:

源泉 yuánquán　　轩辕 xuānyuán　　涓涓 juānjuān

uen[uən]

发音时,从圆唇的后高元音 u 开始,向央元音 e[ə]滑降,然后舌位升高,直到舌面前部抵住硬腭前部形成鼻音-n。唇形由圆唇在向折点元音的滑动过程中逐渐展唇。

鼻韵母 uen 受声母和声调的影响,中间的元音(韵腹)弱化。

它的音变条件与 uei 相同。

发音例词：

昆仑 kūnlún　　温存 wēncún　　温顺 wēnshùn

论文 lùnwén　　馄饨 húntun　　谆谆 zhūnzhūn

iang[iaŋ]

发音时，从前高元音 i 开始，舌位向后滑降到后低元音 a[a]，然后舌位升高，接续鼻音-ng。

发音例词：

两样 liǎngyàng　　洋相 yángxiàng　　响亮 xiǎngliàng

uang[uaŋ]

发音时，从圆唇的后高元音 u 开始，舌位滑降至后低元音 a[a]，然后舌位升高，接续鼻音-ng。唇形从圆唇在向折点元音的滑动中逐渐展唇。

发音例词：

狂妄 kuángwàng　　双簧 shuānghuáng　　状况 zhuàngkuàng

ueng[uɤŋ]

发音时，从圆唇的后高元音 u 开始，舌位滑降到后半高元音 e[ɤ]（稍稍靠前略低）的位置，然后舌位升高，接续鼻音-ng。唇形从圆唇在向折点元音滑动过程中逐渐展唇。在普通话里，韵母 ueng 只有一种零声母的音节形式 weng。

发音例词：

蕹菜 wèngcài　　水瓮 shuǐwèng　　主人翁 zhǔrénwēng

iong[iʊŋ]

发音时，从前高元音 i 开始，舌位向后略向下滑动到后次高圆唇元音[ʊ]的位置，然后舌位升高，接续鼻音-ng。由于受后面圆唇元音的影响,开始的前高元音 i 也带上了圆唇色彩而近似 ü[y],可以描写为[yuŋ]甚或为[yŋ]。传统汉语语音学把 iong 归属撮口呼。

发音例词:

炯炯 jiǒngjiǒng　　汹涌 xiōngyǒng

三、声调

普通话共有 4 个声调。

阴平	ˉ	高天方出
阳平	ˊ	时门国白
上声	ˇ	短米有北
去声	ˋ	对稻必叶

阴平——高平调,调形为[˧˥˥]。发音时,声带绷到最紧("最紧"是相对的,下同),始终没有明显变化,保持高音。

发音例字:方 fāng　编 biān　端 duān　亏 kuī
　　　　　宣 xuān　装 zhuāng　酸 suān　挑 tiāo

阳平——高升调,调形为[˧˥]。发音时,声带从不松不紧开始,逐渐绷紧,到最紧为止,声音由不低不高升到最高。

发音例字:然 rán　人 rén　棉 mián　连 lián
　　　　　年 nián　全 quán　怀 huái　情 qíng

上声——降升调,调形为[˨˩˦]。发音时,声带从略微有些紧张开始,立刻松弛下来,稍稍延长,然后迅速绷紧,但没有绷到最紧。发音过程中,声音主要表现在低音段 1—2 度之间,这成为上声的基本特征。上声的音长在普通话4个声调中是最长的。

发音例字： 惹 rě 秒 miǎo 碾 niǎn 脸 liǎn
　　　　　广 guǎng 九 jiǔ 闯 chuǎng 扁 biǎn

去声——全降调，调形为[ˇ^{51}]。发音时，声带从紧开始，到完全松弛为止。声音由高到低。去声的音长在普通话4个声调中是最短的。

发音例字： 辣 là 热 rè 卖 mài 浪 làng
　　　　　面 miàn 片 piàn 掉 diào 换 huàn

四、普通话音节表

普通话常用音节有400个。(1987年重排本《新华字典》音节索引列出418个音节，本书所列的音节表未收其中18个音节，包括某些语气词，特别是只以辅音充当音节的，方言色彩浓重、比较土俗的词，或仅限于书面语又不常用的音节：chua(欻)den(扽)dia(嗲)nia(嘘)nou(耨)eng(鞥)shei("谁"又音)kei(剋)lo(咯)yo(唷)o(喔)ê、ei(欸)hm(噷)hng(哼)m(呣)n(嗯)ng(嗯)。

下列音节表按开口呼、齐齿呼、合口呼、撮口呼四类排列：

1. 开口呼音节(179个)

	a	e	-i	er	ai	ei	ao	ou	an	en	ang	eng
零	a	e		er	ai	ei	ao	ou	an	en	ang	eng
b	ba				bai	bei	bao		ban	ben	bang	beng
p	pa				pai	pei	pao	pou	pan	pen	pang	peng
m	ma	(me)			mai	mei	mao	mou	man	men	mang	meng
f	fa					fei		fou	fan	fen	fang	feng

	a	e	-i	er	ai	ei	ao	ou	an	en	ang	eng
d	da	de			dai	dei	dao	dou	dan		dang	deng
t	ta	te			tai		tao	tou	tan		tang	teng
n	na	ne			nai	nei	nao		nan	nen	nang	neng
l	la	le			lai	lei	lao	lou	lan		lang	leng
g	ga	ge			gai	gei	gao	gou	gan	gen	gang	geng
k	ka	ke			kai		kao	kou	kan	ken	kang	keng
h	ha	he			hai	hei	hao	hou	han	hen	hang	heng
zh	zha	zhe	zhi		zhai	zhei	zhao	zhou	zhan	zhen	zhang	zheng
ch	cha	che	chi		chai		chao	chou	chan	chen	chang	zheng
sh	sha	she	shi		shai	(shei)	shao	shou	shan	shen	shang	sheng
r		re	ri				rao	rou	ran	ren	rang	reng
z	za	ze	zi		zai	zei	zao	zou	zan	zen	zang	zeng
c	ca	ce	ci		cai		cao	cou	can	cen	cang	ceng
s	sa	se	si		sai		sao	sou	san	sen	sang	seng

注:① 横行按不同韵母排列,竖行按不同的声母排列。表中"零"表示"零声母"(下同)。

② me(么)本是 mo,轻声音节弱化为 me。不计数,加括号列入表格备用。

③ shei 是"谁"口语又音,已常被 shui 代替。不计数,加括号列入表格备用。

④ o、ê、ei 等音节只在语气词中出现,不列入。因此,未列出单韵母 o、ê。

从开口呼音节表可以看出:

(1) 开口呼音节包含音节数目最多,几乎占 400 音节的一半。

(2) 声母 j、q、x 不同开口呼韵母相拼。

(3) 舌尖元音属于开口呼音节,只同舌尖前音声母 z、c、s 和舌尖后音声母 zh、ch、sh、r 相拼。

(4) er 独立自成音节,不同任何声母相拼。

(5) 舌尖中音声母 d、t、n、l 不同韵母 en 相拼(nen"嫩"视为例外,den"扽"除外)。

(6) 韵母 eng 除代表一个极不常用的"鞥"外,不独立成音节。o、ê 一般出现在韵母 uo、ie、ue 中。独立成音节只用于语气词。

2. 齐齿呼音节(83个)

	i	ia	ie	iao	iou	ian	in	iang	ing
零	yi	ya	ye	yao	you	yan	yin	yang	ying
b	bi		bie	biao		bian	bin		bing
p	pi		pie	piao		pian	pin		ping
m	mi		mie	miao	miu	mian	min		ming
d	di		die	diao	diu	dian			ding
t	ti		tie	tiao		tian			ting
n	ni		nie	niao	niu	nian	nin	niang	ning
l	li	lia	lie	liao	liu	lian	lin	liang	ling
j	ji	jia	jie	jiao	jiu	jian	jin	jiang	jing
q	qi	qia	qie	qiao	qiu	qian	qin	qiang	qing
x	xi	xia	xie	xiao	xiu	xian	xin	xiang	xing

从齐齿呼音节表可以看出：

(1) 齐齿呼韵母不同声母舌尖前音 z、c、s，舌尖后音 zh、ch、sh、r，舌面后音 g、k、h 和唇齿音 f 相拼。

(2) 韵母 ia、iang 不同声母双唇音 b、p、m 和舌尖中音 d、t 相拼。

(3) 声母 d、t 不同韵母 in 相拼。

3. 合口呼音节(114个)

	u	ua	uo (o)	uai	uei	uan	uen	uang	ueng (ong)
零	wu	wa	wo	wai	wei	wan	wen	wang	weng
b	bu		bo						
p	pu		po						
m	mu		mo						
f	fu		fo						

	u	ua	uo (o)	uai	uei	uan	uen	uang	ueng (ong)
d	du		duo		dui	duan	dun		dong
t	tu		tuo		tui	tuan	tun		tong
n	nu		nuo			nuan			nong
l	lu		luo			luan	lun		long
g	gu	gua	guo	guai	gui	guan	gun	guang	gong
k	ku	kua	kuo	kuai	kui	kuan	kun	kuang	kong
h	hu	hua	huo	huai	hui	huan	hun	huang	hong
zh	zhu	zhua	zhuo	zhuai	zhui	zhuan	zhun	zhuang	zhong
ch	chu		chuo	chuai	chui	chuan	chun	chuang	chong
sh	shu	shua	shuo	shuai	shui	shuan	shun	shuang	
r	ru		ruo		rui	ruan	run		rong
z	zu		zuo		zui	zuan	zun		zong
c	cu		cuo		cui	cuan	cun		cong
s	su		suo		sui	suan	sun		song

注：① bo、po、mo、fo 按照实际发音列入此表，排列在 uo 韵母下。
② ong 按照实际发音列入此表，同 ueng 排列在一行。

从合口呼音节表可以看出：

（1）合口呼韵母不同舌面前音声母 j、q、x 相拼。

（2）双唇音声母只同韵母 u、uo(o) 相拼。

（3）舌尖中音声母 d、t、n、l 不同韵母 ua、uai、uang 相拼。

（4）声母 n、l 只同韵母 ei 相拼，不同韵母 uei 相拼。而声母 d、t 只同韵母 ui 相拼，不同韵母 ei 相拼（dei 只有一个"得"字）。

（5）舌尖前音声母 z、c、s 不同韵母 ua、uai、uang 相拼。

（6）ong 属于合口呼，一定前拼辅音声母，不独立成音节。ueng 则只独立成音节，不同任何辅音声母相拼。

4. 撮口呼音节(24个)

	ü	üe	üan	ün	iong
零	yu	yue	yuan	yun	yong
n	nü	nüe			
l	lü	lüe			
j	ju	jue	juan	jun	jiong
q	qu	que	quan	qun	qiong
x	xu	xue	xuan	xun	xiong

注:iong 按实际发音列入此表。

从撮口呼音节表可以看出:

(1) 撮口呼音节包含音节最少。

(2) 辅音声母同撮口呼韵母相拼的只有 j、q、x、n、l。

(3) 声母 n、l 只同韵母 ü、üe 相拼,不同韵母 üan、ün、iong 相拼。

(4) iong 属于撮口呼韵母。

普通话里有多少带调音节呢?根据《现代汉语词典》所列的音节表统计共有 1332 个。其中只在方言中出现的或方言色彩很浓的音节、某些语气词(特别是以辅音充当音节的)、现代不常用的音节,共约 70 多个,这些音节不应该或不适合归入普通话的带调音节中。普通话带调音节(不包括儿化音节)约 1250 多个。

五、变调

1. 上声变调

上声在阴平、阳平、上声、去声前都会产生变调,只有在单念或处在词语、句子的末尾才有可能读原调。

（1）上声在阴平、阳平、去声、轻声前，即在非上声前，丢掉后半段"14"上升的尾巴，调值由214变为半上声211，变调调值描写为214－211。例如：

上声＋阴平

百般 bǎibān　　　摆脱 bǎituō　　　保温 bǎowēn

省心 shěngxīn　　警钟 jǐngzhōng　　火车 huǒchē

上声＋阳平

祖国 zǔguó　　　旅行 lǚxíng　　　导游 dǎoyóu

改革 gǎigé　　　朗读 lǎngdú　　　考察 kǎochá

上声＋去声

广大 guǎngdà　　讨论 tǎolùn　　　挑战 tiǎozhàn

土地 tǔdì　　　　感谢 gǎnxiè　　　稿件 gǎojiàn

上声在轻声前调值也变成半上声211。例如：矮子、斧子、奶奶、姐姐、尾巴、老婆、耳朵、马虎、口袋、伙计。

（2）两个上声相连，前一个上声的调值变为35。实验语音学从语图和听辨实验证明，前字上声、后字上声构成的组合与前字阳平、后字上声构成的组合在声调模式上是相同的。说明两个上声相连，前字上声的调值变得跟阳平的调值一样。变调调值描写为214－35。例如：

上声＋上声

懒散 lǎnsǎn　　　手指 shǒuzhǐ　　母语 mǔyǔ

海岛 hǎidǎo　　　旅馆 lǚguǎn　　　广场 guǎngchǎng

首长 shǒuzhǎng　简短 jiǎnduǎn　　古典 gǔdiǎn

粉笔 fěnbǐ　　　　小组 xiǎozǔ　　　减少 jiǎnshǎo

(3) 三个上声相连的变调:

三个上声音节相连,如果后面没有其他音节,也不带什么语气,末尾音节一般不变调。开头、当中的上声音节有两种变调:

1) 当词语的结构是双音节+单音节("双单格")时,开头、当中的上声音节调值变为35,跟阳平的调值一样。例如:

手写体 shǒuxiětǐ　　展览馆 zhǎnlǎnguǎn
管理组 guǎnlǐzǔ　　选举法 xuǎnjǔfǎ
洗脸水 xǐliǎnshuǐ　　水彩笔 shuǐcǎibǐ
打靶场 dǎbǎchǎng　　勇敢者 yǒnggǎnzhě

2) 当词语的结构是单音节+双音节("单双格"),开头音节处在被强调的逻辑重音时,读作"半上",调值变为211,当中音节则按两字组变调规律变为35。例如:

党小组 dǎngxiǎozǔ　　撒火种 sǎhuǒzhǒng
冷处理 lěngchǔlǐ　　耍笔杆 shuǎbǐgǎn
小两口 xiǎoliǎngkǒu　　纸老虎 zhǐlǎohǔ
老保守 lǎobǎoshǒu　　小拇指 xiǎomǔzhǐ

2. "一""不"的变调

普通话还有"一""七""八""不"的变调。由于普通话中"七""八"已经趋向于不变调,学习普通话只要求掌握"一""不"的变调。"一"的单字调是阴平55,"不"的单字调是去声51,在单念或处在词句末尾的时候,不变调。

"一"有两种变调:

(1) 在去声音节前调值变为35,跟阳平的调值一样。例如(以下"一"字标变调):

一半 yíbàn　　　一旦 yídàn　　　一定 yídìng
一度 yídù　　　　一概 yígài　　　一共 yígòng

(2) 在阴平、阳平、上声前,即在非去声前,调值变为51,跟去声的调值一样。例如(以下"一"字标变调):

阴平前

一般 yìbān　　　一边 yìbiān　　　一端 yìduān
一经 yìjīng　　　一瞥 yìpiē　　　一身 yìshēn
一生 yìshēng　　一天 yìtiān　　　一些 yìxiē

阳平前

一连 yìlián　　　一齐 yìqí　　　　一如 yìrú
一时 yìshí　　　一同 yìtóng　　　一头 yìtóu
一行 yìxíng　　一直 yìzhí　　　　一群 yìqún

上声前

一举 yìjǔ　　　　一口 yìkǒu　　　一览 yìlǎn
一起 yìqǐ　　　　一手 yìshǒu　　　一体 yìtǐ
一统 yìtǒng　　　一早 yìzǎo　　　一准 yìzhǔn

当"一"作为序数表示"第一"时不变调,例如:"一楼"的"一"不变调,表示"第一楼"或"第一层楼";而变调表示"全楼"。"一连"的"一"不变调表示"第一连",而变调则表示"全连",副词"一连"中的"一"也变调,如"一连五天"。

"不"字只有一种变调。当"不"在去声音节前调值变为35,跟阳平的调值一样。例如(以下"不"字标变调):

不必 búbì　　　　不变 búbiàn　　　不便 búbiàn
不测 búcè　　　　不错 búcuò　　　不待 búdài
不要 búyào　　　不但 búdàn　　　不定 búdìng

"一"嵌在重叠式的动词之间,"不"夹在动词或形容词之间,夹在动词和补语之间,都轻读,属于"次轻音"。例如:听一听、学一学、写一写、看一看、穿不穿、谈不谈、买不买、去不去、会不会、缺不缺、红不红、好不好、大不大、看不清、起不来、拿不动、打不开。由于"次轻音"的声调仍依稀可见,当"一"和"不"夹在两个音节中间时,不是依前一个音节变为轻声的调值,而是当音量稍有加强,就依后一个音节产生变调,变调规律如前。例如:听一听、看一看、会不会。

六、轻声

轻声是一种特殊的变调现象。由于它长期处于口语轻读音节的地位,失去了原有声调的调值,又重新构成自身特有的音高形式,听感上显得轻短模糊。普通话的轻声都是从阴平、阳平、上声、去声四个声调变化而来,例如:哥哥、婆婆、姐姐、弟弟。说它"特殊",是因为这种变调总是根据前一个音节声调的调值决定后一个轻声音节的调值,而不论后一个音节原调调值的具体形式。

轻声作为一种变调的语音现象,一定体现在词语和句子中,因此轻声音节的读音不能独立存在。固定读轻声的单音节助词、语气词也不例外,它们的实际轻声调值也要依靠前一个音节的声调来确定。绝大多数的轻声现象表现在一部分老资格的口语双音节词中,长期读作"重·最轻"的轻重音格式,使后一个音节的原调调值变化,构成轻声调值。

轻声的语音特性:

从声学上分析,轻声音节的能量较弱,是音高、音长、音色、音强综合变化的效应,但这些语音的要素在轻声音节的辨别中所起作用的大小是不同的。语音实验证明,轻声音节特性是由音高和音长这两个比较重要的因素构成的。从音高上看,轻声音节失去原有的声调调值,变为轻声音节特有的音高形式,构成轻声调值。从音长上看,轻声音节一般短于正常重读音节的长度,甚至大大缩短,可见音长短是构成轻声特性的另一重要因素。尽管轻声音节音长短,但它的调形仍然可以分辨,并在辨别轻声时起着不可忽视的作用。

普通话轻声音节的调值有两种形式:

(1) 当前面一个音节的声调是阴平、阳平、去声的时候,后面一个轻声音节的调形是短促的低降调,调值为(调值下加短横线表示音长短,下同)31。例如:

阴平·轻声	他的 tāde	桌子 zhuōzi	说了 shuōle
	哥哥 gēge	先生 xiānsheng	休息 xiūxi
	哆嗦 duōsuo	姑娘 gūniang	清楚 qīngchu
	家伙 jiāhuo	庄稼 zhuāngjia	
阳平·轻声	红的 hóngde	房子 fángzi	晴了 qíngle
	婆婆 pópo	活泼 huópo	泥鳅 níqiu
	粮食 liángshi	胡琴 húqin	萝卜 luóbo
	行李 xíngli	头发 tóufa	
去声·轻声	坏的 huàide	扇子 shànzi	睡了 shuìle
	弟弟 dìdi	丈夫 zhàngfu	意思 yìsi
	困难 kùnnan	骆驼 luòtuo	豆腐 dòufu
	吓唬 xiàhu	漂亮 piàoliang	

(2) 当前面一个音节的声调是上声的时候,后面一个轻声音

节的调形是短促的半高平调,调值为44(实际发音受前面上声的影响,往往开头略低于4度,形成一个微升调形,由于轻声音节音长短,这种细微之处不易察觉)。例如:

上声·轻声	我的 wǒde	斧子 fǔzi	起了 qǐle
	姐姐 jiějie	喇叭 lǎba	老实 lǎoshi
	脊梁 jǐliang	马虎 mǎhu	耳朵 ěrduo
	使唤 shǐhuan	嘱咐 zhǔfu	口袋 kǒudai

　　轻声音节的音色也或多或少发生变化。最明显的是韵母发生弱化,例如元音(指主要元音)舌位趋向中央等。声母也可能产生变化,例如不送气的清塞音、清塞擦音声母变为浊塞音、浊塞擦音声母等。

　　轻声音节的音色变化是不稳定的。语音训练只要求掌握已经固定下来的轻声现象(字典、词典已收入的)。例如:助词"的"读de,"了"读le,词缀"子"读zi,"钥匙"读shi,"衣裳"读shang。

　　实验语音学认为,音强在辨别轻重音方面起的作用很小。在普通话轻声音节中音强不起明显作用。轻声音节听感上轻短模糊,是心理感知作用。由于轻声音节音长短,读音时所需能量明显减少,但音强并不一定比正常重读音节弱。

七、儿化

　　普通话的儿化现象主要由词尾"儿"变化而来。词尾"儿"本是一个独立的音节,由于口语中处于轻读的地位,长期与前面的音节流利地连读而产生音变,"儿"(er)失去了独立性,"化"到前一个音节上,只保持一个卷舌动作,使两个音节融合成为一个音节,前面音节里的韵母或多或少地发生变化。这种语音现象就是"儿化"。我们把这种带有卷舌色彩的韵母称作"儿化韵"。

儿化韵音变规则是：

儿化音变的基本性质是使一个音节的主要元音带上卷舌色彩。(-r 是儿化韵的形容性符号，不把它作为一个音素看待。)儿化韵的音变条件取决于韵腹元音是否便于发生卷舌动作。

(1) 儿化音变是使韵腹(主要元音)、韵尾(尾音)发生变化，对声母和韵头 i-、ü-没有影响。

(2) 丢掉韵尾-i、-n、-ng。

(3) 在主要元音(i、ü 除外)上加卷舌动作。这些主要元音大多数变为带有卷舌色彩的央元音 ɑr 和 er。

(4) 在主要元音 i、ü 后面加上 er[ər]。包括原形韵母 5 个：i、in、ing、ü、ün。另外，儿化时舌尖元音-i[ɿ]和[ʅ]后加上一个 er，实际读音是用[ər]替换了原来的韵母。

(5) 后鼻尾音韵母儿化时，除丢掉韵尾-ng 外，往往使主要元音鼻化。

普通话 39 个韵母，除本身已是卷舌韵母的 er 外，理论上都可以儿化，但口语中韵母 ê、o(bo、po、mo、fo 后的 o 实际是 uo 拼写上的省略，可与 uo 合并)未见儿化词，实际只是 36 个韵母可以儿化。

儿化韵和儿化词的发音举例：

(下面列出每个原形韵母和所对应的儿化韵，用符号＞表示由哪个原形韵母变为儿化韵。描写儿化韵中的"："表示"："之前的是主要元音(韵腹)，不是介音(韵头)。注意：此处是借助汉语拼音描写儿化音节的实际发音。拼写时儿化音节要符合拼写规则。)

ɑ＞ɑr　　那儿 nàr　　　　哪儿 nǎr

	把儿 bàr	碴儿 chár
	刀把儿 dāobàr	话把儿 huàbàr
	号码儿 hàomǎr	价码儿 jiàmǎr
	在哪儿 zàinǎr	找茬儿 zhǎochár
	打杂儿 dǎzár	板擦儿 bǎncār
ai＞ar	带儿 dàir	盖儿 gàir
	名牌儿 míngpáir	鞋带儿 xiédàir
	窗台儿 chuāngtáir	壶盖儿 húgàir
	小孩儿 xiǎoháir	女孩儿 nǚháir
	男孩儿 nánháir	加塞儿 jiāsāir
an＞ar	坎儿 kǎnr	快板儿 kuàibǎnr
	腰板儿 yāobǎnr	老伴儿 lǎobànr
	蒜瓣儿 suànbànr	脸盘儿 liǎnpánr
	脸蛋儿 liǎndànr	收摊儿 shōutānr
	栅栏儿 zhàlanr	包干儿 bāogānr
	白干儿(白酒) báigānr	笔杆儿 bǐgǎnr
	光杆儿 guānggǎnr	门槛儿 ménkǎnr
ang＞ar	帮忙儿 bāngmángr	药方儿 yàofāngr
	赶趟儿 gǎntàngr	香肠儿 xiāngchángr
	瓜瓤儿 guārángr	
ia＞iar	掉价儿 diàojiàr	一下儿 yīxiàr
	豆芽儿 dòuyár	纸匣儿 zhǐxiár
ian＞iar	片儿 piànr	沿儿 yánr
	燕儿 yànr	小辫儿 xiǎobiànr
	照片儿 zhàopiānr	扇面儿 shànmiànr

		差点儿 chàdiǎnr		一点儿 yīdiǎnr	
		雨点儿 yǔdiǎnr		有点儿 yǒudiǎnr	
		聊天儿 liáotiānr		拉链儿 lāliànr	
		冒尖儿 màojiānr		坎肩儿 kǎnjiānr	
		牛角尖儿 niújiǎojiānr		牙签儿 yáqiānr	
		露馅儿 lòuxiànr		心眼儿 xīnyǎnr	
iang＞iar		鼻梁儿 bíliángr		娘儿(俩) niángr(liǎ)	
		透亮儿 tòuliàngr		花样儿 huāyàngr	
		看样儿 kànyàngr		像样儿 xiàngyàngr	
		好样儿(的) hǎoyàngr(de)			
ua＞uar		画儿 huàr		脑瓜儿 nǎoguār	
		大褂儿 dàguàr		麻花儿 máhuār	
		笑话儿 xiàohuar		牙刷儿 yáshuār	
uai＞uar		一块儿 yīkuàir			
uan＞uar		茶馆儿 cháguǎnr		饭馆儿 fànguǎnr	
		火罐儿 huǒguànr		猪倌儿 zhūguānr	
		落款儿 luòkuǎnr		打转儿 dǎzhuànr	
		拐弯儿 guǎiwānr		好玩儿 hǎowánr	
		撒欢儿 sāhuānr		大碗儿 dàwǎnr	
uang＞uar		相框儿 xiàngkuàngr		蛋黄儿 dànhuángr	
		打晃儿 dǎhuàngr		天窗儿 tiānchuāngr	
üan＞üar		烟卷儿 yānjuǎnr		手绢儿 shǒujuànr	
		出圈儿 chūquānr		包圆儿 bāoyuánr	
		人缘儿 rényuánr		绕远儿 ràoyuǎnr	
		杂院儿 záyuànr			

ei＞er	刀背儿	dāobèir	椅子背儿	yǐzibèir
	摸黑儿	mōhēir	倍儿(棒)	bèir(bàng)
en＞er	老本儿	lǎoběnr	花盆儿	huāpénr
	嗓门儿	sǎngménr	把门儿	bǎménr
	调门儿	diàoménr	串门儿	chuànménr
	哥们儿	gēmenr	纳闷儿	nàmènr
	后跟儿	hòugēnr	高跟儿	gāogēnr
	压根儿	yàgēnr	别针儿	biézhēnr
	一阵儿	yīzhènr	走神儿	zǒushénr
	大婶儿	dàshěnr	杏仁儿	xìngrénr
	刀刃儿	dāorènr	小人儿(书)	xiǎorénr(shū)
eng＞er	钢镚儿	gāngbèngr	夹缝儿	jiāfèngr
	板凳儿	bǎndèngr	脖颈儿	bógěngr
	八成儿	bāchéngr	提成儿	tíchéngr
	麻绳儿	máshéngr		
ie＞ier	锅贴儿	guōtiēr	半截儿	bànjiér
	小街儿	xiǎojiēr	一些儿	yīxiēr
	小鞋儿	xiǎoxiér		
üe＞üer	旦角儿	dànjuér	主角儿	zhǔjuér
	木橛儿	mùjuér		
uei＞uer	会儿	huìr	跑腿儿	pǎotuǐr
	一会儿	yīhuìr	这会儿	zhèhuìr
	那会儿	nàhuìr	多会儿	duōhuìr
	耳垂儿	ěrchuír	墨水儿	mòshuǐr
	围嘴儿	wéizuǐr	烟嘴儿	yānzuǐr

	走味儿 zǒuwèir	洋味儿 yángwèir
uen＞uer	准儿 zhǔnr	打盹儿 dǎdǔnr
	胖墩儿 pàngdūnr	屁股墩儿 pìgu dūnr
	砂轮儿 shālúnr	三轮儿 sānlúnr
	冰棍儿 bīnggùnr	光棍儿 guānggùnr
	没准儿 méizhǔnr	开春儿 kāichūnr
i＞i:er	针鼻儿 zhēnbír	垫底儿 diàndǐr
	肚脐儿 dùqír	玩意儿 wányìr
	没好气儿 mér hǎoqìr	
in＞i:er	有劲儿 yǒujìnr	卖劲儿 màijìnr
	一个劲儿 yīgejìnr	一股劲儿 yīgǔjìnr
	胡琴儿 húqinr	送信儿 sòngxìnr
	脚印儿 jiǎoyìnr	
ing＞i:er	零儿 língr	花瓶儿 huāpíngr
	打鸣儿 dǎmíngr	图钉儿 túdīngr
	门铃儿 ménlíngr	眼镜儿 yǎnjìngr
	蛋清儿 dànqīngr	火星儿 huǒxīngr
	人影儿 rényǐngr	
ü＞ü:er	毛驴儿 máolǘr	蛐蛐儿 qūqur
	小曲儿 xiǎoqǔr	金鱼儿 jīnyúr
	痰盂儿 tányúr	
ün＞ü:er	合群儿 héqúnr	花裙儿 huāqúnr
-i(前)＞er	瓜子儿 guāzǐr	花子儿 huāzǐr
	铜子儿 tóngzǐr	石头子儿 shítouzǐr

303

	没词儿 méicír		毛刺儿 máocìr
	挑刺儿 tiāocìr		
-i(后)＞er	侄儿 zhír		墨汁儿 mòzhīr
	锯齿儿 jùchǐr		记事儿 jìshìr
	没事儿 méishìr		年三十儿 niánsānshír
e＞er	这儿 zhèr		个儿 gèr
	嗝儿 gér		模特儿 mótèr
	逗乐儿 dòulèr		唱歌儿 chànggēr
	挨个儿 āigèr		打嗝儿 dǎgér
	饭盒儿 fànhér		在这儿 zàizhèr
	下巴颏儿 xiàbakēr		
u＞ur	主儿 zhǔr		碎步儿 suìbùr
	没谱儿 méipǔr		媳妇儿 xífur
	纹路儿 wénlùr		手鼓儿 shǒugǔr
	泪珠儿 lèizhūr		有数儿 yǒushùr
	梨核儿 líhúr		煤核儿 méihúr
	身子骨儿 shēnzigǔr		指头肚儿 zhǐtoudùr
ong＞or	空儿 kòngr		果冻儿 guǒdòngr
	门洞儿 méndòngr		胡同儿 hútòngr
	抽空儿 chōukòngr		酒盅儿 jiǔzhōngr
	小葱儿 xiǎocōngr		萤火虫儿 yínghuǒchóngr
iong＞ior	小熊儿 xiǎoxióngr		
ao＞aor	着儿(招儿) zhāor		红包儿 hóngbāor
	灯泡儿 dēngpàor		半道儿 bàndàor
	小道儿 xiǎodàor		走道儿 zǒudàor

	手套儿	shǒutàor	跳高儿	tiàogāor
	好好儿	hǎohǎor	符号儿	fúhàor
	口罩儿	kǒuzhàor	绝招儿	juézhāor
	口哨儿	kǒushàor	早早儿	zǎozǎor
	蜜枣儿	mìzǎor	一股脑儿	yīgǔnǎor
iao＞iaor	鱼漂儿	yúpiāor	火苗儿	huǒmiáor
	跑调儿	pǎodiàor	面条儿	miàntiáor
	小鸟儿	xiǎoniǎor	豆角儿	dòujiǎor
	开窍儿	kāiqiàor		
ou＞our	兜儿	dōur	猴儿	hóur
	衣兜儿	yīdōur	年头儿	niántóur
	老头儿	lǎotóur	两头儿	liǎngtóur
	小偷儿	xiǎotōur	炕头儿	kàngtóur
	个头儿	gètóur	头头儿	tóutour
	两口儿	liǎngkǒur	门口儿	ménkǒur
	纽扣儿	niǔkòur	线轴儿	xiànzhóur
	小丑儿	xiǎochǒur	高手儿	gāoshǒur
	加油儿	jiāyóur		
iou＞iour	顶牛儿	dǐngniúr	蜗牛儿	wōniúr
	一溜儿	yīliùr	抓阄儿	zhuājiūr
	打球儿	dǎqiúr	棉球儿	miánqiúr
uo(o)＞uor	朵儿	duǒr	座儿	zuòr
	蝈蝈儿	guōguor	火锅儿	huǒguōr
	做活儿	zuòhuór	大伙儿	dàhuǒr
	饭桌儿	fànzhuōr	邮戳儿	yóuchuōr

小说儿 xiǎoshuōr	被窝儿 bèiwōr
酒窝儿 jiǔwōr	心窝儿 xīnwōr
大家伙儿 dàjiāhuǒr	末儿 mòr
土坡儿 tǔpōr	粉末儿 fěnmòr
耳膜儿 ěrmór	

儿化韵在普通话里有一定的语用功能。主要功能在构词和修辞两方面：区别不同的词性或派生同类的词；在修辞上能够体现人物的言语风格，以及附有指小、表爱的色彩。普通话有相当多的词在需要附加上述功能时，都可以儿化。当然，在不需要负载上述功能时，就不会儿化。所以，除极少数经常读为儿化的词语，如："一会儿""一点儿""这儿""那儿"以外，一般不提"必读儿化词"。本表按声韵配合关系，比较多地列举了可以儿化的词，这个表不是测试要求的范围。测试范围以"普通话水平测试用儿化词语表"为准。

八、语调

语调是人们在语流中用抑扬顿挫来表情达意的所有语音形式的总和。语调构成的语音形式主要表现在音高、音长、音强等非音质成分上。在普通话的语调训练中，首先应注重音高，其次是在音长的变化上，当然也不要忽略节奏、语速等方面。

学习普通话的语调要注意以下几个方面：

1. 注意语句总体音高的变化

普通话的语调首先表现在语句音高的高低升降曲折等变化上。

降调——表现为句子开头高、句尾明显降低。如一般陈述句、祈使句、感叹句,以及近距离对话等情况。在普通话语句中降调出现频率高。

升调——表现为句子开头低、句尾明显升高。如一般疑问句、反问句,以及出现在长句中前半句。但是,疑问代词处于句首的特殊疑问句,应为降调。

平调——表现为语句音高变化不明显。如思考问题、宣读名单、公布成绩等情况。另外,远距离问话,以及在人群前呼喊、喊口令时,可能出现总体高平的调形,但一般句子里各个字的字调和连读变调依然存在。

曲折调——表现为语句音高曲折变化,多在表达特殊感情时出现。如表示嘲讽的语气,以及重音出现在句子开头,或疑问代词出现在句中的疑问句等情况。

2. 声调(字调)对语调产生影响

普通话的四个声调(字调)调形为平、升、曲、降,区别十分明显。普通话语句的音高模式不会完全改变这四个声调,同时又对声调产生某种制约。因此,声调的准确直接影响语调的正确。学习普通话出现的方言语调,学习汉语出现的洋腔洋调、怪腔怪调,都同没有掌握普通话声调有直接关系。

普通话上声调是学习普通话的难点。我们注意了上声本调是个低调的特点,以及上声变调的规律,上声调就容易掌握了。读阴平调注意保持调值高,读阳平调注意中间不要拖长出现明显曲折,而普通话读去声的字最多,要注意去声调开头的调值高度。声调读得准确,就会有效地克服语调当中出现的"方言味儿""洋味儿"。

3. 掌握词语的轻重音格式

普通话也存在词重音和句重音。由于声调负担起较重的辨义作用,普通话词重音和句重音的作用有所淡化,不过我们在学习普通话时会常常感知到它的存在。像我们把每个字声韵调原原本本不折不扣地读出来,语感上并不自然,甚至感到很生硬,不像纯正的普通话。其中,词语的轻重音格式是不可忽视的一个主要原因。

普通话词的轻重音格式的基本形式是:双音节、三音节、四音节词语大多数最后一个音节读为重音;三音节词语大多数读为"中·次轻·重"的格式;四音节词语大多数读为"中·次轻·中·重"的格式;双音节词语占普通话词语总数的绝对优势,绝大多数读为"中·重"的格式。

双音节词语读后轻的词语可以分为两类。一类为"重·最轻"(或描述为"重·轻")的格式,即轻声词语,用汉语拼音注音时,不标声调符号。例如:东西、麻烦、规矩、客气。另一类为"重·次轻"的格式,一部分词语在《现代汉语词典》中轻读音节标注声调符号,但在轻读音节前加圆点。例如:新鲜、客人、风水、匀称。另一部分词语,则未作明确标注。例如:分析、臭虫、老虎、制度。这类词语一般轻读,偶尔(间或)重读,读音不太稳定。我们可以称为"可轻读词语"。

掌握轻声词语是学习普通话的基本要求。所谓操"港台腔",主要原因之一是没有掌握轻声词语的读音。另外,我们将大多数"重·次轻"格式词语,后一个音节轻读,则语感自然,是普通话水平较高的表现之一。

4. 掌握普通话的正常语速

普通话的正常语速为中速,大约每分钟240个音节左右,大致在150~300个音节之间浮动。一些少数民族语言、外国语正常语速为快速,即每分钟超过300个音节。有的汉语方言也有偏快的倾向。当学习普通话处在起步阶段时,会出现语速过慢或忽快忽慢的情况。学习普通话要掌握好普通话的正常语速。

普通话语调还包括:停连、节拍群、语气词运用的诸多方面。这些都要注意学习掌握。

八、汉字字音训练

普通话异读词的审音问题

宋 欣 桥

异读词是指同一个词或词素有两种或几种读音。异读词是受方言的影响，主要是受北京话的影响产生的。北京语音内部的这种分歧有的是在语音发展过程中个别词或词素读音发生了变化，产生新旧两读。例如："危险"的"危"、"期望"的"期"旧读阳平，今读阴平。北京语音有的词存在文白两读（"文"指书面语，"白"指口语）。例如："单薄"口语读 dānbáo，书面语读 dānbó（正确读音为 dānbó）。有的是由于口语变读产生的分歧。例如："波浪"读作 bōlàng 或 pōlàng（正确读音为 bōlàng）。有的则是按汉字的"声旁"误读产生两读，久而久之，形成异读。例如："酵母"读作 jiàomǔ 或 xiàomǔ（正确读音为 jiàomǔ）。少数是由于普通话吸收方言词，同时吸收了方言读音产生的。例如：吸收吴方言"揩油"这个词，读作 kāiyóu 或 kāyóu（正确读音为 kāiyóu）。

1956年，普通话审音委员会成立，以审定异读词为主。普通话审音委员会于1957年至1962年分三次发表了《普通话异读词审音表初稿》，并于1963年辑录成《普通话异读词审音总表初稿》（以下简称《初稿》）。随着语言的发展，作为语音规范化的标准，

《初稿》中原审的一些词语的读音需要重新审定,也亟需定稿。在1982年6月重建了普通话审音委员会,对《初稿》进行了修订。1985年12月27日,国家语言文字工作委员会、原国家教育委员会、原广播电视部正式公布了《普通话异读词审音表》。在三个部委联合发出的通知中决定:"自公布之日起,文教、出版、广播等部门及全国其他部门、行业所涉及的普通话异读词的读音、标音,均以本表为准。"

下面列出正式公布的《普通话异读词审音表》对《初稿》修订、增补的词条(按正式公布的读音为序,增补的词条前面加＊),并加以简要说明,以便大家学习。

词条	注音	说明
＊曝光	bào	用作"日晒"义时,如"一曝十寒"读作 pù。
＊猹	chá	统读 chá。
橙子	chéng	取消 chén 音,统读 chéng。
闯荡	chuǎng	取消 chuàng 音,统读 chuǎng。
从容	cóng	取消 cōng 音,统读 cóng。
呆板	dāi	取消 ái 音,统读 dāi。
幅儿	fúr	取消 fǔ 音,统读 fú。
诸葛(姓)	gě	作姓氏都读 gě。
骨头	gǔ	取消 gú 音,除"骨碌""骨朵"读 gū 外,统读 gǔ。
汲	jí	字典、词典注音不一致,不取 jī,统读 jí。
脊梁	jǐ	取消 jí 音,统读 jǐ。
成绩	jì	取消 jī 音,统读 jì。

踪迹	jì	取消 jī 音,统读 jì。
*嗟叹	jiē	取消又音 juē,统读 jiē。
苤蓝	lan	lán "蓝"轻声作 lan,不作 la。
擂鼓	léi	除在"擂台""打擂"中读 lèi 音外,都读 léi。
潦草	liáo	在"潦草""潦倒"中读 liáo。
*拎	līn	字典、词典注音不一致,不取 līng,统读 līn。
*忙	māng	不取俗读 máng,统读 māng。
麦芒	máng	取消 wáng 音,统读 máng。
盟誓	méng	取消 míng 音,统读 méng。
眯眼	mí	用作"尘土入眼"义时读 mí,也写作"迷";用作"微微合眼"义时读作 mī。
便秘	mì	除"秘鲁"读 bì 外,都读 mì。
嬷嬷	mómo	不取 mā 音,统读 mó。
澎湃	péng	取消 pēng 音,统读 péng。
*落魄	pò	字典、词典注音为"bó",写作"泊";注音为"tuò",写作"拓"。
*朴	pǔ	不取 pú,统读 pǔ。
槭树	qì	取消 qī 音,统读 qì。
荨麻	qián	文读 qián,口语读 xún。如在"荨麻疹"中读 xún。
缠绕	rào	取消 rǎo 音,统读 rào。
*任(姓、地名)	rén	不取误读 rèn。
啥	shá	取消 shà 音,统读 shá。

红杉	shān	文读 shān，口语读 shā。
苫布	shàn	"草帘、草垫子"名物义仍读 shān，其余都读 shàn。
胜任	shèng	统读 shèng。（《初稿》注："旧读 shēng。"）
*螫	shì、zhē	文读 shì，口语读 zhē。
*往	wǎng	取消 wàng 音，统读 wǎng。
唯唯诺诺	wéi	取消 wěi 音，统读 wéi。
萎缩	wěi	取消 wēi 音，统读 wěi。（《初稿》注："萎"单用念阴平，如"气萎，买卖萎"）
*霰	xiàn	统读 xiàn。《现代汉语词典》二音二义，不取。
咆哮	xiào	取消 xiāo 音，统读 xiào。
血	xiě、xuè	文读 xuè，口语读 xiě。
乳臭	xiù	此处"臭"指气味，不是"香臭"的"臭"。
铜臭	xiù	参见"乳臭"条。
寻思	xún	取消 xín 音，统读 xún。
驯服	xùn	取消 xún 音，统读 xùn。
*沿	yán	取消 yàn 音，统读 yán。
*荫	yìn	统读 yìn。"树荫""林荫"应写作"林阴""树阴"。
锁钥	yuè	文读 yuè，口语读 yào。
穿凿	záo	取消 zuò、zuó 音，统读 záo。
侦察	zhēn	（原审作 zhēn，《初稿》误印为 zhēng）
*装帧	zhēn	取消 zhèng 音，统读 zhēn。
指甲	zhǐ	取消 zhī、zhí 音，统读 zhǐ。

掷色子	zhì	取消 zhī 音，统读 zhì。
*筑	zhù	统读 zhù。
卓见	zhuó	取消 zhuō 音，统读 zhuó。
自作自受	zuò	除"作坊"读 zuō 外，其余都读 zuò。

（节选自《普通话语音训练教程》一书）

《现代汉语词典》修订中的语音规范

晁继周

《现代汉语词典》(以下简称《现汉》)作为一部为推广普通话、促进汉语规范化服务的词典,非常注重语音规范。《现汉》对有异读的词的注音,依照的是 60 年代初普通话审音委员会公布的《普通话异读词三次审音总表初稿》。1982 年起,重建的普通话审音委员会对《普通话异读词三次审音总表初稿》进行修订,修订稿经国家语委、国家教委及广播电影电视部审核通过,于 1985 年 12 月以《普通话异读词审音表》(以下简称《审音表》)的名称公布。《现汉》原来的注音,出现了个别与《审音表》不一致的地方。为了贯彻语音规范的原则,《现汉》这次修订,在有异读的词的注音上,基本依从了《审音表》。根据不同情况,分别采取了以下做法:

(一) 第一种情况,依照《审音表》改注读音

臭 有 chòu、xiù 二音,《审音表》规定 xiù 音用于"乳臭""铜臭"。《现汉》"铜臭"原读 tóngchòu,现改为 tóngxiù。

堆 原有 duī、zuī 二音,zuī 音只用于"归里包堆"。现据《审音表》删去 zuī 音,"归里包堆"改注 guīlibāoduī。

妨 原有 fáng、fāng 二音,现据《审音表》删去 fāng 音。"不妨"改注 bùfáng;"何妨"改注 héfáng。

幅 《审音表》规定统读 fú。原《现汉》①、③义有括注：~儿，fǔr。修订本删去"读 fǔr"。

葛 有 gé、gě 二音，原《现汉》名物义和复姓"诸葛"中的"葛"读 gé，单姓读 gě。现据《审音表》把复姓中的"葛"改注 gě。"诸葛亮"一条也连带改注。

骨 原有 gǔ、gū、gú 三音，现据《审音表》删去 gú 音，"骨头"改注 gǔ·tou。"骨头架子""骨头节儿"也连带改注。

过 《审音表》规定除姓氏读 guō 外，其他情况都读 guò。《现汉》"过费""过福""过逾"等词中的"过"原读 guō，现一律改注 guò。

汲 原读 jī，现据《审音表》改 jí。

绩 原读 jī，现据《审音表》改 jì。

迹 原读 jī，现据《审音表》改 jì。

嗟 《现汉》原注 jiē，又 jué；现据《审音表》统读 jiē，删去"又 jué"。

卡 有 kǎ、qiǎ 二音。《现汉》"卡 kǎ"分为"卡¹""卡²"，"卡¹"为动词义(~住敌人退路、~脖子)，"卡²"为卡路里(热量单位)的简称。"卡 qiǎ"有动词义(鱼刺~在嗓子里)和名词义(发~、税~)。《审音表》"卡 kǎ"下例词为：~宾枪、~车、~介苗、~片、~通；"卡 qiǎ"下例词为：~子、关~。根据《审音表》例词所体现的原则，《现汉》修订时对"卡"的音、义作了调整。"卡 kǎ"分为 4 个义项，均为外语音译：①卡路里的简称。②卡片：资料~|年历~|病历~。③录音机上放置盒式磁带的仓式装置：双~录音机。[英 cassette]④卡车：十轮~。原《现汉》"卡¹"所属义项读音改作 qiǎ，并入"卡 qiǎ"条。

框 原有 kuàng、kuāng 二音，现据《审音表》删去 kuāng 音。

擂 原有 léi、lèi、lēi 三音。现据《审音表》删去 lēi 音。"擂鼓"的"擂"原读 lèi,现据《审音表》改为 léi。"擂台""打擂"中的"擂"仍读 lèi。

潦 (潦倒、潦草)原读 liǎo,现据《审音表》改 liáo。

芒 原有 máng、wáng 二音,现据《审音表》删去 wáng 音。"麦芒"改注 màimáng。

祢 原有 mí、nǐ 二音,现据《审音表》只保留 mí(姓氏),删去 nǐ 音及相关义。

眯 (沙子~了眼)原读 mǐ,现据《审音表》改 mí。

摸 原有 mō、mó 二音,现据《审音表》删去 mó 音及相关义。

酿 原有 niàng、niáng 二音,现据《审音表》删去 niáng 音,"酒酿"改注 jiǔniàng。

椹 原读 qī,现据《审音表》改注 qì。

嵌 原有 qiàn、kàn 二音,现据《审音表》删去 kàn 音。

绕 原有 rào、rǎo 二音,现据《审音表》删去 rǎo 音,"围绕""环绕""缠绕""缭绕"等词中的"绕"改注 rào。

啥 原读 shà,现据《审音表》改注 shá。

谁 原读 shuí,又 shéi;现据《审音表》改注 shéi,又 shuí。

往 原有 wǎng、wàng 二音,现据《审音表》删去 wàng 音,相关义(介词义)并入"往 wǎng"。

忘 原有 wàng、wáng 二音,现据《审音表》删去 wáng。wáng 音原只用于"忘八",现删去这一词形,只留"王八"一种写法。

霰 原有 xiàn、sǎn 二音,现据《审音表》删去 sǎn 音,"霰弹""榴霰弹"中的"霰"改注 xiàn。

哮 原读 xiān,现据《审音表》改注 xiào。

寻 原有 xún、xín 二音,现据《审音表》删去 xín 音,"寻思""寻死"等词中的"寻"改注 xún,并入"寻 xún"下。

驯 原读 xún,现据《审音表》改注 xùn。

沿 原有 yán、yàn 二音,现据《审音表》删去 yàn 音,相关义并入"沿 yán"条。

掷 原有 zhì、zhī 二音,现据《审音表》删去 zhī 音。

转 "运转"原读 yùnzhuàn,现据《审音表》改注 yùnzhuǎn。

卓 原读 zhuō,现据《审音表》改注 zhuó。

有些字、词,根据《审音表》改注音后,用括注方式标明旧读某音。

橙 原有 chéng、chén 二音,现据《审音表》统读 chéng。"橙子"改注 chéng·zi,加括注:旧读 chén·zi。

从 原有 cóng、cōng 二音,现据《审音表》统读 cóng。"从容"改注 cóngróng,加括注:旧读 cōngróng。

呆 原有 dāi、ái 二音,现据《审音表》统读 dāi。"呆板"改注 dāibǎn,加括注:旧读 áibǎn。

盟 原有 méng、míng 二音,现据《审音表》统读 méng。原 míng 音表示的意义现为"盟²"。加括注:旧读 míng。

嬷 原读 mā,现据《审音表》改注 mó,加括注:旧读 mā。

曝 原读 pù,现据《审音表》分为 pù、bào 二音。"一曝十寒"的"曝"读 pù;"曝光"(摄影术语)的"曝"读 bào,加括注:旧读 pù。

荨 原读 qián,现据《审音表》分为 qián、xún 二音。"荨麻"的"荨"读 qián;"荨麻疹"的"荨"读 xún。"荨麻疹"条注音后加括注:旧读 qiánmázhěn。

帧 原读 zhèng,现据《审音表》改注 zhēn,加括注:旧读

zhèng。

(二) 第二种情况，依照《审音表》改注读音，附加某些说明

厕 原有 cè、si 二音，现据《审音表》统读 cè。在例词"茅～"后加括注：方言中读 máo·si。

萎 原有 wěi、wēi 二音，现据《审音表》统读 wěi。原 wēi 音表示的意义（衰落）归入"萎 wěi"下为②义，加括注：口语中多读 wēi。

凿 原有 záo、zuò 二音，现据《审音表》统读 záo。原 zuò 音表示的意义（明确、真实、卯眼）分别列为"凿²""凿³"，均加括注：也有读 zuò 的。由"凿³"构成的复合词，注音后也加括注。

指 原有 zhǐ、zhī、zhí 三音，现据《审音表》统读 zhǐ。"指甲"改注 zhǐ·jia，加括注：口语中多读 zhī·jia；"指头"改注 zhǐ·tou，加括注：口语中多读 zhí·tou。

作 原有 zuò、zuō、zuó 三音，现据《审音表》除"作坊"的"作"读 zuō 外，其余都读 zuò。在依从《审音表》注音的同时，《现汉》修订本用括注方式指明某些词的口语读音。"作弄"注音 zuònòng，加括注：口语中多读 zuōnòng；"作死"注音 zuòsǐ，加括注：口语中多读 zuōsǐ；"作揖"注音 zuòyī，加括注：口语中多读 zuōyī；"作践"注音 zuò·jian，加括注：口语中多读 zuó·jian；"作料"注音 zuò·liao，加括注：口语中多读 zuó·liao。

(三) 第三种情况，出于某种考虑，有些字的注音在执行《审音表》的规定时略有变通

这样的字一共有 20 个，分别说明如下：

凹 原有 āo、wā 二音，《审音表》规定统读 āo。"凹"在秦、晋等地方言中有 wā 音,义同"洼",用于地名,如陕西的王石凹,山西的核桃凹、赤泥凹。《审音表》审订的是普通话的读音,对用在地名中的方言读音不能"一刀切"。地名中的"凹",既不能读成 āo,又不能改写作"洼",只能把 wā 音保存下来。《现汉》修订本保留了"凹"字 wā 的读音,标上〈方〉,指明它的方言地位。

徊 原有 huái、huí 二音,huái 音用于"徘徊",huí 音用于"低徊"。"低徊"同"低回",是文言词,《现汉》标注〈书〉,指明了它的文言性质。修订本把 huí 音保存下来,只用在"低徊"一词中。

俱 原有 jù、jū 二音,《审音表》规定统读 jù,但 jū 音作为姓氏在《现汉》修订本中还是保留了。

括 原有 kuò、guā 二音,《审音表》规定统读 kuò。guā 音只用在方言词"挺括"中。《现汉》修订本在"挺括"这个加了方言标志的词中把 guā 音保留下来。

掠 原有 lüè、lüě 二音,《审音表》规定统读 lüè。"掠 lüě"是方言词,义为"顺手拿"(～起一根棍子就打),《现汉》中加了方言标志。修订本在指明它的方言地位的情况下保留了这个读音。

秘 《审音表》规定除"～鲁"读 bì 外,都读 mì。《现汉》修订本依从《审音表》,"便秘"原读 biànbì,现改注 biànmì。但作为姓氏,仍读 bì 音。

娩 原有 miǎn、wǎn 二音,《审音表》规定统读 miǎn。在"分娩"义中,"娩"读 miǎn;在文言词"婉娩"中,"娩"应读 wǎn。《现汉》修订本在加了〈书〉的标志的"婉娩"一词中保留了 wǎn 的读音。

恁 原有 nèn、nín 二音,《审音表》规定统读 nèn。"恁"在元、明以来的文学作品中用如"您"字。《现汉》修订本保留了 nín 的读音,加括注:多见于早期白话。

澎 原有 péng、pēng 二音,《审音表》规定统读 péng。《现汉》修订本依从《审音表》,"澎湃"改注 péngpài。但方言中"澎了一身水"的"澎"(溅义),读 pēng,仍保留下来,标上〈方〉。

期 原有 qī、jī 二音,《审音表》规定统读 qī。古汉语"期年"(一周年)、"期月"(一整月)中的"期",仍应读 jī。《现汉》修订本在标〈书〉的情况下保留了 jī 音。

跄 原有 qiàng、qiāng 二音,《审音表》规定统读 qiàng。文言词"跄跄"(形容行走合乎礼节)应读 qiāngqiāng,修订本在标〈书〉的情况下,保留了 qiāng 音。

瞿 原有 qú、jù 二音,《审音表》规定统读 qú。"瞿"作为姓氏读 qú,而文言动词义(惊视)则应读 jù。《现汉》修订本标〈书〉后保留了 jù 音和动词义。

挼 原有 ruó、ruá 二音。ruó 为文言义,揉搓;ruá 为方言义,纸、布等皱或快要破。《审音表》规定统读 ruó,《现汉》修订本于 ruó 音之外,在标〈方〉的情况下保留了 ruá 音。

胜 原有 shèng、shēng 二音,《审音表》规定统读 shèng。这一规定是要把"胜利"的"胜"与"胜任""数不胜数"的"胜"(旧读 shēng)读音统一起来。这两个"胜"字都是"勝"的简化字。有机化合物胜(即肽)的"胜"字不是"勝"的简化字,也不能读作 shèng。《现汉》修订本在化学名称意义上保留了 shēng 的读音。

螫 《现汉》音 shì,文言词,义同"蜇 zhē"(蜂、蝎用毒刺刺人、畜)。《审音表》规定"螫"文读 shì,语读 zhē。从"螫"的音韵地位上看,不应有 zhē 的读音。而汉字中又早有"蜇 zhé"表其义(《玉篇·虫部》:蜇,虫螫也),"螫"增加 zhē 音就显得多余了。《现汉》修订本"螫"只有 shì 音,未增加 zhē 音。

唯 原有 wéi、wěi 二音,《审音表》规定统读 wéi。"唯"又是文言中表示答应的词,音 wěi,可组成成语"唯唯诺诺"。《现汉》修订本在标〈书〉的情况下保留了 wěi 音。

屹 《审音表》规定统读 yì。"屹"在"屹立"的意义上读 yì,而在"屹嶝"(gē·da)一词中只能读 gē。《现汉》修订本于 yì 音外保留了 gē 音。

荫 原有 yìn、yīn 二音。《审音表》规定统读 yìn,并说明:"树～""林～道"应作"树阴""林阴道"。"荫"的 yīn 音和树阴义古已有之(《集韵》於金切)。由"荫 yīn"构成的词语也很多,如"荫蔽""荫翳""浓荫""绿荫"等,这些词语中的"荫"一律改为"阴"未见得恰当。《现汉》修订本在 yìn 音外仍保留了"荫"字 yīn 的读音和相关义。

咱 《现汉》原列 zán、zá、·zan 三音,《审音表》规定统读 zán。《现汉》"咱家"(zájiā)一词,标注"多见于早期白话";"咱·zan"用在"这咱""那咱""多咱"中,是"早晚"的合音,标注〈方〉。修订本未作变动。

召 原有 zhào、shào 二音,《审音表》规定统读 zhào。《审音表》的规定,是针对有些人把"号召""召唤"的"召"读为 zhāo 而作出的。而作为周朝国名和姓氏的"召"则仍应读 shào,《现汉》修订本在这个意义上保留了 shào 音。

以上这些字,凡保留了统读音以外读音的,大抵属于方言、文言或早期白话、姓氏义或地名义。这几种特殊情况在词条中都有所标示,因而实际上并不影响《审音表》有关规定的贯彻。

(四)关于轻声字的处理

轻声是普通话语音中一种重要的音变现象。普通话里轻声词汇占有一定数量,如果为每一个在句中或词中读轻声的字都标出

轻声读法并反映到字典、词典的单字条目里来,那就会显得非常繁杂,而且没有必要。《现汉》为轻声字立条大致有以下几种情况:

(1) 助词。语气助词如:啊·a、吧·ba、呗·bei、啦·la、哩·li、咧·lie、喽·lou、吗·ma、么·me、哟·yo;时态助词:过·guo、了·le、着·zhe;结构助词:的·de、地·de、得·de。

(2) 词尾、后缀一类成分,如:们·men、头·tou、子·zi。

(3) 只有轻声而没有本调的字,如"靰鞡"的"鞡"(·la)、"饸饹"的"饹"(·le)、"氆氇"的"氇"(·lu)、"榅桲"的"桲"(·po)、"肋膜"的"膜"(·te,又·de)、"苜蓿"的"蓿"(·xu)。

(4) 有的字虽然轻声以外另有读音,但两音相去甚远;或只是同用一个字,而意义上毫无关联。如"胳臂"的"臂"(·bei)、"萝卜"的"卜"(·bo)、"寒伧"的"伧"(·chen)、"疙瘩"的"瘩"(·da)、"屈戌"的"戌"(·qu)、"衣裳"的"裳"(·shang)、"骨殖"的"殖"(·shi)、"钥匙"的"匙"(·shi)、"多咱"的"咱"(·zan)。"多咱"的"咱"是"早晚"二字的合音,它与人称代词"咱"没有意义上的联系。

除以上四种情况外,在复合词中读轻声的字《现汉》只按该字本调立条,只是在给复合词注音时为其标注轻声。《审音表》审订了若干复合词中的轻声字,如"胳膊"的"膊"(·bo)、"宽绰"的"绰"(·chuo)、"打点(收拾,贿赂)"的"点"(·dian)、"撂掇""掂掇"的"掇"(·duo)等。应该说,该表审订的只是普通话轻声词汇中的很小一部分。《审音表》审订的轻声词,《现汉》注音时大都已经体现了。《现汉》与《审音表》个别不一致的地方,修订本中作了更动,如"苤蓝",《现汉》原注 piě·la,修订本改为 piě·lan;"碌碡"的"碡"《现汉》原注音为 zhóu,现依《审音表》改注轻声·zhou。

(原载《语文建设》1995 年第 9 期)

广播电视播音中容易误读的词语

宋欣桥　整理

体例说明：

1. 本表收录了广播电视播音中容易误读的词语，同时也收录了北京人口头容易误读的以及在普通话测试中容易读错的词语，供广播、电视播音员、主持人参考。

2. 以词语为单位，大体以字头音序排列。

3. 只对容易误读的字（字下加点）注音。只有一个音的注（统），多音的注（多）。为了避免误读的影响，原则上不出现误读的注音。

4. 同音的只列一个代表词，其余列在"如"字后面。

5. 必要时加注。

白桦——huà　　　（统）如：桦树。

包庇——bì　　　　（统）如：庇护。

背包——bèi　　　（多）

比较——jiào　　　（统）如：较为。

秘鲁——bì　　　　（多）除"秘鲁"外，其余读 mì。

蝙蝠——biān　　　（统）

编纂——zuǎn　　　（统）如：纂修。

濒于——bīn　　　（统）如：濒危、濒临。

摈除——bìn	（统）	如：摈弃。
不禁——jīn	（多）	
刹那——chà	（多）	如：古刹。
参与——yù	（多）	如：与会。
单于——chán	（多）	指古代匈奴君主的称号。
抄袭——xí	（统）	如：空袭。
朝鲜族——xiǎn	（多）	原《现代汉语词典》注音为阴平（第一声）。
		1996年修订版注音为上声（第三声）。
		又如：鲜见、鲜为人知。
称职——chèn	（多）	如：对称、相称、称心如意。
乘车——chéng	（多）	如：乘客、乘机、乘警、乘务、乘坐。
成绩——jì	（统）	如：功绩、业绩、战绩。
处理——chǔ	（多）	如：处置、处决、处于、处罚、处方、处分、处治、处境。
揣度——duó	（多）	如：测度、度德量力。
创伤——chuāng	（多）	如：重创、创痕。
伺候——cì	（多）	除"伺候"外，在"伺机""窥伺""伺隙"中读 sì。
从容——cóng	（统）	
痤疮——cuó	（统）	
挫折——cuò	（统）	如：挫伤、挫败。
答应——dā	（多）	只有"答应"、"答理"等词读阴平（第一声）。

逮捕——dài　　　　（多）　常用词只有"逮捕"。注意：在单用时，
　　　　　　　　　　　　　读上声（第三声）dǎi，如"猫逮老鼠"。
当作——dàng　　　（多）　如：恰当、适当。
提防——dī　　　　（多）　普通话只有这个词读dī。
　　　　　　　　　　　　　注意："提溜"也读这个音，但属于方言。
堵塞——sè　　　　（多）
阿胶——ē　　　　（多）　如：阿弥陀佛、东阿县、阿谀、刚直不阿。
发酵——jiào　　　（统）　如：酵母。
梵文——fàn　　　（统）　如：梵语、梵刹。
风靡——mǐ　　　　（多）　如：委靡、披靡。
敷衍——fū　　　　（统）
符合——fú　　　　（统）
辐射——fú　　　　（统）
拂晓——fú　　　　（统）　如：拂袖、拂拭、拂煦、春风拂面。
腹部——fù　　　　（统）　如：腹泻、腹地。
附和——hè　　　　（多）
复杂——fù　　　　（统）
甘肃——sù　　　　（统）
高涨——zhǎng　　（多）
供给——gōng　　　（多）　如：提供、供暖、供应。
　　　　　　　　　　　　　在"上供""口供"中读去声gòng。
勾当——gòu　　　（多）
骨髓——suǐ　　　　（统）
瑰宝——guī　　　（统）　如：瑰丽。
呱呱——gū　　　　（多）　如：呱呱而泣、呱呱坠地。

骨头——gǔ	（多）	只有"骨碌""骨朵儿"读阴平(第一声)gū。
哈达——hǎ	（多）	如:哈巴狗,以及作为姓氏。
横财——hèng	（多）	如:横祸、蛮横。
琥珀——pò	（统）	
混乱——hùn	（多）	如:混淆、混合、混凝土、混浊。只有同"浑"字时,如"混蛋""混水摸鱼"中读阳平(第二声)hún。上声(第三声)的读法hǔn,已取消。
混淆——xiáo	（统）	
几乎——jī	（多）	如:茶几。
机械——xiè	（统）	如:军械、械斗、缴械。
脊梁——jǐ	（统）	
给予——jǐ	（多）	如:供给、给养、补给、配给、给水、自给自足。
系——jì	（多）	如:系领带、系鞋带、解铃还须系铃人。
夹克——jiā	（多）	在"夹袄"、"夹被"读阳平(第二声)jiá。
间断——jiàn	（多）	表示"隔开"义,应读 jiàn。如:间隔、间歇、间接。
教室——shì	（统）	如:办公室、图书室。
尽快——jǐn	（多）	如:尽管。
茎——jīng	（统）	
劲松——jìng	（多）	如:强劲、劲敌、劲旅、疾风知劲草。
角色——jué	（多）	如:主角、口角、角逐。
结束——shù	（统）	如:束缚、束手无策、束之高阁。

拘泥——nì	（多）	如：泥古、泥子、泥墙。
矩形——jǔ	（统）	
句读——dòu	（多）	
俊俏——jùn	（统）	
立即——jí	（统）	
绿林——lù	（多）	
可恶——wù	（多）	如：厌恶、好逸恶劳。
猫腰——máo	（多）	汉字也写作"毛腰"。
蓦然——mò	（统）	如：蓦地(di)。
模样——mú	（多）	如：一模一样、模具、模子。
宁愿——nìng	（多）	如：宁肯、宁死不屈。
毗邻——pí	（统）	
否极泰来——pǐ	（多）	
潜伏——qián	（统）	如：潜心、潜逃、潜入、潜在、潜台词、潜水。
强迫——qiǎng	（多）	如：强辩、强求、强人所难。
翘首——qiáo	（多）	如：翘望。
悄然——qiǎo	（多）	如：悄声。
锲而不舍——qiè	（多）	
请帖——tiě	（多）	如：喜帖。
		在"服帖""妥帖"中念阴平（第一声）。
		在"字帖""碑帖"中念去声（第四声）。
亲家——qìng	（多）	
如法炮制——páo	（多）	
山冈——gāng	（统）	如：景阳冈。

妊娠——shēn	（统）	
似的——shì	（多）	"似"只有在这个词中读 shì。
塑料——sù	（统）	如：塑造、塑像。
太监——jiàn	（多）	如：国子监、监利县(湖北)。
啼笑皆非——jiē	（统）	如：满盘皆输。
挑衅——xìn	（统）	
未遂——suì	（多）	如：遂心、遂愿。只有"半身不遂"中念阳平(第二声)。
呜咽——yè	（多）	
无色无臭——xiù	（多）	如：乳臭。
侮辱——wǔ	（统）	
膝盖——xī	（统）	如：促膝谈心。
纤维——xiānwéi		
肖像——xiào	（多）	如：生肖、不肖、惟妙惟肖。只有姓"萧"俗写为"肖"时读阴平(第一声)xiāo。
解数——xiè	（多）	读 xiè 的常用词只有"解数"。
雪茄——jiā	（多）	
压轴——zhòu	（多）	
亚洲——yà	（统）	如：亚军、亚当、亚麻、亚热带。
燕山——yān	（多）	如：燕京。
友谊——yì	（统）	如：联谊会。
一服药——fù	（多）	
一会儿——huì	（统）	
因为——wèi 或轻声	（多）	
与其——yǔ	（多）	

运转——zhuǎn	（多）		
载体——zài	（多）	如：装载、载歌载舞。	
暂时——zàn	（统）	如：暂行。	
粘连——zhān	（多）	如：粘贴、粘住。当汉字写作"黏"（现在也写作"粘"）时，才念"nián"。如：黏合剂、黏膜、黏糊。	
着急——zháo	（多）	如：着火、着凉、着慌、着迷。只有"着数"、"支着儿"读阴平（第一声）zhāo。	
召开——zhào	（统）	如：感召力、号召。	
照片——piàn	（多）	如：卡片、专题片、录像片。只有带"－儿"尾的词，才读阴平（第一声）"片儿"piānr，如：相片儿、影片儿、外国片儿。"片子"凡是指"照片""影片"的也都读阴平（第一声），如"送片子""拍片子"。	
症结——zhēng	（多）	除"症结"外均读 zhèng，如：病症、症状。	
脂肪——zhī	（统）	如：脱脂、脂油。	
质量——zhì	（统）		
秩序——zhì	（统）		
诸位——zhū	（统）		
卓越——zhuó	（统）	卓见、卓识、卓有成效、卓著。	
着想——zhuó	（多）	如：着重。	
总得——děi	（多）		

《普通话水平测试实施纲要》(2004年版)

普通话水平测试用普通话词语表
[表二]中的单音节词

肖　航　计算机程序处理

序号	词	注音					
1	哀	āi	16	靶	bǎ	32	蚌 bàng
2	癌	ái	17	坝	bà	33	傍 bàng
3	艾	ài	18	霸	bà	34	磅 bàng
4	碍	ài	19	掰	bāi	35	苞 bāo
5	庵	ān	20	柏	bǎi	36	胞 bāo
6	黯	àn	21	扳	bān	37	雹 báo
7	昂	áng	22	斑	bān	38	堡 pù
8	鳌	áo	23	扮	bàn	39	堡 bǎo
9	拗	ào	24	拌	bàn	40	豹 bào
10	拗	niù	25	绊	bàn	41	暴 bào
11	袄	ǎo	26	邦	bāng	42	爆 bào
12	傲	ào	27	梆	bāng	43	卑 bēi
13	奥	ào	28	绑	bǎng	44	悲 bēi
14	澳	ào	29	榜	bǎng	45	碑 bēi
15	疤	bā	30	膀	bǎng	46	钡 bèi
			31	膀	pāng	47	崩 bēng

48	绷	bèng	73	滨	bīn	98	策	cè
49	绷	běng	74	鬓	bìn	99	蹭	cèng
50	绷	bēng	75	禀	bǐng	100	杈	chā
51	泵	bèng	76	剥	bāo	101	杈	chà
52	迸	bèng	77	钵	bō	102	茬	chá
53	鄙	bǐ	78	脖	bó	103	岔	chà
54	币	bì	79	播	bō	104	掺	chān
55	毕	bì	80	驳	bó	105	搀	chān
56	毙	bì	81	帛	bó	106	禅	shàn
57	敝	bì	82	泊	bó	107	禅	chán
58	痹	bì	83	泊	pō	108	馋	chán
59	僻	pì	84	铂	bó	109	蝉	chán
60	辟	bì	85	博	bó	110	铲	chǎn
61	弊	bì	86	搏	bó	111	颤	chàn
62	碧	bì	87	箔	bó	112	昌	chāng
63	蔽	bì	88	膊	bó	113	偿	cháng
64	璧	bì	89	跛	bǒ	114	敞	chǎng
65	贬	biǎn	90	卜	bǔ	115	畅	chàng
66	匾	biǎn	91	埠	bù	116	倡	chàng
67	辩	biàn	92	簿	bù	117	钞	chāo
68	辫	biàn	93	裁	cái	118	彻	chè
69	膘	biāo	94	睬	cǎi	119	澈	chè
70	憋	biē	95	餐	cān	120	抻	chēn
71	鳖	biē	96	惨	cǎn	121	辰	chén
72	瘪	biě	97	苍	cāng	122	晨	chén

123	衬	chèn	148	醇	chún	173	旦	dàn
124	丞	chéng	149	蠢	chǔn	174	裆	dāng
125	惩	chéng	150	戳	chuō	175	荡	dàng
126	澄	dèng	151	祠	cí	176	档	dàng
127	橙	chéng	152	瓷	cí	177	捣	dǎo
128	逞	chěng	153	慈	cí	178	蹈	dǎo
129	嗤	chī	154	葱	cōng	179	盗	dào
130	痴	chī	155	醋	cù	180	凳	dèng
131	斥	chì	156	蹿	cuān	181	堤	dī
132	舂	chōng	157	崔	cuī	182	笛	dí
133	宠	chǒng	158	摧	cuī	183	嫡	dí
134	仇	qiú	159	脆	cuì	184	缔	dì
135	仇	chóu	160	啐	cuì	185	蒂	dì
136	绸	chóu	161	翠	cuì	186	掂	diān
137	稠	chóu	162	皴	cūn	187	滇	diān
138	筹	chóu	163	搓	cuō	188	颠	diān
139	厨	chú	164	撮	cuō	189	巅	diān
140	锄	chú	165	撮	zuǒ	190	典	diǎn
141	雏	chú	166	挫	cuò	191	佃	diàn
142	橱	chú	167	锉	cuò	192	奠	diàn
143	储	chǔ	168	贷	dài	193	殿	diàn
144	揣	chuāi	169	逮	dǎi	194	刁	diāo
145	踹	chuài	170	逮	dài	195	叼	diāo
146	疮	chuāng	171	丹	dān	196	貂	diāo
147	捶	chuí	172	掸	dǎn	197	钓	diào

198	碟	dié	223	踱	duó	248	焚 fén
199	蝶	dié	224	垛	duò	249	愤 fèn
200	叮	dīng	225	垛	duǒ	250	枫 fēng
201	鼎	dǐng	226	剁	duò	251	疯 fēng
202	锭	dìng	227	堕	duò	252	逢 féng
203	董	dǒng	228	舵	duò	253	讽 fěng
204	栋	dòng	229	跺	duò	254	凤 fèng
205	陡	dǒu	230	扼	è	255	孵 fū
206	痘	dòu	231	鄂	è	256	敷 fū
207	窦	dòu	232	腭	è	257	弗 fú
208	督	dū	233	饵	ěr	258	拂 fú
209	犊	dú	234	乏	fá	259	俘 fú
210	赌	dǔ	235	伐	fá	260	氟 fú
211	睹	dǔ	236	阀	fá	261	符 fú
212	镀	dù	237	筏	fá	262	辐 fú
213	缎	duàn	238	帆	fān	263	抚 fǔ
214	煅	duàn	239	烦	fán	264	甫 fǔ
215	锻	duàn	240	贩	fàn	265	俯 fǔ
216	兑	duì	241	仿	fǎng	266	辅 fǔ
217	墩	dūn	242	纺	fǎng	267	缚 fù
218	囤	dùn	243	妃	fēi	268	覆 fù
219	囤	tún	244	吠	fèi	269	概 gài
220	炖	dùn	245	沸	fèi	270	甘 gān
221	盾	dùn	246	酚	fēn	271	柑 gān
222	钝	dùn	247	坟	fén	272	竿 gān

273	秆	gǎn	298	垢	gòu	323	嚎	háo
274	擀	gǎn	299	估	gū	324	壕	háo
275	赣	gàn	300	孤	gū	325	郝	hǎo
276	岗	gǎng	301	寡	guǎ	326	禾	hé
277	缸	gāng	302	卦	guà	327	贺	hè
278	杠	gàng	303	乖	guāi	328	褐	hè
279	羔	gāo	304	罐	guàn	329	赫	hè
280	膏	gào	305	龟	guī	330	鹤	hè
281	膏	gāo	306	规	guī	331	壑	hè
282	篙	gāo	307	轨	guǐ	332	痕	hén
283	糕	gāo	308	柜	guì	333	狠	hěn
284	镐	gǎo	309	棍	gùn	334	衡	héng
285	阁	gé	310	骇	hài	335	烘	hōng
286	革	gé	311	氦	hài	336	虹	hóng
287	葛	gě	312	蚶	hān	337	侯	hóu
288	膈	gé	313	憨	hān	338	喉	hóu
289	庚	gēng	314	函	hán	339	吼	hǒu
290	羹	gēng	315	韩	hán	340	糊	hú
291	埂	gěng	316	罕	hǎn	341	唬	hǔ
292	耿	gěng	317	焊	hàn	342	桦	huà
293	梗	gěng	318	憾	hàn	343	淮	Huái
294	躬	gōng	319	杭	háng	344	槐	huái
295	龚	gōng	320	航	háng	345	欢	huān
296	贡	gòng	321	毫	háo	346	幻	huàn
297	勾	gōu	322	豪	háo	347	皇	huáng

348	簧	huáng	373	纪	jǐ	398	缰	jiāng
349	谎	huǎng	374	忌	jì	399	疆	jiāng
350	辉	huī	375	寂	jì	400	桨	jiǎng
351	徽	huī	376	暨	jì	401	匠	jiàng
352	悔	huǐ	377	冀	jì	402	绛	jiàng
353	汇	huì	378	髻	jì	403	酱	jiàng
354	喙	huì	379	荚	jiá	404	犟	jiàng
355	惠	huì	380	颊	jiá	405	郊	jiāo
356	慧	huì	381	贾	jiǎ	406	娇	jiāo
357	昏	hūn	382	驾	jià	407	椒	jiāo
358	荤	hūn	383	奸	jiān	408	跤	jiāo
359	浑	hún	384	坚	jiān	409	礁	jiāo
360	豁	huō	385	歼	jiān	410	绞	jiǎo
361	伙	huǒ	386	监	jiān	411	矫	jiǎo
362	祸	huò	387	煎	jiān	412	剿	jiǎo
363	惑	huò	388	拣	jiǎn	413	剿	chāo
364	霍	huò	389	荐	jiàn	414	缴	jiǎo
365	饥	jī	390	贱	jiàn	415	轿	jiào
366	姬	jī	391	涧	jiàn	416	窖	jiào
367	吉	jí	392	舰	jiàn	417	阶	jiē
368	疾	jí	393	谏	jiàn	418	秸	jiē
369	辑	jí	394	溅	jiàn	419	揭	jiē
370	瘠	jí	395	腱	jiàn	420	劫	jié
371	戟	jǐ	396	姜	jiāng	421	洁	jié
372	麂	jǐ	397	僵	jiāng	422	捷	jié

423	竭	jié	448	拒	jù	473	柯	kē
424	介	jiè	449	惧	jù	474	磕	kē
425	诫	jiè	450	锯	jù	475	渴	kě
426	巾	jīn	451	踞	jù	476	垦	kěn
427	筋	jīn	452	倦	juàn	477	恐	kǒng
428	襟	jīn	453	绢	juàn	478	控	kòng
429	谨	jǐn	454	撅	juē	479	抠	kōu
430	锦	jǐn	455	诀	jué	480	叩	kòu
431	禁	jìn	456	倔	jué	481	寇	kòu
432	禁	jīn	457	掘	jué	482	枯	kū
433	靳	jìn	458	厥	jué	483	窟	kū
434	荆	jīng	459	蕨	jué	484	裤	kù
435	睛	jīng	460	爵	jué	485	酷	kù
436	警	jǐng	461	攫	jué	486	夸	kuā
437	竞	jìng	462	钧	jūn	487	垮	kuǎ
438	窘	jiǒng	463	俊	jùn	488	挎	kuà
439	纠	jiū	464	郡	jùn	489	况	kuàng
440	揪	jiū	465	峻	jùn	490	旷	kuàng
441	灸	jiǔ	466	揩	kāi	491	框	kuàng
442	厩	jiù	467	刊	kān	492	眶	kuàng
443	拘	jū	468	堪	kān	493	盔	kuī
444	驹	jū	469	坎	kǎn	494	窥	kuī
445	桔	jú	470	康	kāng	495	奎	kuí
446	菊	jú	471	糠	kāng	496	愧	kuì
447	矩	jǔ	472	烤	kǎo	497	溃	kuì

498	坤	kūn	523	棱	léng	548	霖	lín
499	扩	kuò	524	厘	lí	549	鳞	lín
500	括	kuò	525	锂	lǐ	550	拎	līn
501	廓	kuò	526	鲤	lǐ	551	伶	líng
502	腊	là	527	吏	lì	552	凌	líng
503	辣	là	528	隶	lì	553	陵	líng
504	癞	lài	529	帘	lián	554	绫	líng
505	拦	lán	530	怜	lián	555	绺	liǔ
506	篮	lán	531	莲	lián	556	蹓	liū
507	览	lǎn	532	廉	lián	557	蹓	liù
508	揽	lǎn	533	镰	lián	558	咯	kǎ
509	缆	lǎn	534	敛	liǎn	559	聋	lóng
510	懒	lǎn	535	恋	liàn	560	陇	lǒng
511	滥	làn	536	晾	liàng	561	垄	lǒng
512	郎	láng	537	辽	liáo	562	篓	lǒu
513	廊	láng	538	疗	liáo	563	陋	lòu
514	涝	lào	539	聊	liáo	564	卢	lú
515	烙	lào	540	廖	liào	565	颅	lú
516	勒	lēi	541	撩	liáo	566	虏	lǔ
517	勒	lè	542	撩	liāo	567	掳	lǔ
518	镭	léi	543	燎	liáo	568	禄	lù
519	垒	lěi	544	燎	liǎo	569	麓	lù
520	肋	lèi	545	撂	liào	570	吕	lǚ
521	擂	lèi	546	劣	liè	571	屡	lǚ
522	擂	léi	547	烈	liè	572	履	lǚ

573	虑	lǜ	598	媒	méi	623	魔	mó
574	峦	luán	599	霉	méi	624	沫	mò
575	掠	lüè	600	昧	mèi	625	默	mò
576	抡	lūn	601	媚	mèi	626	眸	móu
577	捋	luō	602	萌	méng	627	牧	mù
578	捋	lǚ	603	盟	méng	628	募	mù
579	锣	luó	604	锰	měng	629	暮	mù
580	箩	luó	605	弥	mí	630	穆	mù
581	螺	luó	606	眯	mī	631	娜	nà
582	裸	luǒ	607	觅	mì	632	捺	nà
583	洛	luò	608	秘	mì	633	氖	nǎi
584	摞	luò	609	幂	mì	634	挠	náo
585	鳗	mán	610	眠	mián	635	恼	nǎo
586	螨	mǎn	611	绵	mián	636	尼	ní
587	曼	màn	612	勉	miǎn	637	倪	ní
588	漫	màn	613	描	miáo	638	溺	nì
589	蔓	màn	614	瞄	miáo	639	腻	nì
590	蔓	wàn	615	渺	miǎo	640	拈	niān
591	盲	máng	616	篾	miè	641	黏	nián
592	蟒	mǎng	617	皿	mǐn	642	捻	niǎn
593	矛	máo	618	抿	mǐn	643	撵	niǎn
594	锚	máo	619	闽	mǐn	644	碾	niǎn
595	卯	mǎo	620	铭	míng	645	廿	niàn
596	铆	mǎo	621	谬	miù	646	酿	niàng
597	貌	mào	622	摹	mó	647	聂	niè

648	啮	niè	673	坯	pī	698	浦	pǔ
649	镍	niè	674	劈	pǐ	699	普	pǔ
650	孽	niè	675	劈	pī	700	瀑	pù
651	奴	nú	676	疲	pí	701	沏	qī
652	挪	nuó	677	癖	pǐ	702	戚	qī
653	鸥	ōu	678	屁	pì	703	欺	qī
654	呕	ǒu	679	漂	piāo	704	祈	qí
655	藕	ǒu	680	漂	piǎo	705	畦	qí
656	趴	pā	681	瓢	piáo	706	棋	qí
657	耙	bà	682	瞟	piǎo	707	鳍	qí
658	耙	pá	683	撇	piē	708	启	qǐ
659	帕	pà	684	撇	piě	709	迄	qì
660	叛	pàn	685	瞥	piē	710	汽	qì
661	畔	pàn	686	拼	pīn	711	泣	qì
662	庞	páng	687	频	pín	712	契	qì
663	刨	páo	688	聘	pìn	713	掐	qiā
664	刨	bào	689	坪	píng	714	恰	qià
665	袍	páo	690	萍	píng	715	洽	qià
666	培	péi	691	泼	pō	716	扦	qiān
667	赔	péi	692	魄	pò	717	签	qiān
668	裴	péi	693	剖	pōu	718	乾	qián
669	佩	pèi	694	仆	pū	719	黔	qián
670	硼	péng	695	仆	pú	720	歉	qiàn
671	蓬	péng	696	朴	piáo	721	呛	qiàng
672	篷	péng	697	圃	pǔ	722	呛	qiāng

723	跷	qiāo	748	囚	qiú	773	蕊	ruǐ
724	锹	qiāo	749	裘	qiú	774	锐	ruì
725	乔	qiáo	750	屈	qū	775	瑞	ruì
726	俏	qiào	751	祛	qū	776	闰	rùn
727	窍	qiào	752	蛆	qū	777	润	rùn
728	翘	qiào	753	躯	qū	778	仨	sā
729	翘	qiáo	754	趣	qù	779	卅	sà
730	撬	qiào	755	蜷	quán	780	腮	sāi
731	鞘	qiào	756	犬	quǎn	781	桑	sāng
732	妾	qiè	757	券	quàn	782	嗓	sǎng
733	怯	qiè	758	瘸	qué	783	搔	sāo
734	窃	qiè	759	雀	què	784	骚	sāo
735	禽	qín	760	阙	què	785	缫	sāo
736	噙	qín	761	裙	qún	786	臊	sāo
737	擒	qín	762	饶	ráo	787	臊	sào
738	寝	qǐn	763	扰	rǎo	788	涩	sè
739	沁	qìn	764	刃	rèn	789	瑟	sè
740	卿	qīng	765	韧	rèn	790	刹	shā
741	晴	qíng	766	绒	róng	791	刹	chà
742	擎	qíng	767	荣	róng	792	煞	shā
743	顷	qǐng	768	融	róng	793	煞	shà
744	庆	qìng	769	柔	róu	794	筛	shāi
745	磬	qìng	770	儒	rú	795	杉	shān
746	琼	qióng	771	汝	rǔ	796	衫	shān
747	邱	qiū	772	辱	rǔ	797	陕	shǎn

341

798	膳	shàn	823	舐	shì	848	饲	sì
799	晌	shǎng	824	逝	shì	849	俟	sì
800	捎	shāo	825	嗜	shì	850	嗣	sì
801	勺	sháo	826	誓	shì	851	耸	sǒng
802	哨	shào	827	噬	shì	852	讼	sòng
803	涉	shè	828	螫	shì	853	诵	sòng
804	赦	shè	829	寿	shòu	854	颂	sòng
805	麝	shè	830	售	shòu	855	搜	sōu
806	申	shēn	831	枢	shū	856	酥	sū
807	砷	shēn	832	舒	shū	857	诉	sù
808	审	shěn	833	孰	shú	858	粟	sù
809	渗	shèn	834	赎	shú	859	塑	sù
810	慎	shèn	835	暑	shǔ	860	溯	sù
811	笙	shēng	836	署	shǔ	861	蒜	suàn
812	尸	shī	837	蜀	shǔ	862	绥	suí
813	什	shí	838	恕	shù	863	损	sǔn
814	蚀	shí	839	衰	shuāi	864	笋	sǔn
815	矢	shǐ	840	帅	shuài	865	梭	suō
816	驶	shǐ	841	栓	shuān	866	塌	tā
817	屎	shǐ	842	涮	shuàn	867	榻	tà
818	仕	shì	843	爽	shuǎng	868	汰	tài
819	侍	shì	844	吮	shǔn	869	钛	tài
820	饰	shì	845	舜	shùn	870	泰	tài
821	恃	shì	846	撕	sī	871	贪	tān
822	拭	shì	847	祀	sì	872	坛	tán

873	谭	tán	898	屯	tún	923	委	wěi
874	潭	tán	899	臀	tún	924	萎	wěi
875	炭	tàn	900	驮	tuó	925	畏	wèi
876	淌	tǎng	901	驼	tuó	926	瘟	wēn
877	涛	tāo	902	妥	tuǒ	927	翁	wēng
878	淘	táo	903	拓	tà	928	瓮	wèng
879	滕	téng	904	拓	tuò	929	涡	wō
880	梯	tī	905	唾	tuò	930	乌	wū
881	啼	tí	906	洼	wā	931	巫	wū
882	蹄	tí	907	蛙	wā	932	毋	wú
883	剃	tì	908	袜	wà	933	午	wǔ
884	舔	tiǎn	909	剜	wān	934	伍	wǔ
885	帖	tiē	910	湾	wān	935	捂	wǔ
886	帖	tiè	911	丸	wán	936	悟	wù
887	廷	tíng	912	皖	wǎn	937	晤	wù
888	亭	tíng	913	腕	wàn	938	夕	xī
889	艇	tǐng	914	枉	wǎng	939	兮	xī
890	佟	tóng	915	妄	wàng	940	昔	xī
891	童	tóng	916	危	wēi	941	悉	xī
892	捅	tǒng	917	威	wēi	942	惜	xī
893	途	tú	918	韦	wéi	943	溪	xī
894	屠	tú	919	违	wéi	944	熄	xī
895	蜕	tuì	920	维	wéi	945	膝	xī
896	褪	tuì	921	伟	wěi	946	袭	xí
897	吞	tūn	922	苇	wěi	947	铣	xǐ

343

948	匣	xiá	973	肖	xiào	998	叙	xù
949	峡	xiá	974	啸	xiào	999	绪	xù
950	辖	xiá	975	楔	xiē	1000	续	xù
951	霞	xiá	976	协	xié	1001	絮	xù
952	纤	qiàn	977	胁	xié	1002	蓄	xù
953	纤	xiān	978	挟	xié	1003	宣	xuān
954	掀	xiān	979	偕	xié	1004	玄	xuán
955	贤	xián	980	携	xié	1005	癣	xuǎn
956	涎	xián	981	泻	xiè	1006	靴	xuē
957	霰	xiàn	982	卸	xiè	1007	薛	xuē
958	厢	xiāng	983	屑	xiè	1008	熏	xūn
959	湘	xiāng	984	械	xiè	1009	薰	xūn
960	镶	xiāng	985	芯	xīn	1010	巡	xún
961	详	xiáng	986	辛	xīn	1011	旬	xún
962	祥	xiáng	987	薪	xīn	1012	驯	xùn
963	翔	xiáng	988	腥	xīng	1013	循	xún
964	饷	xiǎng	989	邢	xíng	1014	讯	xùn
965	巷	xiàng	990	幸	xìng	1015	汛	xùn
966	萧	xiāo	991	休	xiū	1016	迅	xùn
967	硝	xiāo	992	羞	xiū	1017	逊	xùn
968	潇	xiāo	993	朽	xiǔ	1018	崖	yá
969	箫	xiāo	994	秀	xiù	1019	哑	yǎ
970	晓	xiǎo	995	锈	xiù	1020	雅	yǎ
971	孝	xiào	996	戌	xū	1021	淹	yān
972	肖	xiāo	997	嘘	xū	1022	焉	yān

1023	腌	yān	1048	舀	yǎo	1073	盈	yíng
1024	蔫	niān	1049	耀	yào	1074	萤	yíng
1025	延	yán	1050	噎	yē	1075	蝇	yíng
1026	阎	yán	1051	冶	yě	1076	赢	yíng
1027	颜	yán	1052	曳	yè	1077	痈	yōng
1028	檐	yán	1053	掖	yè	1078	雍	yōng
1029	衍	yǎn	1054	掖	yē	1079	咏	yǒng
1030	掩	yǎn	1055	腋	yè	1080	泳	yǒng
1031	砚	yàn	1056	伊	yī	1081	勇	yǒng
1032	宴	yàn	1057	夷	yí	1082	蛹	yǒng
1033	艳	yàn	1058	姨	yí	1083	忧	yōu
1034	堰	yàn	1059	忆	yì	1084	邮	yóu
1035	焰	yàn	1060	抑	yì	1085	酉	yǒu
1036	雁	yàn	1061	邑	yì	1086	佑	yòu
1037	燕	yàn	1062	疫	yì	1087	诱	yòu
1038	燕	yān	1063	逸	yì	1088	釉	yòu
1039	佯	yáng	1064	溢	yì	1089	迂	yū
1040	痒	yǎng	1065	殷	yīn	1090	淤	yū
1041	漾	yàng	1066	吟	yín	1091	俞	yú
1042	妖	yāo	1067	寅	yín	1092	隅	yú
1043	邀	yāo	1068	淫	yín	1093	逾	yú
1044	尧	yáo	1069	尹	yǐn	1094	愚	yú
1045	姚	yáo	1070	瘾	yǐn	1095	榆	yú
1046	窑	yáo	1071	婴	yīng	1096	虞	yú
1047	瑶	yáo	1072	膺	yīng	1097	禹	yǔ

1098	郁	yù	1123	哉	zāi	1148	宅	zhái
1099	狱	yù	1124	宰	zǎi	1149	毡	zhān
1100	浴	yù	1125	崽	zǎi	1150	瞻	zhān
1101	谕	yù	1126	攒	zǎn	1151	斩	zhǎn
1102	喻	yù	1127	攒	cuán	1152	蘸	zhàn
1103	寓	yù	1128	赞	zàn	1153	杖	zhàng
1104	御	yù	1129	凿	záo	1154	障	zhàng
1105	誉	yù	1130	枣	zǎo	1155	昭	zhāo
1106	豫	yù	1131	澡	zǎo	1156	召	zhào
1107	冤	yuān	1132	噪	zào	1157	兆	zhào
1108	渊	yuān	1133	燥	zào	1158	诏	zhào
1109	垣	yuán	1134	躁	zào	1159	罩	zhào
1110	援	yuán	1135	择	zé	1160	哲	zhé
1111	猿	yuán	1136	泽	zé	1161	辙	zhé
1112	苑	yuàn	1137	仄	zè	1162	褶	zhě
1113	岳	yuè	1138	憎	zēng	1163	浙	zhè
1114	悦	yuè	1139	赠	zèng	1164	蔗	zhè
1115	阅	yuè	1140	轧	yà	1165	贞	zhēn
1116	允	yǔn	1141	轧	zhá	1166	珍	zhēn
1117	孕	yùn	1142	闸	zhá	1167	砧	zhēn
1118	晕	yùn	1143	铡	zhá	1168	斟	zhēn
1119	晕	yūn	1144	乍	zhà	1169	臻	zhēn
1120	蕴	yùn	1145	诈	zhà	1170	诊	zhěn
1121	咂	zā	1146	榨	zhà	1171	枕	zhěn
1122	灾	zāi	1147	斋	zhāi	1172	朕	zhèn

1173	脂	zhī		1193	骤	zhòu		1213	拙	zhuō
1174	执	zhí		1194	诛	zhū		1214	灼	zhuó
1175	侄	zhí		1195	烛	zhú		1215	浊	zhuó
1176	旨	zhǐ		1196	拄	zhǔ		1216	酌	zhuó
1177	址	zhǐ		1197	嘱	zhǔ		1217	啄	zhuó
1178	趾	zhǐ		1198	贮	zhù		1218	兹	zī
1179	帜	zhì		1199	蛀	zhù		1219	姿	zī
1180	炙	zhì		1200	铸	zhù		1220	滋	zī
1181	掷	zhì		1201	爪	zhuǎ		1221	籽	zǐ
1182	稚	zhì		1202	爪	zhǎo		1222	渍	zì
1183	忠	zhōng		1203	拽	zhuài		1223	棕	zōng
1184	盅	zhōng		1204	撰	zhuàn		1224	踪	zōng
1185	冢	zhǒng		1205	篆	zhuàn		1225	鬃	zōng
1186	仲	zhòng		1206	妆	zhuāng		1226	揍	zòu
1187	舟	zhōu		1207	椎	zhuī		1227	卒	zú
1188	洲	zhōu		1208	锥	zhuī		1228	攥	zuàn
1189	粥	zhōu		1209	坠	zhuì		1229	遵	zūn
1190	肘	zhǒu		1210	缀	zhuì		1230	佐	zuǒ
1191	咒	zhòu		1211	赘	zhuì				
1192	昼	zhòu		1212	卓	zhuó				

九、双音节词语读音训练

以下各表的双音节词语主要供测试前的培训教学使用。
主要参考材料有：
《现代汉语词典》(修订本)　1996年版
《普通话水平测试大纲》　1994年版　刘照雄主编
《普通话语音训练教程》　1993年版　宋欣桥主编
《普通话水平测试手册》　1996年版　上海市普通话培训测
　　　　　　　　　　　　　　　　试中心编
《普通话轻声词儿化词汇编》　1999年版　王群主编

双音节轻声词表

刘新珍 宋欣桥 整理

A

爱人

B

八哥
巴结
扒拉
爸爸
白净
摆布
扳手
棒槌
包袱
包涵
报酬
辈分
本子
蹦达
鼻子
比方
比量
鞭子
扁担

辫子
便当
憋闷
别扭
拨拉
拨弄
伯伯
脖子
簸箕
补丁
部分
步子

C

财主
苍蝇
差事
柴火
搀和
颤悠
长处
厂子
车子
称呼
尺寸

虫子
抽搭
抽屉
出落
出息
锄头
畜生
窗户
窗子
伺候
刺猬
凑合
村子
错处

D

耷拉
答理
答应
打扮
打发
打量
打听
大夫
大爷

耽搁
耽误
胆子
担子
叨唠
刀子
倒腾
道士
灯笼
凳子
提防
嘀咕
底下
弟弟
弟兄
掂掇
点心
钉子
东边
懂得
动静
动弹
兜肚
斗篷
豆腐
嘟噜

349

嘟囔	告示	含糊	机灵
肚子	疙瘩	寒碜	脊梁
队伍	胳膊	行当	记得
对付	哥哥	行家	记号
多么	个子	好处	记性
	跟头	合同	忌妒
E	根子	和气	家伙
	工夫	和尚	价钱
恶心	工钱	核桃	架势
儿子	公家	盒子	架子
耳朵	功夫	后头	嫁妆
	勾搭	厚道	奸细
F	估摸	厚实	煎饼
	姑姑	狐狸	见识
法子	姑娘	胡琴	将就
房子	谷子	胡子	缰绳
风筝	骨头	葫芦	讲究
疯子	故事	糊涂	交情
奉承	寡妇	护士	娇嫩
扶手	官司	花哨	搅和
福分	棺材	坏处	饺子
福气	管子	黄瓜	叫唤
斧头	罐头	晃荡	结巴
斧子	逛荡	晃悠	结实
富余	归置	活泛	街坊
	规矩	活计	节气
G	闺女	活泼	姐夫
	棍子	火烧	姐姐
盖子		伙计	芥末
干巴	**H**		戒指
甘蔗		**J**	进项
高粱	哈欠		镜子
膏药	孩子	叽咕	舅舅
稿子	害处	饥荒	橘子

句子	老爷	忙乎	年成
觉得	累赘	帽子	年月
	冷清	玫瑰	黏糊
K	篱笆	眉毛	念叨
	里头	妹妹	念头
考究	力气	门路	娘家
磕打	厉害	门面	扭搭
咳嗽	利落	眯缝	扭捏
客气	利索	迷糊	奴才
窟窿	痢疾	密实	女婿
苦处	例子	棉花	暖和
裤子	莲蓬	免得	疟疾
快当	链子	苗条	挪动
快活	凉快	名堂	
筷子	粮食	名字	
宽敞	铃铛	明白	**P**
宽绰	菱角	模糊	
框子	领子	磨蹭	拍打
亏得	笼子	蘑菇	牌楼
困难	萝卜	牡丹	牌子
阔气	骆驼	木匠	盘缠
	落得	木头	盘算
			炮仗
L			朋友
	M	**N**	皮匠
拉扯			皮实
喇叭	妈妈	那么	疲塌
喇嘛	麻烦	奶奶	脾气
来路	麻利	难为	屁股
篮子	马虎	脑袋	篇幅
懒得	码头	脑子	便宜
烂糊	买卖	闹腾	漂亮
牢靠	卖弄	能耐	苤蓝
老婆	麦子	你们	瓶子
老实	馒头	腻烦	婆家

婆婆
笸箩
铺子

Q

欺负
漆匠
旗子
气性
前头
俏皮
亲戚
勤快
清楚
情形
亲家
圈子
拳头

R

热乎
热和
热闹
人们
认得
认识
任务
日子
软和

S

洒脱

嗓子
嫂嫂
嫂子
扫帚
沙子
山药
晌午
上边
上司
上头
烧饼
烧卖
芍药
少爷
舌头
舍得
身份
身量
身子
神甫
什么
婶婶
生分
牲口
绳子
省得
尸首
师父
师傅
师爷
狮子
石榴
石头
时辰

时候
拾掇
使得
使唤
事情
势力
收成
收拾
寿数
书记
叔伯
叔叔
舒服
舒坦
疏忽
熟识
属相
数落
刷子
摔打
爽快
顺当
说合
说和
思量
松快
俗气
素净
算计
随和
岁数

T

他们

踏实
摊子
抬举
态度
太太
梯子
踢腾
嚏喷
添补
笤帚
铁匠
停当
亭子
头发
吐沫
妥当
唾沫

W

娃娃
瓦匠
袜子
外甥
外头
晚上
王八
王爷
忘性
尾巴
委屈
位置
味道
温和

稳当
蚊子
窝囊
窝棚
我们

X

稀罕
席子
喜欢
虾米
下巴
吓唬
先生
显得
箱子
响动
相公
相声
消息
小气
晓得
笑话
歇息
鞋匠
谢谢
心思
薪水
星星
猩猩
腥气
行李
休息

秀才
秀气
絮烦
玄乎
学生
学问

Y

鸭子
牙碜
牙口
衙门
哑巴
雅致
胭脂
烟筒
严实
阎王
眼睛
砚台
燕子
央告
秧歌
养活
痒痒
样子
吆喝
妖精
钥匙
爷爷
叶子
衣服
衣裳

姨夫
已经
椅子
义气
益处
意思
影子
应酬
硬朗
用处
油水
冤家
冤枉
院子
约莫
月饼
月亮
月钱
云彩
匀溜
匀实

Z

杂碎
再不
在乎
咱们
早晨
早上
造化
怎么
扎实
诈唬

栅栏
张罗
丈夫
丈母
帐篷
招呼
招牌
找补
折腾
这么
针脚
枕头
芝麻
知识
直溜
指甲
指头
种子
主意
柱子
转悠
庄稼
壮实
状元
桌子
字号
祖宗
嘴巴
作坊
琢磨
做作

353

附：

普通话轻声词规范的语音依据*

宋欣桥

轻声虽然同词汇、语法有着密切的联系，但它毕竟是一种语音现象。普通话轻声词的规范无论是划定轻声和轻声词的范围，还是确定某一个词语是否读作轻声，语音虽不是唯一的依据，它却是主要的决定性的依据。

一、对轻声现象的再认识

1.1 什么是轻声

轻声是一种特殊的变调现象。普通话的阴平、阳平、上声、去声这四个声调都可能变为轻声，例如：哥哥、婆婆、姐姐、弟弟。说它"特殊"，是因为这种变调总是根据前一个音节的声调调值决定后一个轻声音节的调值，而不论后一个音节原字调调值的具体形式，这与其他变调情况不同。

1.2 轻声的语音特性

从物理声学上分析，轻声音节的能量较弱，是音高、音长、音色、音强综合变化的效应，但这语音的四要素在轻声音节的辨别中所起作用的大小是不同的。1980年以来国内发表的三篇有关普通话（北京语音）轻声的语音实验报告，[①]证明轻声音节特性是由

---

* 本文为1990年普通话与方言学术研讨会论文。

音高和音长这两个比较重要的因素构成的。从音高看,轻声音节失去原有的声调调值,变为轻声音节特有的音高形式。从音长看,轻声音节一般短于正常重读音节的长度,甚至大大地缩短,可见音长是构成轻声特点的另一重要因素。同时语音实验证明,轻声音节听起来轻短模糊,但音强并不一定比正常重读音节小。可以说音强在辨别轻重音方面所起的作用是很小的。另外,轻声音节的音色也或多或少地发生变化。

1.3 轻声调值的重新构拟

描写轻声调值一般只标"高低度",不标出具体的调型。读《普通话轻声音节特性分析》(曹剑芬 1985)这篇语音实验报告,受到很大启发。轻声不仅仅失去原有的声调调值,而且又重新构成自己特有的固定的调值。尽管轻声音节音长短,但它的调型仍然可以感知到,并在辨别轻声时起着不可忽视的作用。这一点为轻声词的规范提供了重要的依据。

普通话轻声音节的调值构拟为两种形式:

(1) 当前一个音节的声调是阴平、阳平、去声时,后一个轻声音节的调型是短促的低降调,调值拟为 ㇏31。(调型符号标在竖线的右边,表示变调调值;调值下加短横线表示音长短)

(2) 当前一个音节的声调是上声时,后一个轻声音节的调型是短促的半高平调,调值拟为 ㇐44。

1.4 "轻声"与"轻音"应区别开来

"轻音"是轻重音的概念,"轻声"则是声调的概念,两者概念不同,但又有着密切的联系。轻声是长期处于口语轻读的地位,即受到轻音节的影响,原有的声调发生变化,形成自己固有的调值,听感上显得轻短模糊的一种特殊的变调。也就是说,"轻声"源于"轻音"。轻声形成之前有一个长期读轻音的过程。当它的声调调值完全发生变化,形成轻声的变调调值后,便成为名副其实的"轻声"了。我们在分析轻重音时,可以细分为四个等级:重音、中音、次轻音、最轻音。次轻音和最轻音又可以合起来称为"轻音",[②]而读作"轻声"的只限于"最轻音"的这部分。"轻音"包含着"轻声","轻声"要比"轻音"的范围小得多。"轻声"和"轻音",两个概念既不等同,也不能混同使用。因此,一个轻读音节,如果只是读得轻一些,而原字调仍依稀可见,没有形成轻声的调值,那么这个音节只是"轻音",不是"轻声"。从轻重音的角度分析,它是个"次轻音"。如果一个轻读音节已完全失去原字调的调值变为轻声调值,那么它就是"轻声"了。从轻重音的角度分析,它是个"最轻音"。轻声词规范的困难在于如何判别人们口头的轻读音节是"轻声"还是"轻音",由于多种的原因(另文讨论)出现了相当一部分可轻可不轻的词语。当我们明确了这两个概念后,划分起来就方便多了。

二、划归轻声词所具备的语音条件

我们注意到人们口头一定读轻声的词语中轻声音节的调型与原字调的调型一般存在着明显的差异,而可轻可不轻的一部分词语中轻读音节的调型与原字调的调型基本一致,除了音节短促外只在高低上略有差别,说明调型在辨别轻声上起重要的作用。

当后一个音节(主要指双音节词语)轻读时,如果出现下列情况,应考虑划归轻声词:

2.1 前一个音节的声调是阴平、阳平、去声,而后一个轻读音节的原字调是阴平、阳平、上声的词语应归入轻声词。当双音节词语的前一个音节的声调是阴平、阳平、去声时,轻声词后一个轻声音节的固定的调型应为短促的低降调。而此类词语后一个音节的原字调是阴平、阳平、上声，它们的调型分别是高平、高升、降升，与普通话轻声音节的固定调型有明显差别。如果不读作轻声的调值，在语感上讲普通话的人很难接受。初学普通话的人所带的"方言味儿"和能说普通话但"不够味儿"的情况不少是从这方面表现出来的。例如：(本文所列举的全部双音节词语出自《普通话轻声词汇编》1964年普通话语音研究班编，《普通话轻声词汇编》1985年孙修章编，《现代汉语词典》这三种材料。下文〔 〕中的声调是指双音节词语的原字调)

〔阴平＋阴平〕休息、先生、功夫、哆嗦、称呼、扒拉、东西、结巴
〔阴平＋阳平〕包袱、玻璃、苍蝇、胳膊、舒服、商量、窟窿、姑娘
〔阴平＋上声〕答理、闺女、希罕、家伙、清楚、炊帚、差使、忽闪
〔阳平＋阴平〕活泼、滑溜、泥鳅、玫瑰、摩托、玄乎、嘀咕、姨夫
〔阳平＋阳平〕荸荠、胡琴、狐狸、粮食、馒头、奴才、严实、麻烦
〔阳平＋上声〕柴火、萝卜、笤帚、行李、朋友、云彩、牙碜、抬举
〔去声＋阴平〕簸箕、大夫、相声、意思、丈夫、冒失、晃悠、畜生
〔去声＋阳平〕动弹、见识、困难、盼头、钥匙、痢疾、骆驼、佩服
〔去声＋上声〕别扭、豆腐、戒指、屁股、跳蚤、队伍、利索、吓唬

2.2 前一个音节的声调是上声，而后一个轻读音节的原字调是去声的一部分词语可以归入轻声词。轻声词当前一个音节是上声时，后一个轻声音节的调型是短促的半高平调，与去声的全降调有比较明显的差别。例如：

〔上声＋去声〕把势、火候、使唤、口袋、铁匠、属相、买卖、伙计

上声的调值基本上是个低调，又在去声前变为"半上""211"，因此，"物极必反"，在降为最低调后反而容易读起头高的去声调值。这类词语其中一部分后一个音节不读作轻声仍保留原去声字

调,不应归入轻声词。例如:摆设、榜样、本分、姐妹、孔雀、手续等,参见3.1。

2.3 后一个轻读音节的原字调是上声,当前一个音节的声调为上声时只变为所谓"半上",调值"211",保留上声调值的基本特征,而没有变为所谓"直上"调值"35"(也有描写为"24"的),说明后一个原字调是上声的轻读音节已经完全变为轻声了。这样的词语应归入轻声词。例如:

〔上声+上声〕本子、铲子、胆子、领子、姐姐、宝宝、痒痒、姥姥、抖搂、耳朵、马虎

2.4 后一个轻读音节的声母或韵母在口语中已出现固定的变化,人们甚至难于还原为原字母的声母或韵母,这样的词语应归入轻声词。例如:

~的 di→de　　　~了 zi→zi/ze　　　~了 liao→le
钥匙 chi→shi　　衣裳 chang→shang　活泼 po→bo
糊涂 tu→du　　　馄饨 tun→dun　　　豆腐 fu→f/fe
萝卜 bu→bo/be　　丈夫 fu→f　　　　意思 si→s/[z]

(→表示从——变为——;几种变化之间用/隔开)

三、不应划归轻声词的语音条件

当后一个音节(主要指双音节词语)轻读时,如果出现下列情况,可以考虑不划归轻声词。

3.1 后一个轻读音节的原声调仍依稀可见,还没有形成轻声固定的声调调型,有时甚至完全可以读原调的,不应归入轻声词。其中最容易判别的是后一个音节原字调的调型与轻声的调型有明显差异的词语仍可以读原字调的。例如:

〔阴平+阴平〕肮脏、出身、冬瓜、垃圾、将军、风箱、锅巴、夹生

〔阴平＋阳平〕安培、编排、风流、风俗、功劳、规模、批评、搜罗

〔阴平＋上声〕灯草、颠倒、敷衍、泔水、光景、惊醒、拉拢、摸索

〔阳平＋阴平〕牢骚、麻刀、南瓜、流星、良心、螺丝、皮肤、神仙

〔阳平＋阳平〕别人、寒毛、唇舌、柔和、随和、男人、陪房、年成

〔阳平＋上声〕刑法、侄女、结果、魁伟、魁梧、筹码、没有、情理

〔上声＋去声〕摆布、榜样、本分、孔雀、摆渡、手艺、姐妹、韭菜

〔去声＋阴平〕桂花、利息、是非、刨花、荔枝、疥疮、似乎、哔叽

〔去声＋阳平〕大王、过年、犯人、户头、刻薄、练习、切实、念头

〔去声＋上声〕道理、露水、夜里、月饼、这里、舅母

3.2 前一个音节的声调是阴平、阳平、去声,而后一个轻读音节的原字调是去声的词语原则上可以不划归轻声词。当前一个音节的声调是阴平、阳平、去声时,后面轻声音节的调型是短促的低降调,与原字调去声的调型基本吻合。这一部分读后轻的词语大都介于可轻可不轻之间,讲普通话的人甚至包括讲北京方言的人在内判别起来也犹豫不决,这部分词语除极少数老资格的轻声词语外完全可以不划入轻声词范围。例如:

〔阴平＋去声〕憋闷、抽屉、公道、关系、机会、清亮、身份、帮助

〔阳平＋去声〕程度、活动、眉目、材料、防备、来历、联系、排斥

〔去声＋去声〕避讳、近视、任务、愿意、饭量、干部、后面、放肆

3.3 前一个音节的声调是上声,而后一个轻读音节的原字调是阴平的词语原则上可以不划入轻声词范围。当前一个音节的声调是上声时,后面轻声音节的调型是短促的半高平调,与原字调阴平的调型基本吻合(语音实验证明,普通话阴平的实际调值略低于高平55。普通话"一平、二升、三曲、四降"的声调调型在语音辨别中显得比实际高低更重要)。可参见"二"。

〔上声+阴平〕揣摸、感激、懒腰、里边、妥帖、眼睛、口音、讲究

3.4 后一个轻读音节的原字调是上声,当前一个音节的声调为上声时变为所谓"直上"调值"35",这样的词语不应划归轻声词。这是因为两个上声相连只有后一个音节完全失去原有的调值,而前一个音节的上声调值变为"半上""211"才是轻声,如斧子、姐姐、抖搂等。如果前一个音节变调为"直上",表明后一个音节的上声调值仍有保留,还没有形成固定的轻声调型。例如:

〔上声+上声〕打手、小姐、本领、打扫、老鼠、老虎、想法、哪里

以此为据,笔者认为"哪里、那里、这里、屋里、家里"等等,凡后一个音节带"里"的可以读作"轻音",而不应归入"轻声"。

3.5 三音节词语或三音节词组处于中间的轻读音节原则上读作"轻音"而不读作"轻声"。原因是这些词语或词组中间的轻读音节的原字调调值仍依稀可见,或者按三音节词语的变调规律变调,没有变为轻声的调型。例如:"看一看""去不去"。

只有北京方言中称呼三音节街名时的确有中间的音节读作轻声的情况,例如:"西直门""东直门""大栅栏"等,应作为方言处理。

四、对轻声读音的一点提示

轻声词的规范主要的目的是为了普及普通话。轻声是方言区的人学习普通话应该掌握的基本内容之一。不过,掌握轻声还是个低要求。为了提高讲普通话的水平,还要进一步学习普通话的轻重音,相比较来说这是个高要求。

用汉语拼音注音时轻声音节不标声调符号,其实这本身就是一种标志,是不标调的标调。凡是用小写字母拼写而不标声调符号的音节就一定应该读作轻声。需要注意的是在那些标注声调符号而不标轻声的词语中,还有一部分双音节词语后一个音节轻读,

例如:"诗人"、"男子""西瓜""女儿"等,以及三音节词语中间的一个音节和四音节词语中第二个音节也轻读,但这些轻读音节与"轻声"不同的是它读作"轻音"(次轻音)。因此,我们不要以为标上声调符号而不标作轻声的就一定应该读重音,更不应认为人家轻读了是错误的。

附注

  ① 这三篇实验报告是:《北京话轻声的声学性质》(1980年,林茂灿、颜景助)、《探讨北京话轻声性质的初步试验》(1985年,林焘)、《普通话轻声音节特性分析》(1985年,曹剑芬)。

  ② 参见《普通话语音知识》(1980年,徐世荣)。

(原载1990年第5期《语文建设》)

双音节儿化词表

宋欣桥 刘新珍 整理

儿化词发音是学习普通话者的难点之一。本表逐词注出双音节儿化词的后一个儿化音节的读音,并在＞符号前面注明这个被儿化音节的原形,标明由哪个音节变化而来。(此处是为了帮助学习者注出儿化音变。注意:如果用汉语拼音给儿化词语注音要符合拼写规则。)不标声调符号的应读轻声。儿化词的顺序是按第二个字(音节原形)的音序排列的。

刀把儿	bà＞bàr	板擦儿	cā＞cār
话把儿	bà＞bàr	找茬儿	chá＞chár
快板儿	bǎn＞bǎr	裤衩儿	chǎ＞chǎr
腰板儿	bǎn＞bǎr	鞋带儿	dài＞dàr
老伴儿	bàn＞bàr	脸蛋儿	dàn＞dàr
蒜瓣儿	bàn＞bàr	岔道儿	dào＞dàor
杂拌儿	bàn＞bàr	走道儿	dào＞dàor
够本儿	běn＞běr	差点儿	diǎn＞diǎr
老本儿	běn＞běr	一点儿	diǎn＞diǎr
下本儿	běn＞běr	走调儿	diào＞diàor
针鼻儿	bí＞bí:er[①]	裤兜儿	dōu＞dōur
小辫儿	biàn＞biàr	爆肚儿	dǔ＞dǔr
碎步儿	bù＞bùr	胖墩儿	dūn＞duēr

打盹儿	dǔn＞duěr	抓阄儿	jiū＞jiūr
白干儿	gān＞gānr	烟卷儿	juǎn＞juǎr
包干儿	gān＞gānr	旦角儿	jué＞juér
光杆儿	gǎn＞gǎnr	门槛儿	kǎn＞kǎr
饱嗝儿	gé＞gér②	死扣儿	kòu＞kòur
打嗝儿	gé＞gér	一块儿	kuài＞kuàr
挨个儿	gè＞gèr	鼻梁儿	liáng＞liár③
刨根儿	gēn＞gēr	一溜儿	liù＞liùr
大褂儿	guà＞guàr	调门儿	mén＞mér
冰棍儿	gùn＞guèr	嗓门儿	mén＞mér
光棍儿	gùn＞guèr	邪门儿	mén＞mér
蝈蝈儿	guo＞guor	有门儿	mén＞mér
小孩儿	hái＞hár	纳闷儿	mèn＞mèr
好好儿	hǎo＞hāor	扇面儿	miàn＞miàr
哪会儿	huì＞huèr	照面儿	miàn＞miàr
那会儿	huì＞huèr	打鸣儿	míng＞mí:er
一会儿	huì＞huèr	起名儿	míng＞mí:er
这会儿	huì＞huèr	顶牛儿	niú＞niúr
干活儿	huó＞huór	刀片儿	piàn＞piàr
做活儿	huó＞huór	小曲儿	qǔ＞qǔ:er
大伙儿	huǒ＞huǒr	出圈儿	quān＞quār
坎肩儿	jiān＞jiār	开刃儿	rèn＞rèr
豆角儿	jiǎo＞jiǎor	桑葚儿	rèn＞rèr
够劲儿	jìn＞jì:er	掌勺儿	sháo＞sháor
傻劲儿	jìn＞jì:er	口哨儿	shào＞shàor

走神儿	shén＞shér	一下儿	xià＞xiàr
顶事儿	shì＞shèr④	单弦儿	xián＞xiár
墨水儿	shuǐ＞shuěr	送信儿	xìn＞xì:er
收摊儿	tān＞tār	豆芽儿	yá＞yár
聊天儿	tiān＞tiār	心眼儿	yǎn＞yǎr
面条儿	tiáo＞tiáor	玩意儿	yì＞yì:er
锅贴儿	tiē＞tiēr	人影儿	yǐng＞yǐ:er
奔头儿	tou＞tour	人缘儿	yuán＞yuár
个头儿	tóu＞tóur	绕远儿	yuǎn＞yuǎr
老头儿	tóu＞tóur	打杂儿	zá＞zár
年头儿	tóu＞tóur	早早儿	zǎo＞zǎor
说头儿	tou＞tour	枪子儿	zǐ＞zěr
头头儿	tou＞tour	铜子儿	zǐ＞zěr
跑腿儿	tuǐ＞tuěr	咬字儿	zì＞zèr
好玩儿	wán＞wár	奶嘴儿	zuǐ＞zuěr
走味儿	wèi＞wèr	围嘴儿	zuǐ＞zuěr
被窝儿	wō＞wōr	烟嘴儿	zuǐ＞zuěr

附注

① 当 i、ü 在音节中是主要元音(韵腹)时,儿化后 i、ü 仍是主要元音(韵腹),比作介音(韵头)时音长要长,本表如":"表示音长较长。

② 当单韵母 e 儿化后,仍保持后半高的舌位,不应变为央元音 e[ə]。

③ 当带 -ng 韵尾的韵母(即后鼻音韵母)儿化后,除丢掉韵尾 -ng 外,常常使主要元音(韵腹)鼻化。

④ 舌尖韵母儿化后,丢掉舌尖韵母,直接加上 er。

附：

说 儿 化

刘 照 雄

[**摘要**]对儿化词，一般多侧重描述它有指小、表爱以及区分不同词性的功能；但是对它区分词性的作用认识得并不充分。至于儿化词的运用能够显现说话人的言语风格，一般虽然有一些体验，但是通过典型语料分析的报告不多见。本文就以上几个方面做了分析。为了便于教学儿化词，本文也做了新的归纳和提示。

[**关键词**]儿化词　功能　读音

0．本文论及的儿化问题包括：

儿缀词——实词词素中带儿缀的结构。

儿化词——韵母儿化（卷舌或者加 er）的词。——这是本文的重点。

儿化词和儿缀词有关联，大部分儿化词是由儿缀词演变来的。但并不是所有的儿化词（至少从读音规则上看都属于儿化韵）都是从儿缀词演变来的。例如：今日　jīnrì→jīnr；明日　míngrì→míngr；昨日　zuórì→zuór。

1．儿化词的功能：

1.1 区分不同的词性：

动词＞名词。例如：

伴/陪～，　　　　　　　　伴儿/老～；

拌/搅~, 拌儿/杂~;
绊/~倒, 绊儿/使~;
包/~裹, 包儿/红~;
饱/吃~, 饱儿/仨~一倒儿;
报/~应, 报儿/一还一~;
蹦/~达, 蹦儿/撂~;
病/~倒, 病儿/觉~;[①]
擦/~拭, 擦儿/板~;
蹭/磨~, 蹭儿/看~戏;[②]
唱/歌~, 唱儿/听~;
抄/~写, 抄儿/小~;
炒/煎~, 炒儿/小~;
吃/~喝, 吃儿/午饭有什么~;
出/~入, 出儿/唱的哪一~;
穿/~戴, 穿儿/瞧你这身~;
垂/下~, 垂儿/耳朵~;
戳/~穿, 戳儿/盖~;
氽/~汤, 氽儿/~面;
撮/~合, 撮儿/一小~;
错/差~, 错儿/没~;
倒/~腾, 倒儿/官~;小~;
点/~拨, 点儿/点个~;
垫/铺~, 垫儿/垫~;
兜/~揽, 兜儿/布~;裤~;
堆/~积, 堆儿/扎~;

盖/遮~, 盖儿/盖~;
钩/~住, 钩儿/钓~;
箍/~紧, 箍儿/紧~咒;
滚/~动, 滚儿/驴打~;
过/~活, 过儿/够~;
喝/吃~,吆~, 喝儿/听~;
画/描~, 画儿/画~;
欢/~喜, 欢儿/撒~;
活/生~, 活儿/干~;
夹/~住, 夹儿/文件~;
架/招~, 架儿/衣~;
见/看~, 见儿/眼力~;
讲/演~, 讲儿/有(没)~;
叫/~唤, 叫儿/观鸟儿,听~;
结/~合, 结儿/打~;
卷/~起, 卷儿/行李~;
开/~放, 开儿/落~;
看/~见, 看儿/要好~;
靠/~拢, 靠儿/有~;
扣/~除, 扣儿/扣~;
亏/~损, 亏儿/不吃~;
捆/~绑, 捆儿/捆成~;
烂/腐~, 烂儿/破~;
落(lào)/~下, 落儿/没着没~;
乐/欢~, 乐儿/找~;

裂/～开, 裂儿/扒～;
漏/渗～, 漏儿/捡～;
摞/～起, 摞儿/摞～;
闷/烦～, 闷儿/解～;
鸣/～叫, 鸣儿/公鸡打～;
抹/涂～, 抹儿/瞧这两笔～;
挠/抓～, 挠儿/痒痒～;
蔫/发～, 蔫儿/～坏;
捻/～动, 捻儿/油灯～;
片/～削, 片儿/片～;
漂/～浮; 漂儿/打水～;
跑/奔～, 跑儿/看那两步～;
撇/～嘴, 撇儿/～捺儿;
起/～来, 起儿/叫～;
圈/～点, 圈儿/圆～;
塞/～紧, 塞儿/瓶～,加～;
耍/～弄, 耍儿/杂～;
说/～笑, 说儿/有这么一～,小～;
摊/～开, 摊儿/摆～;
套/～住, 套儿/套～;
挑/～起, 挑儿/挑～;
贴/粘～, 贴儿/锅～;
挺/～起, 挺儿/打～;
偷/～窃, 偷儿/小～;
团/～弄, 团儿/团～;

托/～起, 托儿/盖碗～；
坨/～了, 坨儿/年糕～；
响/～应, 响儿/听～；
笑/欢～, 笑儿/逗～；
旋/～转, 旋儿/(头)发～；
印/～刷, 印儿/脚～；
罩/笼～, 罩儿/灯～；
坠/～落, 坠儿/耳～；
走/行～, 走儿/～马,大、小～；
形容词＞名词：
白/～色, 白儿/葱～；
丑/～陋, 丑儿/小～；
粗/～细, 粗儿/老～；
大/～小, 大儿/不～；
单/～薄, 单儿/耍～；
短/长～, 短儿/揭～,要～；
干/～燥, 干儿/豆腐～；
高/～低, 高儿/跳～；
好/～坏, 好儿/叫～；
黑/～暗, 黑儿/摸～；
狠/凶～, 狠儿/发～;(通常多指幼儿)
黄/～色, 黄儿/蛋～,双～；
尖/～锐, 尖儿/拔～；
近/远～, 近儿/抄～；
空/～旷, 空儿/半～；③

空/~闲， 空儿/没~；
凉/~爽， 凉儿/阴~；
亮/光~， 亮儿/拿个~来；
零/~碎， 零儿/找~；
黏/~度， 黏儿/拉~；④
胖/肥~， 胖儿/小~；
浅/深~， 浅儿/编个菜~；
清/~浊， 清儿/蛋~；
软/~硬， 软儿/服~；
碎/琐~， 碎儿/零~；
弯/~曲， 弯儿/拐~；
晚/早~， 晚儿/贪~，拉~；
鲜/~活， 鲜儿/尝~；
小/大~， 小儿/家~；
圆/~形， 圆儿/汤~；
远/~近， 远儿/绕~；
杂/~乱， 杂儿/打~；
早/~晚， 早儿/赶~，叫~；
真/~假， 真儿/较~；
整/零~， 整儿/凑~；
准/~确， 准儿/没~，瞄~。

引申相关的词语：实词通过儿化，引申出相关的词语。例如：
呲＞呲儿/挨~了吧，还淘气不啦？
蹿＞蹿儿/还没说两句话呢，他先~了。
火＞火儿/他可真~了。

手＞手儿/一把～;/留一～。

水＞水儿/冒坏～。

烟＞烟儿/不得～抽。

嘴＞嘴儿/围～;烟～;奶～。

鼻＞鼻儿/门～;针～。

门＞门儿/没～(没商量);脑～(前额);屁股～(肛门)。

1.2 词素儿化以后,成为独立运用的实词。例如:

桃木/桃树/桃林:桃儿;('桃'作为词素也可以儿化,单独使用时必须儿化。)

枣木/枣树/枣林:枣儿;('枣'作为词素也可以儿化,单独使用时必须儿化。)

杏树/杏花:杏儿;

玩具/玩耍/游玩:玩儿。('玩'作为词素时,一般不儿化;'玩儿完'可视为特例。)

1.3 名词儿化有时兼有指小或表爱的意义。例如:

猫＞猫儿/小～; 鱼＞鱼儿/小～;

狗＞狗儿/小～; 眼＞眼儿/针～,窟窿～;

老头(子)＞老头儿; 老婆(子)＞老婆儿;

心肝＞心肝儿; 宝贝＞宝贝儿。

口语里一向读为儿化的词语,一般并没有指小或者表爱的意义。例如:

蝈蝈儿,蛐蛐儿,雅座儿,饭馆儿,冰棍儿,香肠儿,被窝儿,车份儿,帽檐儿,玩意儿,牙签儿,打嗝儿,够本儿,钢镚儿。

1.4 明、清时期的白话文学作品里,常可见到在动词的重叠形式后面加'儿'的形式,除了表示'一次体'('一下')的意义以外,还

兼有减轻、委婉的语气。例如：(摘自《金瓶梅》)

"你老人家,不可怜见救救儿,……娘也替我说说儿。" 第754页
"大节下自恁散心,去走走儿才好。" 第1251页
"小的每是娘的儿女,娘看顾看顾儿便好,……" 第1254页
"箱子大开着,……就不说锁锁儿。" 第1291页

重叠动词中间加入宾语再加'儿',动词表达的意义相同。例如：

"从来也费恁个心儿管待我管待儿。" 第1260页
"看灯酒儿,只请要紧的,就不请俺每请儿。" 第1274页
"你还有甚亲家？也不看顾你看顾儿。" 第1469页

这种形式在《红楼梦》里也有,但是,已经不能与《金瓶梅》同日而语：

"……略病一病儿就这么想那么想的,……" 第102页
"……我好容易来了,也不理我一理儿。" 第180页

普通话里已经很少用了,常用的恐怕只有'等等儿'这样极少的表达形式了。("你等等儿我。")

1.5 适当运用儿化词语是文学作品突出人物言语风格,借以刻画人物性格、塑造人物的重要手段。

儿化词不但有上述不可忽视的语法和语用功能,笔者将在下文着重指出,儿化词语的适当运用,是文学作品里突出人物语言风格、表现人物性格、烘托语境气氛的重要手段。

请观察、对比以下的语料：

语料(一)：

《水浒传》第二十三回"王婆贪贿说风情　郓哥不忿闹茶肆"

作者在这一回使用了30个带"儿"缀的词语,共59次(其中绝

大部分应看作儿化词):

担儿	7次,	口儿(两~,三~)	4次,
一块儿	1次,	小意儿	1次,
帘儿	3次,	毡笠儿	3次,
(与"帘子"间或使用)			
桌儿	1次,	杯儿	3次,
盏儿	3次,	些儿	2次,
		("好歇儿",各1次)	
脸儿	2次,	犬儿	1次,
瓦儿	1次,	车儿	1次,
雌儿	4次,	一对儿	2次,
叶儿(茶)	1次,	驴儿	1次,
话儿	1次,	小道儿	2次,
		("道儿"各1次)	
撺鼓儿	1次,	曲儿	1次,
瓶儿	2次,	索儿	1次,
(与"瓶"间或使用)			
(小)脚儿	1次,	鞋儿	1次,
裙儿	1次,	篮儿	5次,
小凳儿	1次,	梨儿	1次。

然而,在第十七回"美髯公智稳插翅虎　宋公明私放晁天王"作者在这一回里,只使用了4个"儿"缀词语,共5次:

经折儿	2次,	车儿	1次,
阁儿	1次,	(正)眼儿	1次。

语料(二):

《红楼梦》第六回"……刘姥姥一进荣国府"

这一回里,人名带"儿"缀的词有 5 个,共 47 次:(照现在的读音习惯,双音节人名加"儿",必定是第二音节的儿化;单音节名字后加"儿",急读也是儿化音,慢读则可能成为"儿"缀词。)

凤姐儿	5 次(但是"凤姐"21 次),	狗儿	10 次,
板儿	16 次,	青儿	1 次,
平儿	14 次,	大姐儿	1 次。

作者在这一回里,使用了一般儿化词语 20 个,共 36 次:

侄儿	9 次,	(大)碗儿	1 次,
炕头儿	1 次,	想法儿	2 次,
哥儿	2 次,	一样儿	1 次,
今儿	5 次("今日"3 次),	模样儿	1 次,
爱物儿	1 次,	招手儿	1 次,
火著儿	1 次,	穷官儿	1 次,
得闲儿	1 次,	昨儿	3 次,
一点儿	1 次,	派头儿	1 次,
		(校注:是"盼头儿"的衍音)	
些儿	1 次,	影儿	1 次,
好儿	1 次,	心眼儿	1 次。

再看第三十九回"村姥姥是信口开河 情哥哥偏寻根问底"作者在这一回里,使用了一般儿化词语 30 个,共 46 次:

空儿	2 次,	(鸡油)卷儿	1 次,	杯儿	1 次,
模样儿	1 次,	取笑儿	2 次,	话儿	2 次,
昨儿	1 次,	有数儿	1 次,	明儿	7 次,
尖儿	1 次,	野意儿	2 次,	今儿	3 次,

眼圈儿	1次，	名儿	1次，	生像儿	1次，
前儿	1次，	信儿	1次，	孙女儿	1次，
瓜儿	1次，	菜儿	1次，	空空儿	1次，
故事儿	1次，	小幺儿	1次，	哥儿	3次，
姐儿	1次，	窗户眼儿	1次，	袄儿	1次，
女孩儿	3次，	雪团儿	1次，	有趣儿	1次。

然而在第一回"甄氏隐梦幻识通灵　贾雨村风尘怀闺秀"里，作者只使用了两个儿化词：

"歌儿"　1次，　"蛛丝儿"　1次。

在第二回"贾夫人仙逝扬州城　冷子兴演说荣国府"里，作者仅仅使用了1个儿化词："外孙女儿"。

另有两个儿缀词："女儿"7次，"玉儿"1次。

这些素材再清楚不过地表明，儿化词语的运用对作品突出人物语言的风格，人物的刻画与塑造，以及语境气氛的烘托具有不容忽视的作用。

2. 儿化词的读音规则：

普通话的语音系统里有39个韵母，除了韵母 er 自成音节（本身就是卷舌元音），其他38个韵母都有相应的儿化韵。

儿化是使音变韵母中的韵腹（主要元音，i, ü 除外）都读作相关元音的卷舌元音；而且作为韵头或者韵尾的 u，也同韵腹一样连带着协调卷舌。

前（舌面前）元音和后元音由于卷舌的作用，舌位都会比原来的位置向舌面中部移动，这是语音相互影响的必然结果。

儿化音变规则可以最概括地归纳为以下5条：

2.1 使韵腹（i, ü 除外）以及作韵头、韵尾的 u 卷舌。

2.2 在韵腹 i, ü 后面加 er。
2.3 韵尾 -i, -n, -ng 减音(不发音)。
综合以上3条,可以读出下列儿化韵(-ng 尾详 2.5):

沓:沓儿　　a→ar
歌:歌儿　　e→er
孩:孩儿　　ai→a(i)r　　()内为减音
黑:黑儿　　ei→e(i)r
好:好儿　　ao→aor
头:头儿　　ou→our
伴:伴儿　　an→a(n)r
门:门儿　　en→e(n)r
气:气儿　　i→i:er　　（加 er）
牙:牙儿　　ia→iar
叶:叶儿　　ie→ier
调:调儿　　iao→iaor
牛:牛儿　　iou→iour
眼:眼儿　　ian→ia(n)
信:信儿　　in→i(n)r
屋:屋儿　　u→ur
花:花儿　　ua→uar
活:活儿　　uo→uor
坡:坡儿　　o→or　　（唇音声母后）
块:块儿　　uai→ua(i)r
嘴:嘴儿　　uei→ue(i)r
玩:玩儿　　uan→ua(n)r

棍:棍儿　　uen→ue(n)r
鱼:鱼儿　　ü→ü:er　　(加 er)
橛:橛儿　　üe→üer
圈:圈儿　　üan→üɑ(n)r
群:群儿　　üen→üe(n)r

以上是 27 对非儿化韵和儿化韵

2.4 舌尖韵母-i(前),-i(后)加 er 以后,原来的韵母弱化,通常就说被 er 替换:

丝:丝儿　　-i→(-i 前)er
汁:汁儿　　-i→(-i 后)er

带'儿'缀和带'子'缀的名词,如果没有特定的要求,在作品里经常可以交替使用。这一般是为了避免雷同。例如:

"那七个客人,从松树林里推出七辆江州车儿,把车子枣子都丢在地上,将这十一担金珠宝贝,都装在车子内,遮盖好了,……"(《水浒传》第 307 页。)

词干是'子'或者包含'子'的(特别是偏正结构,如'松子'等)也可以儿化。例如:

子＞子儿/一个～也没有。(一文不名)

×子＞×子儿/棋～,松～,算盘～,枪～('子弹')……

2.5 后鼻音韵母儿化时,除了韵尾-ng 减音以外,韵腹一般鼻化(在元音上加～表示鼻化):

胖:胖儿　　ang→ã(ng)r　　整:整儿　　eng→ẽ(ng)r
亮:亮儿　　iang→iã(ng)r　　影:影儿　　ing→ĩ(ng)r
黄:黄儿　　uang→uã(ng)r　　冻:冻儿　　ong→õ(ng)r
熊:熊儿　　iong→iõ(ng)r

儿化韵的读音规则并不复杂。我们记住以上5条(前3,后2)就够用了。这实际上是汉语拼音正词法的规定。这些规则保证了拼音词形的稳定,是十分重要的。

通过上文的讨论,我们再一次体验了语音形式与语法、语用功能的匹配关系。应该说,语言里没有冗余的形式。我们对儿化韵的功能要有清楚的认识。这样,在学习、掌握它的过程中才有明确的目的。

附注

① "觉病儿",老北京人指孕妇出现临产征兆。
② "看蹭儿戏"旧指不买票,混入剧场看戏。
③ "半空儿"是北京人对籽粒不饱满的落花生的叫法。
④ "拉黏儿"指糕饼类食品发霉以后,掰开时出现黏丝。

参考文献

[1]《现代汉语词典》,中国社会科学院语言研究所词典编辑室编,商务印书馆,1996年。
[2]《普通话水平测试大纲》,刘照雄主编,吉林人民出版社,1994年。
[3]《北京土语词典》,徐世荣编,北京出版社,1990年。
[4]《金瓶梅》,齐鲁书社,1991年。
[5]《水浒传》,齐鲁书社,1991年。
[6]《红楼梦》,人民文学出版社,1996年第二版。

含"一""不"变调的双音节词语[*]

刘新珍 整理

	B				
不必	búbì	不利	búlì		Y
不便	búbiàn	不料	búliào	一半	yíbàn
不测	búcè	不吝	búlìn	一并	yíbìng
不错	búcuò	不论	búlùn	一带	yídài
不待	búdài	不妙	búmiào	一旦	yídàn
不但	búdàn	不日	búrì	一道	yídào
不当	búdàng	不善	búshàn	一动	yídòng
不定	búdìng	不胜	búshèng	一定	yídìng
不断	búduàn	不是	búshi	一度	yídù
不对	búduì	不适	búshì	一概	yígài
不忿	búfèn	不遂	búsuì	一共	yígòng
不够	búgòu	不肖	búxiào	一贯	yíguàn
不顾	búgù	不屑	búxiè	一晃	yíhuàng
不过	búguò	不逊	búxùn	一会儿	yíhuìr
不讳	búhuì	不幸	búxìng	一刻	yíkè
不济	bújì	不外	búwài	一块儿	yíkuàir
不见	bújiàn	不厌	búyàn	一溜儿	yíliùr
不快	búkuài	不要	búyào	一路	yílù
不愧	búkuì	不意	búyì	一律	yílǜ
不力	búlì	不用	búyòng	一面	yímiàn
		不在	búzài	一气	yíqì
		不振	búzhèn		
		不致	búzhì		

[*] 注:"一""不"注音标变调。

一切	yíqiè	一端	yìduān	一体	yìtǐ
一色	yísè	一发	yìfā	一同	yìtóng
一顺儿	yíshùnr	一晃	yìhuǎng	一统	yìtǒng
一瞬	yíshùn	一经	yìjīng	一头	yìtóu
一味	yíwèi	一举	yìjǔ	一无	yìwú
一下儿	yíxiàr	一口	yìkǒu	一些	yìxiē
一线	yíxiàn	一览	yìlǎn	一心	yìxīn
一向	yíxiàng	一连	yìlián	一行	yìxíng
一样	yíyàng	一旁	yìpáng	一应	yìyīng
一再	yízài	一齐	yìqí	一早	yìzǎo
一阵	yízhèn	一起	yìqǐ	一朝	yìzhāo
一致	yízhì	一如	yìrú	一直	yìzhí
一般	yìbān	一身	yìshēn	一准	yìzhǔn
一斑	yìbān	一生	yìshēng	一总	yìzǒng
一边	yìbiān	一时	yìshí		
一点儿	yìdiǎnr	一手	yìshǒu		

上声和上声相连的双音节词语

刘新珍 整理

A

矮小 ǎixiǎo

B

把柄 bǎbǐng
靶场 bǎchǎng
把守 bǎshǒu
百感 bǎigǎn
板斧 bǎnfǔ
板眼 bǎnyǎn
版本 bǎnběn
绑腿 bǎngtuǐ
宝塔 bǎotǎ
保管 bǎoguǎn
保举 bǎojǔ
保姆 bǎomǔ
保守 bǎoshǒu
保险 bǎoxiǎn
保养 bǎoyǎng
堡垒 bǎolěi
饱满 bǎomǎn
北纬 běiwěi
本领 běnlǐng

本色儿 běnshǎir
本土 běntǔ
绷脸 běngliǎn
彼此 bǐcǐ
笔法 bǐfǎ
笔挺 bǐtǐng
笔筒 bǐtǒng
笔洗 bǐxǐ
笔者 bǐzhě
匕首 bǐshǒu
比拟 bǐnǐ
比武 bǐwǔ
扁柏 biǎnbǎi
表尺 biǎochǐ
表姐 biǎojiě
表土 biǎotǔ
表演 biǎoyǎn
补给 bǔjǐ
补角 bǔjiǎo
补考 bǔkǎo
补品 bǔpǐn
补养 bǔyǎng
补语 bǔyǔ

C

采访 cǎifǎng

采暖 cǎinuǎn
采取 cǎiqǔ
采种 cǎizhǒng
踩水 cǎishuǐ
彩礼 cǎilǐ
草本 cǎoběn
草草 cǎocǎo
草稿 cǎogǎo
草莽 cǎomǎng
草拟 cǎonǐ
草体 cǎotǐ
草写 cǎoxiě
草纸 cǎozhǐ
产品 chǎnpǐn
场景 chǎngjǐng
场所 chǎngsuǒ
厂长 chǎngzhǎng
炒米 chǎomǐ
吵嚷 chǎorǎng
吵嘴 chǎozuǐ
扯谎 chěhuǎng
耻骨 chǐgǔ
耻辱 chǐrǔ
尺码 chǐmǎ
楚楚 chǔchǔ
处理 chǔlǐ

处女	chǔnǚ	点火	diǎnhuǒ	俯角	fǔjiǎo
处暑	chǔshǔ	典礼	diǎnlǐ	腐乳	fǔrǔ
处死	chǔsǐ	典雅	diǎnyǎ	腐朽	fǔxiǔ
蠢蠢	chǔnchǔn	碘酒	diǎnjiǔ	抚养	fǔyǎng
		顶点	dǐngdiǎn	辅佐	fǔzuǒ

D

G

		顶嘴	dǐngzuǐ		
		斗胆	dǒudǎn		
打靶	dǎbǎ	抖擞	dǒusǒu		
打倒	dǎdǎo	赌本	dǔběn	改悔	gǎihuǐ
打赌	dǎdǔ	短跑	duǎnpǎo	改口	gǎikǒu
打盹儿	dǎdǔnr	短少	duǎnshǎo	改写	gǎixiě
打鼓	dǎgǔ	短语	duǎnyǔ	改选	gǎixuǎn
打滚	dǎgǔn	躲闪	duǒshǎn	改组	gǎizǔ
打搅	dǎjiǎo			赶紧	gǎnjǐn
打扰	dǎrǎo			赶巧	gǎnqiǎo
打扫	dǎsǎo	**E**		赶走	gǎnzǒu
打铁	dǎtiě	耳语	ěryǔ	感慨	gǎnkǎi
打响	dǎxiǎng			感染	gǎnrǎn
打眼	dǎyǎn	**F**		感想	gǎnxiǎng
胆敢	dǎngǎn			港口	gǎngkǒu
胆管	dǎnguǎn	法宝	fǎbǎo	搞鬼	gǎoguǐ
党委	dǎngwěi	法网	fǎwǎng	稿纸	gǎozhǐ
党羽	dǎngyǔ	法语	fǎyǔ	给以	gěiyǐ
倒把	dǎobǎ	砝码	fǎmǎ	耿耿	gěnggěng
倒手	dǎoshǒu	反比	fǎnbǐ	梗死	gěngsǐ
捣鬼	dǎoguǐ	反悔	fǎnhuǐ	梗阻	gěngzǔ
捣毁	dǎohuǐ	反感	fǎngǎn	拱手	gǒngshǒu
导管	dǎoguǎn	反响	fǎnxiǎng	苟且	gǒuqiě
导体	dǎotǐ	反省	fǎnxǐng	枸杞	gǒuqǐ
导演	dǎoyǎn	仿古	fǎnggǔ	鼓手	gǔshǒu
岛屿	dǎoyǔ	匪首	fěishǒu	鼓舞	gǔwǔ
底稿	dǐgǎo	粉笔	fěnbǐ	鼓掌	gǔzhǎng
诋毁	dǐhuǐ	辅导	fǔdǎo	古板	gǔbǎn
抵挡	dǐdǎng	府邸	fǔdǐ	古典	gǔdiǎn

古董	gǔdǒng	火把	huǒbǎ	讲演	jiǎngyǎn
古老	gǔlǎo	火海	huǒhǎi	搅扰	jiǎorǎo
古朴	gǔpǔ	火警	huǒjǐng	脚本	jiǎoběn
骨髓	gǔsuǐ	火腿	huǒtuǐ	脚掌	jiǎozhǎng
谷雨	gǔyǔ	火种	huǒzhǒng	解渴	jiěkě
拐角	guǎijiǎo			解体	jiětǐ
管保	guǎnbǎo	**J**		仅仅	jǐnjǐn
管理	guǎnlǐ			尽管	jǐnguǎn
广场	guǎngchǎng	济济	jǐjǐ	警犬	jǐngquǎn
鬼脸	guǐliǎn	脊髓	jǐsuǐ	警醒	jǐngxǐng
滚滚	gǔngǔn	给养	jǐyǎng	酒鬼	jiǔguǐ
滚筒	gǔntǒng	给予	jǐyǔ	久仰	jiǔyǎng
果脯	guǒfǔ	甲板	jiǎbǎn	久远	jiǔyuǎn
果敢	guǒgǎn	假使	jiǎshǐ	举止	jǔzhǐ
果品	guǒpǐn	假死	jiǎsǐ	矩尺	jǔchǐ
		检举	jiǎnjǔ	卷尺	juǎnchǐ
H		检讨	jiǎntǎo		
		简短	jiǎnduǎn	**K**	
海产	hǎichǎn	简谱	jiǎnpǔ		
海岛	hǎidǎo	剪彩	jiǎncǎi	卡尺	kǎchǐ
海底	hǎidǐ	剪影	jiǎnyǐng	喀血	kǎxiě
海港	hǎigǎng	剪纸	jiǎnzhǐ	楷体	kǎitǐ
海里	hǎilǐ	减产	jiǎnchǎn	坎坷	kǎnkě
海马	hǎimǎ	减法	jiǎnfǎ	考场	kǎochǎng
海米	hǎimǐ	减免	jiǎnmiǎn	考古	kǎogǔ
海藻	hǎizǎo	减少	jiǎnshǎo	考取	kǎoqǔ
好比	hǎobǐ	检点	jiǎndiǎn	拷打	kǎodǎ
好感	hǎogǎn	俭朴	jiǎnpǔ	可鄙	kěbǐ
好久	hǎojiǔ	俭省	jiǎnshěng	可耻	kěchǐ
好手	hǎoshǒu	奖品	jiǎngpǐn	可好	kěhǎo
好转	hǎozhuǎn	奖赏	jiǎngshǎng	可口	kěkǒu
虎口	hǔkǒu	讲稿	jiǎnggǎo	可巧	kěqiǎo
缓缓	huǎnhuǎn	讲解	jiǎngjiě	可取	kěqǔ
悔改	huǐgǎi	讲理	jiǎnglǐ	可体	kětǐ

可喜	kěxǐ	理解	lǐjiě		
可以	kěyǐ	理想	lǐxiǎng	**N**	
恳请	kěnqǐng	礼品	lǐpǐn		
口齿	kǒuchǐ	脸谱	liǎnpǔ	奶粉	nǎifěn
口角	kǒujiǎo	两可	liǎngkě	奶水	nǎishuǐ
口紧	kǒujǐn	两手	liǎngshǒu	奶嘴	nǎizuǐ
口水	kǒushuǐ	了解	liǎojiě	脑海	nǎohǎi
口吻	kǒuwěn	凛凛	lǐnlǐn	脑髓	nǎosuǐ
口语	kǒuyǔ	领导	lǐngdǎo	恼火	nǎohuǒ
苦楚	kǔchǔ	领海	lǐnghǎi	拟稿	nǐgǎo
苦胆	kǔdǎn	领口	lǐngkǒu	扭转	niǔzhuǎn
苦海	kǔhǎi	领取	lǐngqǔ	女子	nǚzǐ
苦恼	kǔnǎo	领土	lǐngtǔ	努嘴	nǔzuǐ
苦水	kǔshuǐ	笼统	lǒngtǒng		
傀儡	kuǐlěi	鲁莽	lǔmǎng	**O**	
捆绑	kǔnbǎng	旅馆	lǚguǎn		
				偶尔	ǒu'ěr
L		**M**		藕粉	ǒufěn
懒散	lǎnsǎn				
朗朗	lǎnglǎng	马脚	mǎjiǎo	**P**	
老板	lǎobǎn	玛瑙	mǎnǎo		
老本	lǎoběn	蚂蚁	mǎyǐ	跑表	pǎobiǎo
老虎	lǎohǔ	美感	měigǎn	跑马	pǎomǎ
老茧	lǎojiǎn	美好	měihǎo	跑腿儿	pǎotuǐr
老手	lǎoshǒu	美满	měimǎn	捧场	pěngchǎng
老鼠	lǎoshǔ	米酒	mǐjiǔ	漂染	piǎorǎn
老小	lǎoxiǎo	勉强	miǎnqiǎng	撇嘴	piězuǐ
冷场	lěngchǎng	腼腆	miǎntiǎn	品种	pǐnzhǒng
冷暖	lěngnuǎn	渺小	miǎoxiǎo	谱表	pǔbiǎo
冷水	lěngshuǐ	敏感	mǐngǎn	谱曲	pǔqǔ
冷眼	lěngyǎn	母语	mǔyǔ	谱写	pǔxiě
冷饮	lěngyǐn	拇指	mǔzhǐ	普选	pǔxuǎn
理睬	lǐcǎi				

Q

启齿	qǐchǐ	软骨	ruǎngǔ	手癣	shǒuxuǎn
乞讨	qǐtǎo			手语	shǒuyǔ
起笔	qǐbǐ	**S**		手掌	shǒuzhǎng
起草	qǐcǎo			手纸	shǒuzhǐ
起点	qǐdiǎn	洒扫	sǎsǎo	手指	shǒuzhǐ
起稿	qǐgǎo	扫尾	sǎowěi	首府	shǒufǔ
起火	qǐhuǒ	傻眼	shǎyǎn	首肯	shǒukěn
起码	qǐmǎ	闪闪	shǎnshǎn	首领	shǒulǐng
起跑	qǐpǎo	赏脸	shǎngliǎn	首脑	shǒunǎo
起早	qǐzǎo	少礼	shǎolǐ	首尾	shǒuwěi
浅显	qiǎnxiǎn	少许	shǎoxǔ	首长	shǒuzhǎng
遣返	qiǎnfǎn	审处	shěnchǔ	守法	shǒufǎ
抢险	qiǎngxiǎn	审理	shěnlǐ	数九	shǔjiǔ
抢嘴	qiǎngzuǐ	审美	shěnměi	甩手	shuǎishǒu
襁褓	qiǎngbǎo	婶母	shěnmǔ	爽口	shuǎngkǒu
请柬	qǐngjiǎn	省俭	shěngjiǎn	爽朗	shuǎnglǎng
请帖	qǐngtiě	省长	shěngzhǎng	水笔	shuǐbǐ
取保	qǔbǎo	史馆	shǐguǎn	水表	shuǐbiǎo
取景	qǔjǐng	使馆	shǐguǎn	水彩	shuǐcǎi
取暖	qǔnuǎn	使者	shǐzhě	水草	shuǐcǎo
取巧	qǔqiǎo	矢口	shǐkǒu	水产	shuǐchǎn
取舍	qǔshě	始祖	shǐzǔ	水果	shuǐguǒ
龋齿	qǔchǐ	守寡	shǒuguǎ	水火	shuǐhuǒ
曲谱	qǔpǔ	手笔	shǒubǐ	水碱	shuǐjiǎn
犬齿	quǎnchǐ	手表	shǒubiǎo	水饺	shuǐjiǎo
犬马	quǎnmǎ	手法	shǒufǎ	水井	shuǐjǐng
		手感	shǒugǎn	水鸟	shuǐniǎo
R		手稿	shǒugǎo	水手	shuǐshǒu
		手鼓	shǒugǔ	水塔	shuǐtǎ
		手脚	shǒujiǎo	水桶	shuǐtǒng
		手紧	shǒujǐn	水土	shuǐtǔ
		手巧	shǒuqiǎo	水藻	shuǐzǎo
染指	rǎnzhǐ	手软	shǒuruǎn	水肿	shuǐzhǒng
乳母	rǔmǔ	手写	shǒuxiě	水准	shuǐzhǔn

死板	sǐbǎn	土法	tǔfǎ		
死党	sǐdǎng	土匪	tǔfěi		**X**
死角	sǐjiǎo	土改	tǔgǎi		
死守	sǐshǒu	土壤	tǔrǎng	洗澡	xǐzǎo
死水	sǐshuǐ	吐口	tǔkǒu	喜酒	xǐjiǔ
榫眼	sǔnyǎn	腿脚	tuǐjiǎo	喜雨	xǐyǔ
索取	suǒqǔ			洗礼	xǐlǐ
索引	suǒyǐn		**W**	洗手	xǐshǒu
所属	suǒshǔ			洗雪	xǐxuě
所以	suǒyǐ	瓦解	wǎjiě	显眼	xiǎnyǎn
所有	suǒyǒu	婉转	wǎnzhuǎn	显影	xiǎnyǐng
锁骨	suǒgǔ	晚场	wǎnchǎng	险阻	xiǎnzǔ
		晚点	wǎndiǎn	想法	xiǎngfǎ
	T	晚景	wǎnjǐng	享有	xiǎngyǒu
		枉法	wǎngfǎ	小产	xiǎochǎn
倘使	tǎngshǐ	往返	wǎngfǎn	小丑	xiǎochǒu
躺椅	tǎngyǐ	往往	wǎngwǎng	小鬼	xiǎoguǐ
讨好	tǎohǎo	萎靡	wěimǐ	小脚	xiǎojiǎo
讨巧	tǎoqiǎo	委靡	wěimǐ	小姐	xiǎojiě
体检	tǐjiǎn	委婉	wěiwǎn	小楷	xiǎokǎi
体统	tǐtǒng	猥琐	wěisuǒ	小米	xiǎomǐ
体癣	tǐxuǎn	尾骨	wěigǔ	小脑	xiǎonǎo
铁板	tiěbǎn	稳妥	wěntuǒ	小跑	xiǎopǎo
铁笔	tiěbǐ	武打	wǔdǎ	小品	xiǎopǐn
铁饼	tiěbǐng	五彩	wǔcǎi	小巧	xiǎoqiǎo
铁轨	tiěguǐ	舞场	wǔchǎng	小曲儿	xiǎoqǔr
铁甲	tiějiǎ	舞蹈	wǔdǎo	小写	xiǎoxiě
铁水	tiěshuǐ	舞女	wǔnǚ	小雨	xiǎoyǔ
铁索	tiěsuǒ	舞曲	wǔqǔ	小组	xiǎozǔ
铁塔	tiětǎ	五谷	wǔgǔ	写法	xiěfǎ
挺举	tǐngjǔ	侮辱	wǔrǔ	醒酒	xǐngjiǔ
统属	tǒngshǔ	五指	wǔzhǐ	许久	xǔjiǔ
统统	tǒngtǒng			许可	xǔkě
土产	tǔchǎn			选本	xuǎnběn

选举	xuǎnjǔ	有点儿	yǒudiǎnr	整体	zhěngtǐ
选取	xuǎnqǔ	有理	yǒulǐ	整整	zhěngzhěng
选手	xuǎnshǒu	有请	yǒuqǐng	趾甲	zhǐjiǎ
选种	xuǎnzhǒng	有喜	yǒuxǐ	咫尺	zhǐchǐ
雪耻	xuěchǐ	友好	yǒuhǎo	纸板	zhǐbǎn
		予以	yǔyǐ	纸捻	zhǐniǎn
Y		雨点	yǔdiǎn	指导	zhǐdǎo
		雨伞	yǔsǎn	指点	zhǐdiǎn
哑场	yǎchǎng	雨水	yǔshuǐ	指使	zhǐshǐ
演讲	yǎnjiǎng	语法	yǔfǎ	指引	zhǐyǐn
掩体	yǎntǐ	远古	yuǎngǔ	只管	zhǐguǎn
眼底	yǎndǐ	远景	yuǎnjǐng	只好	zhǐhǎo
眼睑	yǎnjiǎn	远祖	yuǎnzǔ	只有	zhǐyǒu
眼角	yǎnjiǎo	允许	yǔnxǔ	种种	zhǒngzhǒng
养老	yǎnglǎo			主笔	zhǔbǐ
仰角	yǎngjiǎo	**Z**		主导	zhǔdǎo
仰泳	yǎngyǒng			主管	zhǔguǎn
窈窕	yǎotiǎo	早产	zǎochǎn	主讲	zhǔjiǎng
野火	yěhuǒ	早场	zǎochǎng	主考	zhǔkǎo
野史	yěshǐ	早点	zǎodiǎn	主使	zhǔshǐ
也许	yěxǔ	早晚	zǎowǎn	主体	zhǔtǐ
以免	yǐmiǎn	早已	zǎoyǐ	主演	zhǔyǎn
以往	yǐwǎng	早早	zǎozǎo	主语	zhǔyǔ
以远	yǐyuǎn	眨眼	zhǎyǎn	主宰	zhǔzǎi
饮水	yǐnshuǐ	斩首	zhǎnshǒu	主旨	zhǔzhǐ
引导	yǐndǎo	展览	zhǎnlǎn	转角	zhuǎnjiǎo
引起	yǐnqǐ	辗转	zhǎnzhuǎn	转脸	zhuǎnliǎn
隐语	yǐnyǔ	掌管	zhǎngguǎn	转手	zhuǎnshǒu
影响	yǐngxiǎng	掌嘴	zhǎngzuǐ	转眼	zhuǎnyǎn
永久	yǒngjiǔ	长老	zhǎnglǎo	转载	zhuǎnzǎi
永远	yǒngyuǎn	长者	zhǎngzhě	准保	zhǔnbǎo
勇敢	yǒnggǎn	长子	zhǎngzǐ	准许	zhǔnxǔ
勇猛	yǒngměng	诊所	zhěnsuǒ	准予	zhǔnyǔ
有底	yǒudǐ	整理	zhěnglǐ	子女	zǐnǚ

总得	zǒngděi	走狗	zǒugǒu	阻挡	zǔdǎng
总揽	zǒnglǎn	走火	zǒuhuǒ	阻止	zǔzhǐ
总理	zǒnglǐ	走眼	zǒuyǎn	嘴角	zuǐjiǎo
总体	zǒngtǐ	走嘴	zǒuzuǐ	嘴紧	zuǐjǐn
总统	zǒngtǒng	组稿	zǔgǎo	嘴脸	zuǐliǎn
总长	zǒngzhǎng	组曲	zǔqǔ	左手	zuǒshǒu
走板	zǒubǎn	组长	zǔzhǎng		
走访	zǒufǎng	祖母	zǔmǔ		

普通话"重·次轻"格式的词语

宋欣桥

（一）

　　本表（一）所列的词语，一般的词典没有标注轻声，但在普通话的口语中人们却大多读作"后轻"，实际是"重·次轻"的格式。

　　这是我们测试中语音评定的一个难点。当在读"双音节词语"的时候，应试者读作"中·重"的格式，我们要判定为正确，因为词典上没有标注为轻声。当应试者读作"重·次轻"的格式，也不能算错，也要判定为正确，因为在纯正的普通话口语中大多是这样读的。

　　不过，当应试者在朗读和说话中把这些词语读作"中·重"的格式，我们就会感觉到生硬或语感差。当应试者的普通话水平达到二级甲等以上的成绩后，为了进一步提高普通话的水平，把普通话说得纯正自然，就要注意这部分词语的读音了。

　　我们根据1994年版《普通话水平测试大纲》普通话常用词语表的[表一]辑录了以下"重·次轻"格式的词语，供测试员和应试者参考。

A　阿门　爱护　爱惜　安顿　安排　安生　安慰　安稳　安置　暗下　傲气

B　巴望　把柄　把握　霸气　白菜　白露　拜望　斑鸠　搬弄

	办法	扮相	帮助	包庇	宝贝	报务	倍数	比喻	编辑
	便利	表示	病人	博士	布置				
C	才气	材料	财神	参与	操持	岔口	差役	产物	产业
	长度	敞亮	车钱	成绩	成全	承应	乘务	程度	程序
	尺度	充裕	仇人	臭虫	处分	处置	绰号	次数	次序
D	打开	待遇	担待	倒换	倒是	敌人	嫡系	地步	地势
	地位	冬瓜	董事	动物	动作	斗笠	督促	读物	肚量
	度量								
E	恩人								
F	翻译	反映	犯人	方便	方式	防备	分析	风气	缝隙
	伏天	服务	福利	富裕					
G	干预	干部	根据	工程	购置	估计	观望		
H	寒战(寒颤)	行业	和睦	会务	贿赂	货物	豁亮		
J	吉他	纪律	技术	季度	家务	家业	价目	建筑	将军
	讲求	匠人	将士	交代	交待	交际	交涉	较量	教育
	接济	节目	节日	解释	界线	界限	今天	进度	进士
	经济	韭菜	救济	局势	剧目	觉悟	爵士	军人	军事
K	刊物	控制							
L	老虎	礼数	里面	力度	利益	利用	联络	联系	烈士
	猎物	吝惜	灵气	零碎	伦巴				
M	埋怨	面积	名分	命令	摩托	模样	目的		
N	男士	男子	能手	女儿	女士	女子			
O	偶尔								
P	喷嚏	批评	僻静	篇目	破费	菩萨			
Q	蹊跷	气候	气量	气质	器物	器重	恰当	迁就	牵涉

	牵制	前天	轻便	轻快	清静	请示	穷人	秋季	秋千
	秋天	去处	趣味	权利	权力	劝慰			
R	人物	荣誉	容易	若是					
S	杀气	伤势	商议	设计	设置	射手	深度	甚至	生计
	生物	生育	声势	声音	省份	圣人	诗人	时务	实惠
	食物	士气	世道	事故	事务	适应	嗜好	手气	手势
	手艺	树木	数目	耍弄	税务	顺序	硕士	私下	素质
	速度	算是							
T	太监	探戈	堂上	体会	天气	天上	添置	条理	调剂
	统计	痛处	头上	腿脚	退伍	托福(~考试)			
W	威风	维护	卫士	文凭	文书	文艺	武士	物质	误会
X	西瓜	习气	席位	媳妇	戏弄	系数	细致	下午	嫌弃
	显示	羡慕	乡里	乡亲	香椿	项目	销路	孝敬	孝顺
	效率	效益	效应	心计	信任	信用	信誉	刑具	刑事
	形式	形势	兴致	性质	休克	序数	学问		
Y	延误	盐分	掩饰	样式	药材	药物	要不	业务	医务
	仪器	仪式	贻误	遗弃	义务	艺术	意气	印台	印象
	影壁	应承	勇士	犹豫	油性	右面	幼稚	于是	院士
	愿望	月份	乐器	运动(物质~、体育~)					
Z	杂货	杂种	责任	债务	战士	账目	障碍	招待	这里
	这样	珍惜	政治	职务	植物	制度	质量	秩序	智慧
	智力	重量	重视	装饰	装置	壮士	姿势	滋味	字据
	组织	左面	作物	作用					

(二)

本表所列的词语是在2004年《普通话水平测试实施纲要》明确汉语拼音注音上明确标注"可轻读词语"的,即注音仍在轻读音节上标注声调符号,但在轻读音节前面加圆点,如"机会"注音为jī·huì。这是借鉴《现代汉语词典》的标音方式。

体例说明:

"新大纲"指2004年版《普通话水平测试实施纲要》。

"原大纲"指1994年版《普通话水平测试大纲》。

《现汉》指1996年版《现代汉语词典》。

"同"指与新大纲注音相同。

"轻"指注音为"轻声",即指双音节词、三音节词第二个音节为轻声。三音节词语也有第三个音节为轻声音节的情况。

"非"指并非注音为"轻声"或"可轻读"的词语,即双音节或三音节词全部标注声调。

凡带 * 号是表一词语中的最为常用的词语。

凡带 ♯ 号是1996年版《现代汉语词典》中一个词形分列两个条目,一个是轻声/轻读,另一个非轻声/非轻读。

表 一

新大纲	《现汉》	原大纲	备注
1. *白天	同	轻	
2. *报酬	轻	轻	
3. 报复	同	非	
4. *别人♯	轻	非	
5. *玻璃	同	轻	
6. *差不多	轻	轻	

7.	长处	轻	轻
8.	*成分	同	轻
9.	诚实	同	非
10.	*出来	同	非
11.	*出去	同	非
12.	*刺激	非	非
13.	*聪明	同	轻
14.	*错误	非	非
15.	答复	同	非
16.	*道理	轻	非
17.	*底下	轻	轻
18.	*地下#	轻	非
19.	*懂得	轻	轻
20.	*对不起	轻	轻
21.	*多少#	轻	轻
22.	*反正#	同	轻
23.	*费用	轻	非
24.	分量	同	非
25.	*夫人	同	非
26.	*父亲	同	非
27.	*干净	非	非
28.	感激	同	非
29.	跟前#	轻	非
30.	*工人	同	非
31.	公平	同	非
32.	固执	同	非
33.	*过来	同	非
34.	*过去	同	轻
35.	*好处	轻	轻
36.	喉咙	同	非

37.	后边	轻	轻
38.	*后面	轻	轻
39.	花费#	轻	非
40.	*回来	同	非
41.	*回去	同	非
42.	*活动	同	非
43.	*机会	同	非
44.	*机器	同	非
45.	机器人	同	无
46.	*记得	轻	轻
47.	家具	同	非
48.	价钱	轻	轻
49.	讲究	轻	轻
50.	*进来	同	非
51.	*进去	同	非
52.	*觉得	轻	轻
53.	*看见	同	非
54.	*客人	同	轻
55.	*会计	同	轻
56.	来不及	轻	轻
57.	老人家	轻	轻

(新大纲后两个音节标为次轻,《现汉》则为轻声,原大纲第三个音节标为轻声。)

58.	老鼠	同	非
59.	里边	轻	轻
60.	*里面	非	非
61.	*力量	轻	轻
62.	了不起	轻	轻
63.	邻居	非	非
64.	*逻辑	轻	轻
65.	毛病	同	非

66.	*没有	同	非	
67.	棉花	轻	轻	
68.	摸索	同	轻	
69.	*母亲	同	非	
70.	*哪里	轻	轻	
71.	那里	轻	轻	
72.	佩服	同	非	
73.	菩萨	非	非	
74.	葡萄	同	轻	
75.	葡萄糖	同	轻	
76.	妻子#	轻	轻	
77.	*起来	同	非	
78.	*气氛	非	非	
79.	前边	轻	轻	
80.	*前面	轻	轻	
81.	*情形	轻	轻	
82.	*情绪	同	非	
83.	*任务	轻	轻	
84.	*容易	非	非	
85.	上边	轻	轻	
86.	上面	轻	轻	
87.	*上来	同	无	
88.	*上去	同	无	
89.	舍不得	轻	轻	(《现汉》、原大纲后两个音节均为"轻")
90.	*身份	轻	轻	(原大纲为"身分")
91.	神气	同	轻	
92.	*使得	轻	轻	
93.	*势力	轻	轻	
94.	*书记	轻	轻	
95.	*熟悉	非	非	

96. *说法#	轻	轻	
97. *太阳	非	非	
98. *态度	轻	轻	
99. *听见	同	非	
100. 痛快	同	轻	
101. 外边	轻	轻	
102. *外面	轻	非	
103. 味道	轻	轻	
104. 下边	轻	轻	
105. *下来	同	非	
106. 下面	轻	轻	
107. *下去	同	无	
108. *显得	轻	轻	
109. *想法#	轻	非	
110. *小姐	同	轻	
111. 小心	同	非	
112. *晓得	轻	轻	
113. *心里	轻	轻	
114. *新鲜	同	非	
115. 烟囱	非	非	
116. 摇晃	同	非	
117. *夜里	轻	轻	
118. *已经	轻	轻	
119. *意见	同	非	
120. *意识	同	非	
121. 因为	同	非	
122. 用处	轻	轻	
123. 应付	同	轻	
124. 右边	轻	轻	
125. 遇见	同	非	
126. *愿意	同	非	

#	词		
127. *早晨	轻	轻
128. *照顾	同	非
129. 折磨	同	轻
130. *这里	非	非
131. *知道	同	轻
132. *值得	同	轻
133. 嘱咐	同	非
134. *资格	同	非
135. 左边	轻	轻

表 二

#	词		
1. 把手	轻	轻
2. 摆布	轻	轻
3. 摆弄	非	非
4. 摆设	非	轻
5. 褒贬♯	非	非
6. 报应	同	非
7. 抱怨	同	非
8. 北边	非	轻
9. 本钱	同	轻
10. 鼻涕	非	非
11. 别致	同	非
12. 不见得	同	非
13. 残疾	同	轻
14. 吃不消	轻	轻
15. 尺寸	轻	轻
16. 抽屉	轻	轻
17. 搭讪	同	无
18. 打交道	轻	非
19. 大不了	轻	轻
20. 当铺	同	非
21. 得罪	同	轻

22.	底细	同	轻
23.	点缀	同	轻
24.	惦记	同	非
25.	东边	轻	轻
26.	短处	轻	非
27.	翻腾	同	轻
28.	分寸	轻	非
29.	风水	同	轻
30.	凤凰	非	非
31.	扶手	轻	轻
32.	服侍	轻	非
33.	斧头	同	轻
34.	干粮	同	无
35.	告示	轻	轻
36.	格式	轻	非
37.	工钱	轻	轻
38.	公道#	轻	非
39.	功劳	同	非
40.	恭维	轻	非
41.	公家	轻	轻
42.	勾当	同	非
43.	估量	同	非
44.	害处	轻	轻
45.	行家	轻	轻
46.	荷包	同	非
47.	和气	轻	轻
48.	滑稽	同	非
49.	荒唐	同	非
50.	黄瓜	轻	轻
51.	恍惚	同	非
52.	晦气	同	非
53.	火气	非	非

54.	伙食	同	非
55.	祸害	轻	非
56.	忌讳	同	非
57.	缰绳	同	轻
58.	禁不住	轻	轻
59.	近视	非	轻
60.	看不起	轻	轻
61.	考究	轻	轻
62.	靠不住	轻	轻
63.	苦头#	同	轻
64.	宽敞	轻	轻
65.	魁梧	同	无
66.	拉拢	同	轻
67.	牢骚	同	非
68.	冷不防	轻	轻
69.	冷清	轻	轻
70.	理事	同	非
71.	了不得	轻	轻
72.	伶俐	同	非
73.	琉璃	同	无
74.	露水	轻	非
75.	埋伏	同	非
76.	卖弄	轻	轻
77.	玫瑰	轻	轻
78.	眉目#	轻	非
79.	门面	轻	轻
80.	免得	轻	轻
81.	牡丹	轻	轻
82.	南边	轻	轻
83.	南瓜	非	非
84.	南面	非	非
85.	难处#	轻	轻

(《现汉》第三个音节加点标调)

86.	泥鳅	同	轻
87.	挪动	轻	轻
88.	排场	同	非
89.	牌坊	非	非
90.	喷嚏	非	非
91.	碰见	同	非
92.	琵琶	同	非
93.	篇幅	轻	轻
94.	撇开	同	非
95.	泼辣	轻	非
96.	破绽	同	非
97.	魄力	同	无
98.	葡萄酒	同	非
99.	敲打	同	轻
100.	瞧见	同	非
101.	俏皮	轻	轻
102.	亲事	轻	非
103.	轻巧	同	非
104.	去处	非	非
105.	洒脱	轻	轻
106.	神仙	同	轻
107.	生日	轻	非
108.	尸首	轻	轻
109.	势头	同	非
110.	手巾	同	非
111.	算盘	同	轻
112.	孙女	同	非
113.	太监	非	非
114.	提拔	同	非
115.	体谅	同	非
116.	体面	同	轻
117.	替换	同	非

118. 通融	同	非	
119. 透亮	同	非	
120. 徒弟	同	轻	
121. 围裙	非	非	
122. 喜鹊	轻	非	
123. 薪水	轻	轻	
124. 修行	同	非	
125. 妖怪	同	非	
126. 益处	轻	轻	
127. 义气	轻	轻	
128. 樱桃	同	非	
129. 右面	非	非	
130. 鸳鸯	同	非	
131. 月季	非	非	
132. 匀称	同	非	
133. 糟蹋	同	非	
134. 照应#	轻	轻	
135. 阵势	同	非	
136. 证人	轻	非	
137. 侄女	同	非	
138. 志气	同	轻	
139. 周到	同	轻	
140. 住处	同	无	
141. 左面	非	非	
142. 坐位	同	非	

十、朗读的基本要求

朗读在语文教学中的作用

徐 世 荣

我们在日常文化生活中有两件不可少的事：一件是把语言用文字写在书面上，让别人看了知道，或供自己日后阅读、备忘，就是写作。写作在生活中的必要，大家都已熟悉，不再多说了。另一件事是反过来，把书面文字——文章，再恢复为语言，由口头表达出来，念出来，让别人听了知道，就是朗读。

有的是为了宣传、教育而作的朗读，如广播，读报，宣读文件、资料、讲稿，教学的、讲话的录音等等；有的是为了文艺欣赏或学习而作的朗读，如朗读文学作品以及广播、教学唱片的录音等等；比这些更小的事，如帮助老大娘念家信、读通知书等，这些方面的朗读，为了让较多的人听懂，最好使用普通话标准音。本文就是要谈谈在学校的语文教学中用普通话朗读的问题。

普通话朗读就是用爽朗生动的标准音，把书面上用文字写出成段成篇的文章作品念出来，成为有声有色的活语言，使多数人听见后，了解并且接受；不仅产生等于书面作品的表达效果，还可以由于声音的运用，增强效果，使听者不仅知道，而且得到更深刻的感受。这里要讲的就是这样有声有色的朗读。

社会上需要这种朗读技能。对于具有一定文化水平的人,要求具有这种技能。因此,它是学生们在语文学习中的一项基本功。学校的语文教学,有责任培养青少年具有这种能力。如果没有这方面的训练,一旦朗读,必是平板迟钝,一字一迸,支离破碎,词意混乱,不但不能给书面作品增加表达力、感染力,反而要减损原作的顺畅,破坏原作的完整;还有些文艺作品的结构、修辞上的艺术手法,也会被毁掉,变成不易懂,不易被人接受的东西,更不用说什么欣赏、趣味了。

对于学校的语文教学来说,朗读又是一种很好的教学方法——教与学两方面的好方法。

我国自古以来,就很讲究诵读。"呻其占毕"(见《礼记·学记》),("占"是阅读,"毕"是书简。"呻"是发出声音来诵读),反映了自古以来就被人采用为教学方法。"书读百遍,而义自见"(魏·董遇的话),是说多读可以增强理解。"读书破万卷,下笔如有神"(唐·杜甫诗句),是说多读可以有助写作。现在小学语文教学大纲中都规定了朗读教学的要求,也正是因为朗读可以培养说话(普通话)能力、阅读能力、写作能力。

朗读的课文都是用普通话的词汇、语法写成的。朗读时要求使用普通话语音,每个字都要求按规范的标准音来念;再加上轻重缓急、抑扬顿挫的语调、语气,这就是最好的普通话练习——口头表达使用规范化的汉民族共同语的练习。大家公认"语文课是教学普通话的主要课堂"。通过朗读,可以促进普通话教学。

语文课要培养学生阅读能力。阅读,其实就是和朗读相对的"默读"。朗读和默读的关系,应该说:朗读是基础,默读是提高一步的技能。作者写作,也愿努力运用语言,使之生动,如老舍自己曾说他的写作是"出着声儿写的,以期把语言写活"。但写成文字,总要减损了神情与语气。朗读正可把书面语言"还原"为口头语言,成为有声的、自然生动的活语言。用活语言讲理,叙事,状物,抒情,添加声音的陪衬与点染,就更容易接受、了解。经常朗读,奠定默读的基础,再变有声为无声,改为心里说话,就是默读的技能——阅读的能力。阅读时,眼里看到的是文字,脑里回荡的是语言——有声音补充的活语言,和朗读能收到同样效果,和听别人的朗读所产生的效果也大致相同。

  为了培养学生的阅读能力,教师们必须以各课课文为例,进行讲解。这种讲解,除讲明字、词、句之外,便是分析,分析文意与文章结构等。分析,势必把完整的课文拆散,恰如拆卸机器,指出各个零件的功能。这时,学生所得,只是零散的、死板的一堆概念。这样的讲解,难以完成培养阅读能力的目的。必须在讲解之后,由教师作融会贯通的示范朗读,和教师的讲解、分析相印证,学生才透彻地理解,深刻地感受;同时,对文章的写叙,语言的运用,不止懂得,而且会欣赏。所以朗读是讲解的辅助,是分析后的综合,是解剖后的复活,对书面文字赋予生命,学生由此才可以掌握住这个作品的完整的内容与形式。

  语文课要培养学生的写作能力。作文,其实应该认为就是"写话"——"我手写我口"(清·黄遵宪诗句),经常朗读,学习了普通话,积累了普通话的词汇,熟习了普通话的语法,写作中"遣词造句"就能符合"共同语"的要求。特别是学生思维能力的培养,学生经常听教师的生动的朗读,学生自己也经常朗读,思维活动紧跟着有声语言的内容一步一步地走,也在进行着思维的实践。这种实践,正是写作要训练的"思路"。因此,朗读对于写作,会有显著的影响。这比教师凭空单讲什么文章的"起、承、转、合",讲什么"命意、布局",要实际得多,活泼得多。

在语文教学、语文学习上,朗读可以起到多方面的辅助作用,所以应该重视。

提到朗读,不少人会自然地联想到"朗诵"。一般地说,朗读是教学上的一种方法,而朗诵则是一种艺术表演的形式。朗读不必脱离书本,不需要声音之外的手势、眼神、姿态等的配合动作,也不必过分地夸张,不必要求什么优美的音色,只是把书面文字"语言化",注入生活气息就是了。但在学校里为了提倡普通话朗读的功夫,不妨经常组织少年儿童们喜爱的朗诵会,让学生们有机会做不看课本的朗读表演,稍稍提高运用声音的技巧和艺术形式的要求,一面鼓舞兴趣,一面收到更好的普通话学习效果。从学习普通话这一角度来看,朗读是第一步,朗诵是第二步,是真正的脱离书面的语言实践。

人类的思维是建立在语言材料——词的基础的,词是一个个语言基本单位,代表着一个个概念。与声音结合起来,从心理学来看,就是一个个表情达意的"信息"。人类大脑里贮存大量的这种"信息",再通过语法的排列组织,使内在的思维变成发出的语言。在方言地区的人们,这些"信息"是概念和方音结合着的。学习了这些普通话的词语,大脑里又增加了和标准音结合着的"信息"。自己有意地克制使用方言,就要把普通话的"信息"经常拿出来。

朗读是先看到汉字,反映到大脑,变为思维概念,再和标准音的"信息"联系而发音说话。中间夹着汉字这一层障碍;而朗诵则是背诵文章、作品,是大脑用标准音的"信息"直接想话而发音说话,是思维和标准音的直接联系。这个锻炼:"想话——练话",是学习普通话的最有效的方法。有目的、有计划地培养这种能力，就能对学习普通话收到速效。为了培养这种能力，利用朗诵来做一时的局限，使学生不得不克制用方音想话、说话的老习惯，由此逐渐建立用标准音想话、说话的新习惯。朗读与朗诵，异曲而同工。在学校里一并提倡起来，对于语文教学——特别是对普通话的教与学，会起到很有益的作用。

(原载江西省《小学教学研究》1980年第1期)

朗 读 状 态

张　颂

朗读者在朗读过程中,必须获得并保持正确的状态。正确的朗读状态有共性的一面,叫一般状态,也有个性的一面,叫特殊状态。

所谓状态,是指朗读者在朗读过程中表现出来的形态,包括在心理状态与生理状态两大方面,不过,心理状态是主导方面。

朗读状态不正确,或过分紧张,张口结舌;或过分懈怠,无精打采;或激动万分,千头万绪;或追求技巧,三心二意;或腔调固定,色彩单一……,这一切都不可能把自己的全部准备工作付诸实现,朗读者对作品的理解、感受、构思、设计,便会付之东流。因此可以说,朗读状态正确与否,是朗读成败的重要关节,应该引起我们足够的重视。

什么是正确的朗读状态呢?怎样把握它呢?不正确的朗读状态又怎样克服呢?我们从几个方面给以说明。

(一) 信心百倍　积极主动

正确的朗读状态,首先是精神状态正确。为了传达朗读的作品内容,以事省人,以理服人,以情感人,朗读者要由衷地感到作品的深刻、丰富,预见到它对听者具有的多方面教益,和可能从中获得的美感享受。

朗读者一定要引发出比较强烈的朗读愿望,要有一种需要立即朗读才好的迫切感:如此优秀的作品,朗读它本身就是一种享受,自己一定要尽力展现作品的面貌和魅力,诉诸有声语言之后,会使听者有更多的收益!

这种信心和愿望,不是空洞的、勉强的,它是出于对朗读本身的兴趣、爱好,发之于对朗读作品的理解、感动和欣赏。朗读者之对朗读作品,应该成为一种切实的需要,就像诗人写诗,画家作画,摄影家拍照,书法家挥毫,这种需要是一种动力,心向往之,欲罢不能。这种朗读作品的需要,促使朗读者沉着、镇静,而又积极、炽烈。在朗读过程中,朗读者处于一种其乐融融的胜任愉快的满足之中。这时朗读者心里会不断地鼓励着自己:我一定要朗读好,我肯定能朗读好,我必定会朗读好。

所谓"胸有成竹",一方面是说,对朗读内容十分熟悉,并且已经化为自己的理解和感受,领略到了"个中滋味";另一方面是说,对朗读进程能够驾驭,语语中的,声声入耳,一鼓作气,善始善终。

但是,朗读时往往会出现缺乏信心、不够主动的状态。究其原因,一是过分紧张:众目睽睽,大庭广众之下,不好意思,不敢放松,好似参加考试,又像被人审查,于是心跳过速,气息不畅,朗读起来,思想出现空白,看字念音,不知道自己在说什么,感情不能调动,声音喑哑苍白,只想快点读完了事。听者反应怎样,听明白了没有,也全然不知。这就是一种缺乏信心,不能自制,失去自如的状态。二是过于懈怠:好像是迫不得已才朗读,心不在焉,传达不出朗读的内容,没有感情,不积极不主动,就像与己无关,敷衍应付,吐字松软,声音干瘪。这种状态,"睁眼懒看字,念字懒张嘴",比紧张要坏得多。

为了克服朗读中紧张或懈怠的不良状态,我们要从认识上解决"战略上藐视,战术上重视"的问题。要看到朗读并不神秘,人人都可学,有口皆能读,而且可以通过反复朗读、细心体会,进一步提高自己的水平。在具体朗读时,也要看到真正使字字有依据,处处有变化,并不容易,得下苦功夫才行。这样,朗读时才能够获得从容而不懈怠,积极而不急促的正确状态。

信心百倍,积极主动,并不完全是具体的朗读状态问题。一个在业务上缺乏上进心的人,一个在事业上缺乏责任感的人,无论做什么事,都会是漫不经心的;一个心胸狭隘的人,一个患得患失的人,对什么事情总是缺乏魄力和眼光的。这样说,并非夸大其词,而是说,朗读也有思想修养的问题,而这又是同艺术修养、语言修养相联系又相区别的更为根本的问题。托尔斯泰不是说过吗,艺术家为了明白他应当说些什么,就必须了解全人类所特有的东西,同时还有人类所不明白的东西。要做到这一点,艺术家就应该使自己成为一个具有当代高度教养的人,主要是不要生活得自私自利,而应该成为人类共同生活的参加者。这话说得相当深刻,作为一个新时代的朗读者,应该怎样成为一个"当代高度教养"的人,不是值得我们深思么?

(二) 全神贯注　进入作品

所谓全神贯注,就是在朗读中注意力集中,排除干扰,全力以赴,把全部精力都倾注在朗读中,倾注在朗读的作品里,这是很容易理解的。

所谓进入作品,就是把作品内容、语言,化为自己的理解、感受,化为自己的思维过程和心理活动;要主动去揭示语言本质及逻辑链条,要设身处地、寓情于景,加强形象感受;要尽力引发思想感情的运动状态,紧紧抓住与听者的对象交流;要在整体运筹之中具体加以把握。这样,朗读者就没有心力去考虑其他,连注意的边缘也少有兴奋点的干扰了。

当然,进入不是陷入。陷入,就会失去主动,失去自由。就像伯恩斯坦所说:"运动就是一切,目的是没有的",失去方向,不分主次。进入则不同,它是一种清醒的、自制的状态,能在体味作品中也觉察自我,能在情动于衷时还可以调节检验,时时评价,不会神不守舍,不会贸然失态。

为什么不能进入呢? 这种情况的发生,有时是某种与朗读内容无关的思维活动闯入脑海,侵犯了注意中心,改变了思维内容与思维方向,因而与朗读需要背道而驰造成的。有时,是朗读者以主观随意性强加于朗读内容和作品形式;有时是忽进忽出,全无主动性;有时是强迫自己进入而不得,是为进入而进入,丧失了内在的依据性。诸如此类,都应具体分析,具体解决。

犹如演员进入角色,有第一自我(被引动方面)、第二自我(能调节方面)的问题一样,朗读应该学会正确处理二者的关系,使自己在进入朗读内容时,有足够的、适度的控纵能力,既不游离于外,也不陷入其中,真正掌握和行使朗读的主动权、自主权。

(三) 动脑动心　有感而发

在朗读的准备过程中,朗读者获得了对朗读内容的深刻理解和具体感受,但这并不能保证在朗读过程中也有相同范围、相同程度的思想感情和运动状态形之于声。也就是说,如果在朗读时不能把那深刻的理解、具体的感受再一次唤起,不能在形之于声时既动脑又动心,不能句句情动于衷,有感而发,那么,任何最充分的准备与钻研、体味与酝酿,也只能是功败垂成。

这里的关键,是"第二次唤起"。

第二次唤起,是朗读状态中重要的组成部分,是正确的朗读状态的标志,是进入朗读内容的必备条件。

在朗读时,应该做到"见文生情",即:看到文字,又看到内涵;再现场景,又引动感情;产生表象,又把握本质……几乎同时涌现出来,在脑际萦回,有脑中激荡,在声音中流露。

当然激情并不是感情不可遏止的泛滥,在这个意义上,别林斯基说的不错,他认为:"激情永远是观念在人的心灵中激发出来的一种热情,并且永远向往观念。因此,它是一种纯粹的、道德的、极其完美的热情。"像这样认识激情,在朗读时就可以避免浅薄和偏激,当然,也不应该笼统和过分。第二次唤起,是以全部准备工作为根基,取决于朗读者的语言造诣、语言功力(包括语言感受阈限、情感运动阈限)。

我们认为,第二次唤起,需要长期培养和训练,当然,各人有各自的具体途径和方法。但是不能因为是第二次的唤起就轻视它。仅仅从第一次唤起中获得一鳞半爪,或只是某种外壳,在第二次唤起时就顺手牵羊,以为驾轻车就熟路,哪恐怕连第一次唤起时的星星之火也点燃不起来了,又怎么能有第二次唤起的燎原之势呢?

第二次唤起,至少应该同第一次唤起一样,甚至应该比第一次唤起更深刻、更丰满。如果是多次朗读同一作品,像语文教师年复一年地朗读同一篇课文,尤其要注意"常读常新",每一次朗读都要有每一次的新认识、新体会,都要获得新情绪、新表现,用以积聚每一次唤起的能量,使朗读提高到更新的水平。

朗读中,有时会产生"灵感",但那绝不是"灵机一动""心血来潮",不是朦胧的巧合,而是厚积薄发、高度注意爆出的火花,也许偶然,但毕竟是处于必然的进程中。

(四) 速看慢读 由己达人

除背诵外,朗读总是要按照作品的文字序列进行,我们必须紧紧抓住"看、想、读"这个过程。正确的朗读状态,就要求朗读者正确处理这三者的关系,既不颠倒它们的顺序,也不应忽略、省略某一个环节。

我们可以研究一下朗读时是怎样看、怎样读的,这对提高朗读质量恐怕不无裨益。

当我们的眼睛看到作品的字词时,当然要反映到脑子里,而后再就字出声。而每当读出看过的字词时,我们的眼光又会落到下一组字词。在边看边读、边读边看的过程中存在着纵横交错、表里合一的复杂情况。从纵向看,有字形、字音、字义的深化,也有字、词、句的深化;从横向看,有见字连词组句和读字读词读句的双重轨道。这双重轨道,是交叉重迭、先后错开的,不是完全重合、同时并进的。在这纵横交错的双轨行进中,我们不但要获得形象感受,还要获得逻辑感受,进而情动于衷,声形于外,达到表里合一。

双轨行进,这是朗读中一个非常明显的特点,掌握了它,就可以把看和读紧密结合起来,免去诸多弊端。

如:"蓖麻∧一天天地▲越长越高。"

这句话,在朗读时并不是先看一遍、然后读一遍的。当看过"蓖麻"时就读它,在读它时,又在看"一天天地"了,在读"一天天地"时,又在看"越长越高"了。

这里,准备朗读时的一切必要工作都会发挥作用。在对全篇作品理解、感受的基础上,看见"蓖麻",不但有它的形象,而且也会同时产生"长高"的感受,读"蓖麻"时,心中十分清楚重点在后面。层次、主题、背景、目的、重点、基调等等,都融化在字句中,整体感受和具体感受共同体现在字句中,看中有想,想中有读,读中有看……三股绳绞结在一起,牵动着有声语言走向预定的目标。

为了说明问题,我们不妨列出一个简表:

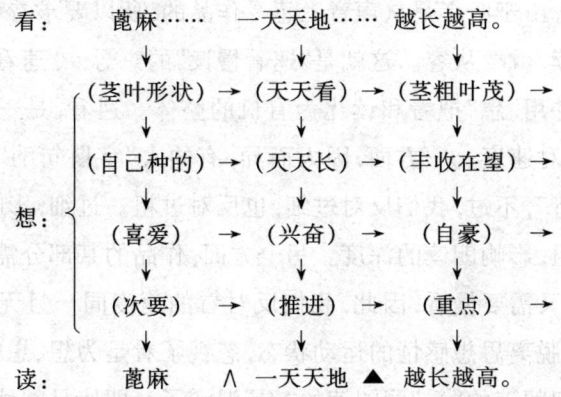

这个表,近似解剖图,从中可以了解"看、想、读"的情况。

在"看、想、读"的过程中,究竟看到哪里才开始读,读到哪里再往下看,是更为复杂的问题,它因人而异,也因文而异。这里,只能就一般情况略谈一二。

首先是标点符号问题。看到可以停顿的标点符号,一般发生两种情况。一是不再向后看,等待读完,甚至回味、遐想,然后再看下面的词语;一是越过标点符号,继续向后看。这两种情况,同停顿的位置与时间,同停顿前后的衔接有关。回味遐想,用于较完整的意思之后,一般有较长时间的停顿。继续向后看,用于词语关系尚不明确、或虽明确但需紧连的情况。值得注意的是,在层次、段落、小层次之后,在回味遐想的句子之后,不要等到停顿时间已满,应该马上出声音时再去看后面的词语,否则,很容易造成思想感情上的空白。也不要在上文的思路还未展开,一定的感情色彩应稍延续时就急忙看下文,那样,上文的思想感情的运动状态就会受到某些提前进入脑际的词语的干扰,甚至立即中断、转移,朗读便可能出现急促、慌乱的语流。

其次,由于听者是从声音上感受作品的,所以要求看和想非常迅捷,而读,就要从容。这就是"速看慢读"的意思。"速看"包含着"速想",并用"想"把看和读化为有机的整体。速看,是一种要求,并没有绝对速度。一方面,因人而异,有的人"字斟句酌",有的人"一目十行",不过,我们反对过细,也反对过粗。过细,影响朗读的顺畅;过粗,影响朗读的深度。另一方面,作品的某部分需要快看,另一部分又需要慢看,因此,我们反对看的速度同一且无变化,那样会造成脱离思想感情的运动状态,忽视了看是为想、想中去读的重要性,把朗读的"看"同阅读的"看"混淆了。即使是阅读中,看的速度也不同一,虽然从总体上看,阅读速度要快得多。

读得从容,才能由己达人。"滚瓜烂熟"并不一定是好事,因为它缺乏与听者的交流,即使自己读自己听也缺乏体味的过程。为了让听者听清、感受、共鸣,"读"一定要慢。当然这是就整体而言,比"看"要慢,但不可机械处理。一般情况下,按平均速度,五百字可以读三分钟左右。这个速度不是以每分钟都读同样的字数得出的,也不能用这个速度去要求每一篇作品的每一句话的朗读。这里主要是说不要太快,也不要太慢。朗读的速度主要由作品的内容和形式来定,又受朗读者水平的影响。但太快了,连滚带爬,嘟噜含糊；太慢了，涣漫散乱，黏黏糊糊，都会使听者生厌。

我们是不是可以这样说：看，是回归自我，所以准备得越成熟、修养越深，速度就越快，想得也越准确、丰满。读，是由己达人，要根据有声语言及于耳、入于心的过程，根据听者的水平，根据作品的包容量、语言的通俗程度，就要慢些。

朗读者的经验和修养，直接关系到看和想的速度和深广度，当然更关系到读的质量。对文字的视觉扫描，不仅与文字学、语音学、语法、修辞等密不可分，同逻辑、哲学、美学也直接相通。这些，在语言链条上会建立起，发展为多种"染色体"的固定信息，高明的朗读者具有丰富的"染色体"的信息网，使朗读如"千里江陵一日还"，中间的误读会及时发现，立即改正；稍有表达上的不自如也会立刻调节。在朗读较不艰深的作品时，即使一遍也没有看过，也能产生"他乡遇故知"的感觉，并马上进行新的"染色体"的综合，组织兴奋中心的新的沟通、新的系列，边读边想，边想边读，毫无生涩、迷离之处。因此，要正确处理"看、想、读"三者的关系，首要的是实践，是全面加强文化素养。

（五）全身松弛　用声自如

全身松弛，并不是懈怠，而是指这样的状态：能松能紧，需要松时即松，需要紧时即紧。而不是自始至终地全紧，或自始至终地全松。犹如排球场上的运动员，根据来球情况，可以马上跳起拦网、扣球，也能立即伏地抢接救球。

用声自如，并不是完全像生活中说话那样用声，但也不是完全脱离自己说话时的用声，而是选取自如声区，选取最佳音域、最佳音量。不要使用那种勉强的声音、做作的声音，特别不要追求高音大嗓,不要追求嘘声嘘气。要注意防止摹仿别人的声音,甚至改变自己自如的"本色"声音,去制造"响亮""圆润""柔和""甜美""宽厚"等音色。自己的本色声最好用,而那些捏、挤、压、抻的声音最糟糕。哪怕本色声音存在着尖、窄、低、暗、沙、左等嗓音上的缺欠,也不必强行改变。有条件可以训练,但不必勉为其难。更不要被所谓"先天条件不好"禁锢住朗读的才能。京剧麒派的周信芳,声音沙哑,却创出刚劲沉健的风格,配音演员邱岳峰,声音干沙,却独得角色语言的神韵,听众反被这特殊音色所吸引,其根本原因就在于有声语言负载着深邃、丰富的思想感情,致使情声浑然一体。朗读也要如此,不可因声音条件优劣而废弃对朗读的高标准要求。

全身松弛,用声自如,目的是使朗读者在朗读过程中保持一种弹性状态,以自身最大的优势,表情达意,言志传神。

弹性状态,是指丹田(肚脐下三指处,小腹斜肌)、膈肌、胸肋肌、喉肌、声带(甲杓肌等)、唇(嚼肌、眶下区肌等)、舌,都处于能根据朗读需要而伸张、收缩、松、紧、刚、柔、缓、疾的积极活动的状态。好比乒乓球运动员在对方发球时的状态,可以随时去抢任何险球。

弹性状态是一种运动状态,不但能积极地推进语流,还能自觉地调节。如朗读过程中发觉声偏高,就可以清醒地在适当时机把声音降低一些;发觉气息过促,也可以有意识地在适当停顿时沉缓下来,等等,这就是一种必要的调节,而不会分散注意力。

弹性状态是一种运动状态,它使朗读者保有一种潜在的能力,一旦具体思想感情产生某种需要,它可以立即供应适当的气息、贴切的声音形式,而不觉吃力,也不致发生供不应求的现象。

当然,弹性状态有自己的局限,这局限的范围和程度因人而异,如音量较小、音高偏低、气息不足等,每个朗读者都应认识自己的不足,以利于扬长避短。如有的朗读者气弱声微,就不要硬是大喊大叫;有的朗读者气足声壮,也就不必非得敛气收声,而要善于充分发挥自己具备的客观条件的优越性,在客观条件的局限中,善于充分发挥自己的主观能动性。

总之,在正确的朗读状态下,朗读者将控纵自如、心口相应地完成任务。任何轻视甚至无视朗读状态的理论和实践都是有害的。

(六)克服固定腔调

固定腔调,是贬义词。诸如"他说话老是拿着腔调","这样读,拉腔拖调也不好听",就含有腔调固定、千篇一律的意思,这是一种明显的缺点。

固定腔调,在朗读里,指的是使用某种固定不变的声音形式,把词语纳入一种单一的格式,以不变的声音形式应万变的朗读材料,不管什么内容、什么体裁,也不管是书面语言还是口头语言,是文言还是白话,是鲁迅还是老舍的作品,都同样对待,从朗读中听不出什么区别。

固定腔调的形成,原因很多,如有的是幼年读书时养成了诵读的习惯,一下子改不过来,有的是认为只有某种读法才受听……但最根本的,是对朗读缺乏认识,对朗读理论和朗读过程的研究不够造成的。人们在朗读活动中相习相沿也是形成固定腔调的原因之一。从朗读状态上看,自始至终都是一种缺乏变化的状态,更是造成固定腔调的直接原因。

固定腔调有不同的类型,我们试分为四类,予以简单说明,并引起注意。

一是念书腔:就是照字念音,或有字无词,或有词无句。词或词组没有轻重格式的正确区分,更没有具体感受的充实。听不出完整的句、段,毫无思想感情的流露。

如:"今天是开学的第一天。"

这本是一句很浅显通俗的话,可是用念书腔读,就只给人"今天是"、"开学的"、"第一天"这些割裂的词组,听不出词组之间有什么内在联系,更谈不上语气的色彩和分量。

这种固定腔调,把"今天"读成中重格式,"是"字拖长,"开学的"读成中中重格式,"的"不但不读轻声,反而读成重位音节,甚至改变主要元音,读作"dà","第一天"也读成中中重格式,"一"的重音位置消失。由此可见,念书腔的主要问题是停顿多,停顿位置和时间都差不多,没有重音,语气近似。

念书腔还保留着识字的明显痕迹,这在小学一、二年级中更为普遍,值得重视。

二是唱书调:念书腔还能表达出一些字、词的基本意义,唱书调却只剩下了声音的外壳,在"唱"的过程中,表情达意的作用便被大大削弱了。

唱书调的唱法也有几种,大都能谱曲:

如:1̇ — | 1̇ 1̇ 5 | 6 — | 6 6 6 | 1̇ — | 6 1̇ 5 1̇ |
　　一、　开学　了，　二、　上课　去，　三、　见了　老师

1̇ 6 5 | 6 — | 6 5 1̇ 1̇ | 6 1̇ 5³ ‖
行个　礼，　四、　见了　同学　问声　好。

("了"均读 liǎo)

这是一种老式的唱书调。

如:1̇ 1̇ 5 | 1̇ 1̇ 6 | 6 1̇ 1̇⁵ ‖
　　今天　是　开学　的　第一　天。

这是一种新式的唱书调。

这种唱书调,节拍一律,连休止符、符点都极少见;音程变化不大,只是那几个音简单重复。在这样的曲谱上,可以填上不同内容的词语,而不问主次、色彩如何。这样的曲调,就其音乐性方面说,也没有什么可取之处。

唱书调的最大弊端是声与义隔,只闻声而不解意、不传情。它不管长句、短句,也不论一人、多人,都可以连续不断地唱下去,整齐划一地唱下去,越唱,调子越浓,越唱,字音、语气越不讲究。只要学会了这个唱法,对文字作品可以根本不理解,可以没有任何感受,也能把文字变为声音,对听者,只有简单曲调的刺激,不会产生任何感染。

三是念经式:这是指那种用小而快的声音读书的方式。它可能是从"默读"、"虚声读"沿袭来的,而且属于单纯为了背书的读法。这与朗读的要求在基本点上是完全不同的。即使是自我领略和品味作品,如果要朗读,也应该适当放开声音,不仅从思想感情上,而且从音律韵味上给自己以美感享受。面对听者,就更不应该采取这种念经式的读法了。

四是朗诵调:舞台上的朗诵,那夸张、渲染的有声语言显得生动引人,不仅激情洋溢,而且音调铿锵。初学朗读者若不分场合、不明目的、不看内容、不管体裁,一味从声音形式上摹仿这种朗诵方法,必定给朗读带来不利影响,甚至养成一种固定腔调,难以矫正。

综上所述,固定腔调的害处是显而易见的。现在,人们对固定腔调已经有了分辨的能力,许多朗读者也正在努力克服它,中、小学语文课的老师们更是急切地探寻着有效的方法,并以自己辛勤的积累使初学朗读者耳目一新,这个问题,应该在朗读教学法中探讨、详述,这里,只简单地谈两点。一是要增强语感。所谓语感,有两方面的含义:既是指对于语言信息接收、储存的能力,又是指对于语言信息的发出、驾驭的能力。朗读中存在的固定腔调,同朗读者语感较差有很大关系。只有增强语感,辨别优劣,择其善者而从之,其不善者而改之,而优秀的朗读示范(包括录音),应该充分发挥榜样的力量。二是要注意状态。要打破固定腔调,使语流符合朗读规律,必须改变言不由衷、消极被动的朗读状态,加强思想感情的运动,切实把握语气的色彩和分量,注意气息、声音的变化,使有声语言充满活力。

(节选自张颂先生《朗读学》一书,采用的是原章节的标题)

附：

《普通话水平测试实施纲要》(2004年版)朗读作品60篇目录

作品1号　《白杨礼赞》　茅盾
作品2号　《差别》　节选自张健鹏、胡足青主编《故事时代》
作品3号　《丑石》　贾平凹
作品4号　《达瑞的故事》　[德]博多·舍费尔,刘志明译
作品5号　《第一场雪》　峻青
作品6号　《读书人是幸福人》　谢冕
作品7号　《二十美金的价值》　唐继柳编译
作品8号　《繁星》　巴金
作品9号　《风筝畅想曲》　李恒瑞
作品10号　《父亲的爱》　[美]艾尔玛·邦贝克
作品11号　《国家荣誉感》　冯骥才
作品12号　《海滨仲夏夜》　峻青
作品13号　《海洋与生命》　童裳亮
作品14号　《和时间赛跑》　(台湾)林清玄
作品15号　《胡适的白话电报》　节选自陈灼主编《实用汉语中级教程》(上)
作品16号　《火光》　[俄]柯罗连科,张铁夫译
作品17号　《济南的冬天》　老舍

作品 18 号 《家乡的桥》 郑莹

作品 19 号 《坚守你的高贵》 游宇明

作品 20 号 《金子》 陶猛译

作品 21 号 《捐诚》 青白

作品 22 号 《可爱的小鸟》 王文杰

作品 23 号 《课不能停》 （台湾）刘墉

作品 24 号 《莲花和樱花》 严文井

作品 25 号 《绿》 朱自清

作品 26 号 《落花生》 许地山

作品 27 号 《麻雀》 [俄]屠格涅夫，巴金译

作品 28 号 《迷途笛音》 唐若水译

作品 29 号 《莫高窟》 节选自小学《语文》第六册

作品 30 号 《牡丹的拒绝》 张抗抗

作品 31 号 《"能吞能吐"的森林》 节选自《中考语文课外阅读试题精选》

作品 32 号 《朋友和其他》 （台湾）杏林子

作品 33 号 《散步》 莫怀戚

作品 34 号 《神秘的"无底洞"》 罗伯特·罗威尔

作品 35 号 《世间最美的坟墓》 张厚仁译

作品 36 号 《苏州园林》 叶圣陶

作品 37 号 《态度创造快乐》

作品 38 号 《泰山极顶》 杨朔

作品 39 号 《陶行知的"四块糖果"》 节选自《教师博览·百期精华》

作品 40 号 《提醒幸福》 毕淑敏

作品 41 号　《天才的造就》　刘燕敏

作品 42 号　《我的母亲独一无二》　[法]罗曼·加里

作品 43 号　《我的信念》　[波兰]玛丽·居里，剑捷译

作品 44 号　《我为什么当教师》　[美]彼得·基·贝得勒

作品 45 号　《西部文化和西部开发》　节选自《中考语文课外阅读试题精选》

作品 46 号　《喜悦》　王蒙

作品 47 号　《香港：最贵的一棵树》　舒乙

作品 48 号　《小鸟的天堂》　巴金

作品 49 号　《野草》　夏衍

作品 50 号　《一分钟》　纪广洋

作品 51 号　《一个美丽的故事》　张玉庭

作品 52 号　《永远的记忆》　苦伶

作品 53 号　《语言的魅力》　节选自小学《语文》第六册

作品 54 号　《赠你四味长寿药》　蒲昭和

作品 55 号　《站在历史的枝头微笑》　[美]本杰明·拉什

作品 56 号　《中国宝岛——台湾》

作品 57 号　《中国的牛》　小思

作品 58 号　《住的梦》　老舍

作品 59 号　《紫藤萝瀑布》　宗璞

作品 60 号　《最糟糕的发明》　林光如

附：

《普通话水平测试大纲》(1994年版)
朗读作品 50 篇目录

作品 1 号　《海上的日出》　巴金　选自《巴金文集》,共 407 字。
作品 2 号　《可爱的小鸟》(节选)　王文杰　《散文》1981 年 7 月号,共 514 字。
作品 3 号　《珍珠鸟》(节选)　冯骥才　《人民日报》1984 年 2 月 14 日,共 430 字。
作品 4 号　《珍珠鸟》(节选)　冯骥才　《人民日报》1984 年 2 月 14 日,共 445 字。
作品 5 号　《春》　朱自清　节选自《朱自清文集》,共 519 字。
作品 6 号　《一言既出》　爱薇　《南洋商报》1992 年 10 月 14 日,共 475 字。
作品 7 号　《朋友和其他》(节选)　杏林子　选自《台湾散文选萃》,共 540 字。
作品 8 号　《落花生》　许地山,共 445 字。
作品 9 号　《火烧云》　萧红,共 492 字。
作品 10 号　《第一场雪》　峻青,共 526 字。
作品 11 号　《小鸟的天堂》(节选)　巴金,共 521 字。
作品 12 号　《上将与下士》　刘云喜译　《青年文摘》1993 年 2 期,共 520 字。

作品 13 号 《父亲的爱》 [美]艾尔玛·邦贝克 《读者文摘》1987年 12 期,共 554 字。

作品 14 号 《和时间赛跑》 (台湾)林清玄 《读者文摘》1987年 11 期,共 547 字。

作品 15 号 《捐诚》 青白 《读者文摘》1991 年 7 期,共 550 字。

作品 16 号 《妈妈喜欢吃鱼头》 陈运松 《散文》1991 年 5 期,共 556 字。

作品 17 号 《永远的记忆》 苦伶 《青年文摘》1993 年 2 期,共 547 字。

作品 18 号 《迷途笛音》 唐绿意译 《羊城晚报》1991 年 10 月 5 日,共 527 字。

作品 19 号 《我不再羡慕……》(节选) 艾菲 《读者文摘》1989年 11 期,共 526 字。

作品 20 号 《轻轻的一声叮咛》 言者 《羊城晚报》1991 年 8 月 27 日,共 538 字。

作品 21 号 《难以想象的抉择》 沈亚刚译 《读者文摘》1986 年 1 期,共 549 字。

作品 22 号 《悉尼歌剧院建设轶事》 司徒一凡 《人民日报》1991 年 8 月 18 日,共 548 字。

作品 23 号 《匆匆》 朱自清,共 453 字。

作品 24 号 《美国历史上的西红柿案件》 《中国食品》1984 年 6 期,共 539 字。

作品 25 号 《第一次》 孙继梓译 《父母必读》1992 年 1 期,共 449 字。

作品 26 号 《金子》 陶猛译 《解放日报》1991 年 7 月 26 日,共

553 字。

作品 27 号　《启示的启示》　伊人　《读者文摘》1987 年 1 期,共 530 字。

作品 28 号　《"猫"和"老鼠"》　"容声杯"全国普通话广播大赛规定稿件第四十号,共 516 字。

作品 29 号　《珍视自己的存在价值》　"容声杯"全国普通话广播大赛规定稿件第九号,共 470 字。

作品 30 号　《贪得一钱丢了官》　"容声杯"全国普通话广播大赛规定稿件第三十号,共 516 字。

作品 31 号　《锁山艺术》　裘艺　《艺术世界》1986 年 4 期,共 439 字。

作品 32 号　《张太太的英语角》　文国艺　《人民日报》(海外版)1993 年 5 月 25 日,共 528 字。

作品 33 号　《小河》　马如琴　《光明日报》1993 年 12 月 13 日,共 542 字。

作品 34 号　《献给母亲的歌》　王胜厚　《人民日报》(海外版)1993 年 12 月 18 日,共 485 字。

作品 35 号　《放牛的日子》　华宣飞　《北京日报》1994 年 2 月 17 日,共 508 字。

作品 36 号　《雪花飘啊飘……》　曹展　《北京日报》1994 年 1 月 19 日,共 454 字。

作品 37 号　《我的母亲独一无二》　[法]罗曼·加里　《中华周末报》1994 年 1 月 15 日,共 536 字。

作品 38 号　《在国外的中国孩子应学点中文》　王浚国　《人民日报》(海外版)1993 年 12 月 25 日,共 540 字。

作品 39 号 《世界民居奇葩》(节选) 张宇生 《中华周末版》汪慧 摘 1994 年 4 月 9 日,共 545 字。

作品 40 号 《神奇燕子洞》 钦文 《北京日报》1994 年 1 月 30 日,共 529 字。

作品 41 号 《爱痕》(节选) 庞秀玉 《北京日报》1994 年 4 月 10 日,共 471 字。

作品 42 号 《家乡的桥》 郑莹 《人民日报》(海外版)1994 年 2 月 19 日,共 497 字。

作品 43 号 《"挤油"》 刘宗礼 《文汇报》1994 年 4 月 4 日,共 534 字。

作品 44 号 《生命在于奉献——电视连续剧〈猴娃〉观后》 新凤霞 《北京晚报》1994 年 4 月 19 日,共 545 字。

作品 45 号 《荔枝蜜》 杨朔 九年义务教育三年制初中语文第二册,共 537 字。

作品 46 号 《海燕》 高尔基 九年义务教育三年制初中语文第五册,共 578 字。

作品 47 号 《高楼远眺》(节选) 林非 《北京日报》1994 年 5 月 12 日,共 494 字。

作品 48 号 《十渡游趣》(节选) 刘延 《北京日报》1994 年 5 月 9 日,共 553 字。

作品 49 号 《海滨仲夏夜》(节选) 峻青 九年义务教育三年制初中语文第二册,共 540 字。

作品 50 号 《济南的冬天》(节选) 老舍 九年义务教育三年制初中语文第一册,共 564 字。

十一、说话的基本要求

说话的要领

朱川 执笔

在普通话水平测试中,还有"说话"一项。这是为了考查应试者在没有文字材料依托的情况下语音、词汇、语法的规范程度以及自然、流畅的水平。这不单单是对应试者语言水平的考查,同时也是对应试者心理素质的考验。因为绝大多数人在即席讲话时,由于紧张或忙于确定说话中心、组织词句而顾此失彼,暴露出许多缺点。因此,在说话训练时,不仅要注意训练成句成段话语语音的自然度,同时也要注意训练用词、造句以及快速思维的能力。

(一) 语音自然

所谓"自然"指的是能按照日常口语的语音、语调来说话,不要带着朗诵或背诵的腔调。照道理说,这是一个不成问题的问题。谁会在日常生活中对着自己的亲朋好友朗诵呢?问题的产生是由于方言区不少同志在日常生活中是讲地方话的,除非背书、读报才用普通话。许多同志都是用朗诵来作为学习普通话的主要手段。再加上方言区的同志大多没有机会听到规范的日常口语。久而久之,就把戏剧、朗诵的发音当作了楷模来仿效。这就造成了不少同志在说话时的"朗诵腔"。

其实,仔细考究起来,说话是一种交际手段。人与人交往时贵在真诚,人们希望听到的是亲切、自然、朴实无华的语音。朗诵是一种艺术表演。由于表演的特殊环境(如场子大,观众多,表演者与听众距离远等),它需要进行艺术加工,也允许美化、夸张。这两种语音在发声、共鸣甚至于吐字、节奏等方面都是各有特点的。它们各有各的用途,不能相互代替。一位演员下台回家之后,对家人使用的必然是日常口语发音而绝不可能仍然用台词的发音,就是这个道理。

……

(二) 用词恰当

用词恰当首先是要用词规范,不用方言词语。例如有的上海人把"用抹布擦擦桌子"说成"用揩布揩揩台子",把"自行车"说成"脚踏车",这就是用词不规范。除此而外,还有三点是应该注意的:

1. 多用口语词,少用书面语

在说话时,应该尽可能多用口语词,少用"之乎者也"之类的古语词或"基本上"、"一般说来"之类的书面语、公文用语。汉语书面语中保留了许多古汉语中的词语。这些词语很文雅,很精练,使用这些古语词可以使语言有庄重的色彩,但同时也就会使语句减少了几分生动和亲切,因此不适合在说话时使用。例如"诸如"常用在公文里,口头上说,不妨改为"比方说……"更好。"无须乎"也不如"不必"来得生动自然。"午后二时许"就是"下午两点多钟"的意思,但用在小型联欢会上,就不如"下午两点多钟"更为活泼。运用口语词可以使话语显得生动。我们试看一位学生在讲述自己爱好滑冰时的一段话：

所以回到家里呢，我妈看见挺心疼的。但是我说我一定要学会。现在呢，将就着学会了。就是不会转弯，转弯就要摔跟斗。

这段话里全是大白话："我妈"、"心疼"、"将就着"、"摔跟斗"这些词如果改成书面语，那效果就不一样了，现在试试：

所以回到家里母亲很舍不得。但是我下定了决心要学会。现在已经基本上学会了。就是不会转弯，转弯就要跌倒。

2. 不用时髦语

社会上常常流行一种"时髦语"。前些年从北方传来"没治了"、"震了"、"盖了帽儿了"、"毙了"（都是"好极了"的时髦说法）。这些年又从港台传来"做骚"（表演）、"挂咪"（告别舞台）、"发烧友"（歌迷）。上海地区又土生土长了"不要太（＝太）"、"淘浆糊"、"巴子"等时髦说法。这些时髦语虽然可以风靡一时，但它们是不规范的，因而也是没有生命力的。满口时髦语不单会削弱语言的表现力，而且只能暴露出说话人素质的低下。

3. 避免同音词

在口语中没有文字材料做依托，如果遇到同音现象，就容易造成误解。"向前看"容易被误听为"向钱看"；"期中"也容易被误听为"期终"。因此人们在说话时，应尽可能避免使用有同音词的语词。据说有人出差到安徽，想品尝一下当地的小吃。服务员指着一种宽面条问"面皮要不要?"当她听到"不要"的答复时，随口说了一句："你们上海人来这儿，怎么都是不要面皮的?"想不到这句话引起了旁边站着的一对年轻的上海夫妇极大的愤慨，认为这位服务员侮辱了上海人。其实不是这么一回事。这是方言词语加上同音现象所造成的一场误会。服务员使用了一个方言词"面皮",而这个词正好与上海话中表示脸面的"面皮"相同。这样一来,原来服务员所讲的意思"不吃宽面条"就被误解为"不要脸"了。由此可见,在口语中避免使用同音词也是非常重要的。

(三) 语句流畅

在口语表达中,语句流畅与否,对表达效果影响很大。语句流畅的,好像行云流水,听起来非常容易理解,而且很有吸引力,也不易疲劳。语句不流畅的,听上去断断续续,不但不容易领会,而且容易疲劳或烦躁,效果就很差了。要使语句流畅,应该注意以下几点:

1. 多用短句,多用单句

在口语中,人们接收信息不像看书可以一目十行,句子长一点也可以一眼扫到。听话时语音信号是按线性次序一个挨一个鱼贯而进入耳朵的。如果句子长了,或者结构复杂了,当句子末尾进入脑海中时,句子的开头或许已经印象不深了。在听话的人脑子中,句子便不完整。所以,口语中的句子千万不要太长。在作文时,教师往往教导学生要惜墨如金,能够用一句话说清楚的,千万不要讲两句;在讨论口头表达效果时,我们正好要颠倒过来:"凡能够讲两句的,千万不要合并为一句!"同样,能够分拆为单句的,千万不要合成复句,任何欧化句法在口语表达中都是不受欢迎的,就连长修饰语也要尽可能地避免。

2. 冗余适当,避免口头禅

口语表达时,有时为了强调某个意思,加深听众的印象,可以采用有目的地重复这种方法。例如我们现在还可以从孙中山先生的讲话录音中听到,他在一次演讲中为了强调国人必须觉醒而一连重复了四次"醒、醒、醒、醒!"这是有计划、有目的地重复,并不是啰嗦。

有些人在说话时会出现机械地无意义重复的现象。例如有的人老是重复一句话的末尾几个音节,甚至于不管这几个音节是不是一个词。这种重复时间长了就会令人生厌,再加上"嗯""啊"就成了官腔。特别是夹在句子中间的"这个"、"的话"、"就是说"等等的口头语,更是一种毫无积极作用的冗余成分,会使语句断断续续,使听众感到语句很不流畅。听这种讲话不但得不到美的享受,而且有一种受折磨的感觉。因此这种口头语是讲话时应该避免的。

但是,我们并不是反对在口语表达中加进一些冗余成分。冗余成分在口语中适当地穿插可以使句子语气舒缓,还可以有助于听众理解。例如以下的几种冗余成分是有积极作用的:

(1) 提顿性质的冗余

在语句的主语谓语之间,或者在话题说出之后加一个语气词"呢"(当然不能重读),可以起到提顿作用,使句中多一个停顿,使语气变得舒缓和亲切。例如:

这个时候呢活动筋骨也是必要的,所以我就喜欢打乒乓球。

不去呢有点抱歉,去呢实在没有兴趣。

这两句话中的"呢"都起了提顿的作用,并且也使语句变得舒缓亲切了。

(2) 强调性的冗余

这种冗余部分是为了强调句中某一个词。多半用重复的方法来加强信息。例如:

何况我们都是同龄人,我们同龄人相处应该是非常融洽的。

这句话中后半句重复了"同龄人"。这是为了强调。

(3) 解释性的冗余

这种冗余是为了使听众更加清楚明白。例如:

近日的上海街头出现了无人售报摊,无人售报摊就是没有人卖报纸的。是靠每一个读者自觉地把钱投进箱子里然后拿一份报纸。

这段话里"无人售报摊"如果写在书面上,应该说很容易理解,但在口头一晃而过时,就难免抓不住要领,特别这是一个新出现的、不熟悉的事物。所以,说话的人先重复了这个词,再加上一段说明,这是因为解释的需要。

有时候,在脱口而出之后,觉得说得不够清楚,也可以用原来的语词加上修饰语再重复的方法来对自己的话作某些注解,这也是一种解释性的冗余。例如:

就在那天我花了半天的时间制作了,亲手制作了一张卡片。

这句话中后半句"亲手制作"就是说话人为了进一步说明不是一般制作而临时加上去的。口语与书面语相比,最大的优越性就是可以边说边修正。这种修正部分常常是通过冗余部分来完成的。

3. 思路清通,符合逻辑

语句的流畅与否在很大程度上取决于思路是否清通。说不清楚常常是因为想不清楚。当人们从思维(也有人称为"内部语言")转换为语句(也有人称为"外部语言")时,正确的程序应该是:

(1) 确定说话的中心。

(2) 确定最关键的词语。

(3) 选定句式。

(4) 选定第一句所使用的词语。

当然,(2)与(3)有时次序会互换。但根据心理学家的研究,确定中心和层次肯定在选定第一句所使用的词语之前。也就是说,人们在开口说第一句话之前,心中应该有了一个讲话大纲。因此,第一句话,第一个词就有了依据,以后的词和句也有了基调。这时,说话的人便可以"胸有成竹",并且"出口成章"了。如果说话的人没有按照这个程序行事而是边想边说,并且没有一个确定的中心,"脚踩西瓜皮,滑到哪里是哪里,"那就会出现各种各样的思维障碍。这些障碍如不能排除,就会造成说话的中断。即使最后能够排除,也会严重地影响听感,造成语句不流畅的感觉。这是我们应该尽量避免的。思维障碍也有不同的类型:

(1) 选词困难造成的障碍,例如下边这一句:

他最反对老师的那种——嗯——老师用很多作业——用很多作业来——影响同学的学——影响同学的业余生活。

这儿出现的重复和延长显然是因为说话的人没有选出适当的后续词语而形成的思维障碍。

选词障碍有时表现为几次换用,例如下边这一句:

在这个问题上我们要呃——就是说我们一定——呃——应该要注意自己——呃要讲究自己语言的美——语言美就表现出——呃表现在用词上。

这段话中几次停顿、障碍都和选词有关。这位说话者显然有边想边说的习惯。往往在脱口而出之后又感到不合适,再进行修改,这就造成了语言上的不流畅。

(2) 由于句法结构的混乱造成的障碍。例如下边这一句就

是:

　　我们国家、国家田径队的马家军自从在世界上扬名以来各种各样的鳖精呵——一开始他们浙江圣达、圣达中华鳖精老——各种各样的鳖精还有甚至什么鸡精啊什么蛇精啊各种各样的精都出来了。

　　这一句话按说话者的本意重新安排一下应该是这样:

　　自从我们的国家田径队马家军在世界上扬名以来,各种各样的"精"——鳖精、鸡精、蛇精都出来了。

　　然而,说话的人一开始就用错了"自从"。这样一来,整个的句子变成对马家军的评论。在句子中间又插入了浙江圣达,说到一半又觉得这一点与话题无关,于是又放弃。这样一来,整个句子在逻辑上就混乱不堪了。

　　(3) 由于突然变换说话内容而形成的障碍。使听众感到前言不搭后语。例如下边这段话:

　　<u>但是现在我们现在的广告就是</u>我记得我刚刚开始看电视的时候<u>有条叫做</u>,十几年前吧<u>十一二年前的时候开</u>,开始看电视的时候,那个时候的广告一般都是<u>指那种一般都是那种</u>大型的机械呵我记得小时候看电视那个"再向虎山行"它都是广告是那种锅炉啊汽车啊嗯<u>这些</u>这些广告。<u>然后到现在的话十二年以后</u>的话电视里的广告都是那种充斥了比如说六点六点多钟左右的时候都是那种儿童食品广告。

　　请注意有√号的地方。说话人在那儿出现了思维障碍并突然转向。与之相伴随的还有无意义的重复。把整段话搅得一团糟。

我们如果去掉多余的部分(下边用横线标出),情况就会得到很大的改善。

(四) 谋篇得法

口头表达的效果,除了语音自然、用词恰当、语句流畅之外,谋篇得法亦是重要的一点。因为既然是表达,就必然有审题、选材、结构方面的问题。审题不当、跑题偏题、无的放矢是不可能说好话的。剪裁不当,当详不详就会表达不清,当简不简又会显得啰嗦。结构不完整不行,结构混乱也不符合要求。在谋篇方面,需注意以下三点:

1. 审题准确

我们可以把一段话题加以分类,找出它们的类型来。总起来说,可以把话题分为记叙和议论两大类。在各类中又可以按所记、所议的对象不同分为记人、记事、记生活、记所爱的四种"记"以及论人、论事、论物的三种"论"。

由于题目的类型不同,它们的要求也不相同。例如记叙,它要求中心突出、交待清楚,信息丰富。记人的,要有外貌的描述,也要有精神的描述。写事的,时间地点、事件的发生、发展和结局要交待。议论的讲话要求立论明确,发挥充分,结构完整,不能有头无尾或者虎头蛇尾。无论是立论或者驳论,都不能中途偷换话题。

有的话题既可以作为记叙,又可以用以作为议论的中心。"我和电视""自然环境和我"就是两可的话题。还有一些话题,可以从人的角度,也可以从事物的角度去说。例如"我与电视"可以从自己对电视的看法说,也可以从电视对自己的影响说,有一定的灵活性。

2. 剪裁合理

在讲话时,应该选取适量的材料,所选的材料应该紧扣中心。要避免拉拉杂杂,离题万里,也要防止无话可说。我们常常听到有的人说话善于组织材料,从容不迫,有条不紊,但也有的人不善于选取材料,说起话来不得要领。例如有的学生讲自己最尊敬的老师,结果把这位老师的优点、缺点一古脑儿全讲了。讲到后来这位同学自己也犯糊涂了,说:"这位老师的许多看法我也不同意……。"听她讲话的同学也糊涂了,不知道她是尊敬这位老师,还是反对这位老师。这就是取材芜杂造成的后果。还有许多同学则相反,他们不善发挥,三两句一说,就觉得该说的都说完了。有位学生讲《商品质量和我》,翻来覆去就是"商品质量就是企业的生命……"教师启发他说"我",他就说"商品质量是企业的生命,这就是我的看法呀"。其实联系到"我"可以讲培养人才,质量不达标,后患无穷,也可以讲述自己遭假冒伪劣产品之害的故事。这就是剪裁毛病中的"贫乏"。

3. 结构完整

无论是记叙或是议论,讲话还有个结构问题。一篇讲话结构完整,使人留下深刻的印象,否则就会感到残缺不全,影响效果。

结构与话题有关,不同的话题有不同的结构。大体说来,议论性的讲话多少有点像即席演讲。它应该有一个小小的开场白,讲清自己所讲的话题,然后进入主体。主体部分应该摆出自己的观点。结论部分应该应用简洁的语言总结并把自己的观点强调一下以使听众留下深刻的印象。例如一位学生谈自然现象,她选择了雨,从雨谈到水,说话时在解题部分抓住人们对自然的奥秘谈起,谈到变化无穷的自然。接着话锋一转,就谈到自然界中最平常,然而又变化很大,对生命影响极大的水,这就引入了正题。主体部分详述水的各种姿态:上天入地,雨雪云露,水与人类生命的密切关联,甚至人生的哲理。结论部分谈到自己受到水的启示,想到要学习水的能方能圆的灵活性;还要学习水的宽容性,包容性。这是结构较为成功的例子。

记叙性的讲话也要解题,自然地引入主体后,要详细地交代人物、事件的来龙去脉。信息要丰富,条理要清楚,结语部分可以用总结方式,也可用感情交流的方法。

(节选自《普通话水平测试指要》一书,采用原章节的标题)

附：

《普通话水平测试实施纲要》(2004 年版)
普通话水平测试用话题 30 则

说　明

1. 30 则话题供普通话水平测试第五项——命题说话测试使用。

2. 30 则话题仅是对话题范围的规定,并不规定话题的具体内容。

1. 我的愿望(或理想)
2. 我的学习生活
3. 我尊敬的人
4. 我喜爱的动物(或植物)
5. 童年的记忆
6. 我喜爱的职业
7. 难忘的旅行
8. 我的朋友
9. 我喜爱的文学(或其他)艺术形式
10. 谈谈卫生与健康
11. 我的业余生活

12. 我喜欢的季节(或天气)
13. 学习普通话的体会
14. 谈谈服饰
15. 我的假日生活
16. 我的成长之路
17. 谈谈科技发展与社会生活
18. 我知道的风俗
19. 我和体育
20. 我的家乡(或熟悉的地方)
21. 谈谈美食
22. 我喜欢的节日
23. 我所在的集体(学校、机关、公司等)
24. 谈谈社会公德(或职业道德)
25. 谈谈个人修养
26. 我喜欢的明星(或其他知名人士)
27. 我喜爱的书刊
28. 谈谈对环境保护的认识
29. 我向往的地方
30. 购物(消费)的感受

附:

《普通话水平测试大纲》(1994年版) 谈话题目 50 则

每次应给两个内容有较大差别的题目,由应试人任选一题。

1. 我的学习生活
2. 我的业余生活
3. 我的业余爱好
4. 我的爸爸
5. 我的妈妈
6. 我最尊敬的老师
7. 我最尊敬的人
8. 我的童年
9. 我的一个愿望
10. 我最要好的朋友
11. 我喜爱的体育运动
12. 最难忘的一件事
13. 一次难忘的旅行(旅游)
14. 我和电视
15. 学习普通话的体验
16. 我的家乡话(或谈谈最熟悉的一种方言)
    (跟普通话相比,有些什么特点可以从语音、语法、词汇不

同的方面选一个侧面)

17. 家乡新变化(新貌)
18. 家乡的气候
19. 家乡的风俗(婚丧礼仪,重要的节日活动,衣食文化)
20. 家乡风光
21. 怎样跟同学(或同事)相处
22. 谈谈社会公德
23. 谈谈邻里关系
24. 漫谈一种自然(风、霜、云、雾、雪)
25. 给我深刻印象的一部电影
26. 我最爱读的小说
27. 我最爱听(或最爱唱)的一首歌
28. 我看语言美
29. 我的拿手菜(色香味与制作)
30. 记忆深刻的故事(童话、传说)
31. 广告评说
32. 说勤俭
33. 谦虚是美德
34. 我的职业(或专业)
35. 我心目中的教师职业
36. 我最感兴趣的一件事
37. 自然环境和我
38. 商品质量和我
39. 我最喜爱的一种小动物
40. 我的家庭

41. 一个愉快的假日
42. 一句格言给我的启示
43. 我所在的集体
44. 我的读书生活
45. 我的一个梦想
46. 我最得意的一件事
47. 一部电影(或电视剧)的观后感
48. 谈谈自己对某一社会现象的看法
49. 童年趣事
50. 我最喜欢的一种花卉(或树木)

十二、普通话水平测试论文篇目索引

（1982年—2001年）

王 晖 整理

为了较全面地反映普通话水平测试研究的状况，国家语委普通话培训测试中心赶在"首届全国普通话水平测试学术研讨会"召开之前，编辑了本索引。资料的来源是中国人民大学书报资料中心《语言文字学》1982年—2001年的论文索引，初步搜集到141篇。由于时间仓促，又是首次开展这项工作，难免存在漏、误，特别是港澳地区的资料未来得及收录，希望同仁补遗订正，以利今后不断补充、完善。

论文题目	作者	刊物	时间
普通话广播中的读音问题	夏 青	文字改革	1982年1期
略论汉语口语的规范	陈章太	中国语文	1983年6期
普通话水平测试刍议	鲁允中	语文建设	1987年3期
中师生普通话考核标准问题的探讨	庄守常	语文建设	1987年6期
普通话测试可行性分析	厉 兵	语文建设	1988年4期
普通话标准化考试的理论与实践	吴积才 王渝光	语文建设	1989年1期
普通话轻声词规范的语音依据	宋欣桥	语文建设	1990年5期
关于普通话测试标准的思考	庄守常	语文建设	1990年6期
普及普通话的语音标准框架	宋欣桥	语文建设	1991年10期

论文题目	作者	刊物	时间
"普通话水平测试标准"的研制与实践	孙修章	语言文字应用	1992年1期
普通话中必读的轻声词	史定国	语文建设	1992年6期
必读儿化词研究报告(节录)	孙修章	语文建设	1992年8期
相对性与确定性 ——谈普通话的口语测试	庄守常	语文建设	1992年9期
推广普通话的重要举措 ——普通话水平测试简论	刘照雄	语言文字应用	1994年4期
普通话水平测试之我见	张颂	语文建设	1995年2期
浅论普通话水平测试	高文昭	思茅师专学报	1995年1期
现代汉语词汇规范的标准问题	刘叔新	语文建设	1995年11期
推广普通话的重要举措——为什么要开展普通话水平测试	刘照雄	语言文字报	1995年9月17日第二版
全面准确地贯彻执行《决定》的规定	刘照雄	语言文字报	1995年10月1日第二版
全面准确地贯彻执行《决定》的规定(续)	刘照雄	语言文字报	1995年10月15日第二版
普通话水平测试的范围、要求和评分办法(一)	宋欣桥	语言文字报	1995年10月29日第二版
普通话水平测试的范围、要求和评分办法(二)	宋欣桥	语言文字报	1995年11月5日第二版
普通话水平测试的范围、要求和评分办法(三)	宋欣桥	语言文字报	1995年11月19日第二版
普通话水平测试的范围、要求和评分办法(四)	宋欣桥	语言文字报	1995年12月3日第二版
普通话水平测试的范围、要求和评分办法(五)	宋欣桥	语言文字报	1995年12月17日第二版
普通话水平测试的构想与实施	刘照雄	语文建设	1996年2期
普通话水平测试的三个问题	卢开礦	语文建设	1996年9期
普通话水平测试与语言规范化	戴梅芳	玉溪师专学报	1996年2期
达到普通话一级水平应该具备哪些条件	宋欣桥	语言文字报	1996年2月18日第二版

论文题目	作者	刊物	时间
达到普通话一级水平应该具备哪些条件(续)	宋欣桥	语言文字报	1996年3月3日第二版
精确与模糊——也谈普通话的口语测试	王明东	语文建设	1996年5期
略论普通话水平测试工作的科学管理	高文昭	思茅师专学报	1997年1期
试论普通话水平测试信息的反馈作用	戴梅芳	语文建设	1997年2期
普通话水平测试及应试要点	陈旻	淮阴师专学报	1997年1期
云南普通话水平测试的回顾与思考	卢开礦	语文建设	1997年5期
试析普通话水平测试中应试者的心理作用	蔡玉芝	河南大学学报	1997年6期
《现代汉语词典》与《普通话异读词审音表》订音的差异	余中明	语文建设	1997年8期
试论广播电视对观众普通话读音的引导——兼谈播音员、主持人的规范读音	张军 赵艳	语文建设	1997年8期
开展普通话水平测试是实施我国语言工程的重要措施	李家斌	语文建设	1997年12期
师范院校开展普通话水平测试工作的一些思考	苏晓青	语文建设	1997年12期
普通话水平测试的社会语言学思考	叶军	语文建设	1997年12期
普通话水平测试若干问题的讨论	仲哲明	语言文字应用	1997年3期
《普通话水平测试大纲》的编制与修订	刘照雄	语言文字应用	1997年3期
论普通话水平测试等级标准	陈章太	语言文字应用	1997年3期
不断提高普通话水平测试的科学水平	佟乐泉	语言文字应用	1997年3期
普通话水平测试题库建设的理论与实践	王渝光 陈典红 杨万兵	语言文字应用	1997年3期

论文题目	作者	刊物	时间
普通话水平测试试卷的科学编制及规范使用	程 明	语言文字应用	1997年3期
普通话水平测试评分中的几个问题	宋欣桥	语言文字应用	1997年3期
浅谈普通话水平测试工作的管理	戴梅芳	语言文字应用	1997年3期
纠正方音,发好标准音——从普通话水平测试的情况谈普通话教学的对策(一)	兰 霞 唐 韵 康 健	四川师范学院学报	1997年6期
努力克服方言障碍,说好普通话——从普通话水平测试的情况谈普通话教学的对策(二)	唐 韵 康 健	四川师范学院学报	1998年6期
"语调""语气"的内涵——兼谈"语调"的量化测试	常 春	语文建设	1998年4期
普通话水平测试评分的差异	宋欣桥	语文建设	1998年9期
加强普通话水平测试的客观性	何文征	语文建设	1998年9期
"方音成分"不等于"语音错误"	宋欣桥	语文建设	1998年10期
普通话等级测试标准的音位学阐述	张传曾	语文建设	1998年10期
从普通话水平测试看中师普通话教学	彭国强	语文建设	1998年10期
承德师范生普通话水平测试应注意的问题	李建玲	承德民族师专学报	1998年4期
"方言语调"及判定	高廉平	四川师范学院学报	1998年3期
重审河北普通话测试的标准	张立杰	张家口师专学报	1998年3期
论普通话水平测试标准的把握	文 红	怀化师专学报	1998年4期
论普通话水平测试的性质及其对策	刘 宏	河南教育学院学报	1998年2期
对普通话水平测试员心理品质的思考(一)	孟 晖	语言文字报	1998年8月2日第一版
对普通话水平测试员心理品质的思考(二)	孟 晖	语言文字报	1998年8月16日第一版
从普通话水平测试看中师普通话教学	彭国强	语文建设	1998年11期

论文题目	作者	刊物	时间
普通话水平测试中"主观因素"的思考、分析与对策	常月华	山东师大学报	1998年增刊
关于"轻声词"的若干疑难问题	邵敬敏	语文建设	1999年1期
辞书标音规范与《普通话异读词审音表》	彭　红	语言文字应用	1999年2期
准确、规范、恰当、流畅地朗读作品——从普通话水平测试的情况谈普通话教学的对策(三)		四川师范学院学报	1999年2期
对普通话水平测试走向科学的思考	宋欣桥	语文建设	1999年6期
普通话水平测试与语音规范化	段晓平	杭州师范学院学报	1999年4期
准确·详备·实用——评介《普通话水平测试指南》	王　彪	大庆高专学报	1999年2期
试析普通话水平测试中"说话"的评分误差	王玲玲	南京社会科学	1999年6期
论普通话水平测试员应具备的素质	王　磊	牡丹江师范学院学报	1999年4期
普通话水平测试标准献疑	任　明	辽宁师专学报	1999年1期
造成普通话水平测试员评分误差的原因及对策	林钦娟	钦州师专科学报	1999年4期
普通话水平测试与师范普通话教学	荆　莉	安徽师范大学学报	1999年4期
普通话水平测试对朗读和说话中缺陷音的处理	彭云帆	广西师院学报	1999年增刊2
典范的"失范"——普通话水平测试朗读作品语病摭谈	王泽龙	语文学刊	1999年5期
普通话水平测试中双音节词的轻重音问题刍议	田晋音	益阳师专学报	1999年2期
"方言语调"探讨之一:关于词语轻重音模式	章石芳	福建论坛	1999年6期

论文题目	作者	刊物	时间
关于普通话测试中定量、定性与定级的探讨	张文光 李继林 赵立心	唐山师专学报	1999年4期
PSC"朗读"与"说话"测评标准的把握	朱 慧	苏州铁道师院学报	1999年2期
普通话"说话"测试应试分析	康 健	贵州师范大学学报	1999年3期
从普通话水平测试谈新时期普通话的语音规范	孟 晖	语言文字应用	2000年1期
普通话水平的语言表征与相应的测试等级	宋欣桥	语言文字应用	2000年3期
谈谈"轻声"教学的几个问题——从普通话水平测试看"轻声"的教学	康 健	四川师范学院学报	2000年1期
普通话水平测试中如何正确把握标准	路玉才	沧州师专学报	2000年2期
坚持标准,搞好普通话水平测试	李 娟	无锡教育学院学报	2000年1期
普通话水平测试员审音失度之成因及对策	屠国平	绍兴文理学院学报	2000年2期
普通话水平测试的等级与量化	陈山青	株洲师专科学报	2000年1期
普通话水平测试中的几个问题——对一项问卷调查结果的分析	常月华	郑州大学学报	2000年5期
试论普通话水平测试标准的弹性	梁驰华	广西教育学院学报	2000年5期
论普通话水平测试焦虑心理及调节	田 皓	常德师范学院学报	2000年5期
从普通话水平测试看声调、语调教学的重要性	文 红	桂林市教育学院学报	2000年3期
高师普通话水平测试中发现的问题与解决方法	沈玲蓉	宁波大学学报	2000年2期

论文题目	作者	刊物	时间
"前后比照"原则在普通话测试中的运用	王玲玲	南通师范学院学报	2000年3期
普通话水平测试中的"轻声"问题	赵则玲	浙江师大学报	2000年5期
普通话水平测试的反思与探索	张苇 沈晓云 张璋	玉溪师专科学报	2000年4期
PSC暴露的问题及对策	张军民	甘肃高师学报	2000年4期
从普通话测试谈普通话教学训练的途径与方法	徐军	石家庄师专学报	2000年1期
普通话水平测试中的轻声评判	田皓	云梦学刊	2000年6期
普通话水平测试中的"说话"问题	赵则玲	广西师范大学学报	2000年4期
对普通话测试和培训的几点思考	彭康	广州师院学报	2000年12期
加强测试员专业素养,提高普通话测试水平	文红 田晋音	怀化师专学报	2000年1期
关于《"PSC"大纲》中"会话"项的思考	刘冬冰	河南教育学院学报	2000年1期
PSC有关问题分析	陈超美 刘冬冰	北方论丛	2000年6期
普通话水平测试成绩核算及分析应增加科学含量	关彦庆 赵法信 李凤芹	通化师范学院学报	2000年6期
普通话水平测试"说话"考核探讨	刘春宁	哈尔滨师专学报	2000年6期
方言区普通话测评中的负面影响	杨云	语言文字应用	2001年3期
普通话水平测试标准的音位学思考	刘俐李	语文研究	2001年1期
简论普通话测试员的素质	赵国方	镇江师专学报	2001年1期
中国内地与香港特区普通话水平测试之比较研究	田小琳	中国语文	2001年1期
浙江人在普通话水平测试中的声调问题	王小潮	浙江大学学报	2001年1期
普通话测试与普通话教学	马海霞	安阳师范学院学报	2001年1期

论文题目	作者	刊物	时间
对普通话水平测试中字词测试的思考	许光烈	汉字文化	2001年2期
普通话水平测试的轻声和次轻音问题	王小潮	现代传播	2001年2期
普通话水平测试中语音评定的把握	徐 军	石家庄师专科学报	2001年2期
学生首期普通话水平测试评析	李凤吟	泉州师范学院学报	2001年3期
从普通话水平测试看高师普通话教学	毛力群	浙江师大学报	2001年2期
浅谈普通话水平测试中应注意的几个问题	汪 宁	济宁师专学报	2001年3期
从普通话水平测试看方言区普通话教学	梁驰华	社科与经济信息	2001年3期
论普通话水平测试评分标准的把握	蔡玉芝	河南大学学报	2001年4期
关于普通话水平测试若干问题的研究和对策	原新梅 刘冬冰	河南师范大学学报	2001年3期
四川师院普通话测试、科研及教学的回顾与思考	康 健 唐 韵 朱成勇	四川师范学院学报	2001年1期
测前培训是提高普通话水平测试成绩的重要环节	王喜伶	郴州师专科学报	2001年1期
普通话声调测试与训练有关问题初探	田晋音 文 红	四川教育学院学报	2001年1期
谈普通话水平测试和内部语言训练	张献荣	语文学刊	2001年2期
普通话水平测试中"级"的界定	刘澍心	娄底师专学报	2001年1期
普通话水平测试中"儿化韵"的规范问题	许艳丽	沧州师专学报	2001年1期
浅谈在普通话水平测试中存在的一些非方言性问题	赵秀珍	沧州师专学报	2001年1期
谈普通话水平测试员的形象塑造	路玉才	沧州师专学报	2001年1期
从普通话测试看师专普通话教学	张惠鲜	南宁师专科学报	2001年1期

论文题目	作者	刊物	时间
浅谈普通话水平测试中的几个问题	石兰荣	安阳师范学院学报	2001年4期
对当前普通话水平测试中有关问题的思考	徐 波 赵则玲	安阳师范学院学报	2001年6期
普通话测试员基本素质浅议	原新梅 张春丽	河南教育学院学报	2001年3期
普通话水平测试中的"方言语调"问题	赵则玲	浙江师大学报	2001年2期
试论轻声词语正误判定的宽严度	何建明	南宁职业技术学院学报	2001年2期
对方言区普通话水平测试格局的思考	陈 梅	柳州师专学报	2001年4期
普通话水平测试的几个问题	黄秀凤	洛阳师范学院学报	2001年6期
《普通话水平测试大纲》浅议	屠国平	绍兴文理学院学报	2001年6期

(经本文编者同意,凡该文未收入的篇目,从原《手册》中《有关普通话水平测试的文章篇目索引(1980年—1999年)》中补充)

附：

1994年以来普通话水平测试研究概述[*]

王　晖

[摘要] 本文对1994年以来全国普通话水平测试的研究情况，做了概要性论述。从研究成果、研究者队伍、研究领域、具体研究课题几个方面进行回顾，并提出了加强普通话水平测试研究的几点建议。

[关键词] 普通话　测试　研究

以1994年10月,国家语言文字工作委员会、原国家教育委员会、原广播电影电视部发布《关于开展普通话水平测试工作的决定》为标志,普通话水平测试在全国范围内正式展开。普通话水平测试的研究也随着测试实践的不断发展而逐步深入,取得了一定成果。但是,关于普通话水平测试的研究,并非肇始于1988年"普通话水平测试标准"课题立项之时,更不是开始于1994年三部委《决定》发布之后。普通话水平测试的提出是上世纪80年代初的事情,在测试酝酿和研制阶段,语言学界开始出现一些探讨文章,陈章太、孙修章、于根元等曾分别对这一阶段的研究概况有所论

---

[*] 本文为"首届全国普通话水平测试学术研讨会"论文,承蒙刘照雄先生审改,谨致谢忱。

述,[①]此不赘言。本文着重对1994年以来的研究状况作一回顾,检讨其得失,以利在更广阔的层面上进行新的开拓。

一　学术成果数量逐渐增长

七年来,普通话水平测试的研究呈加速发展之势。我们对1994年至2001年中国人民大学报刊资料中心"语言文字论文索引"(以下简称"人大索引")做了全面的人工检索,有关普通话水平测试的论文共有110篇。1994年至1998年,四年仅有37篇;1999年至2001年,三年则有73篇,约是前四年的2倍。除论文外,出版论文集4种:《普通话水平测试的理论与实践》(国家语委普通话培训测试中心、《语言文字应用》编辑部合编),收有论文10篇;《普通话水平测试员手册》(宋欣桥编),收有论文19篇;《普通话水平测试研究》(戴梅芳主编,以下称"云南集"),收有论文36篇;《普通话水平测试研究》(上海市普通话培训测试中心编,以下称"上海集"),收有论文27篇。另有工作文集1种:《普通话水平测试文集》(云南普通话培训测试中心编)。《语言文字报》《语言文字周报》也刊有一些文章。此外,尚有《普通话水平测试大纲》(刘照雄主编,以下简称"大纲"),以及各地在此基础上编著的"普通话水平测试指南(指要)"或"普通话水平测试习题集"等测试、训练指导用书不下30种。《大纲》既是进行普通话水平测试的根本依据,也是到目前为止普通话水平测试最重要的科研成果。虽然如同其他新课题一样,《大纲》也存在一些不足,但其筚路蓝缕之功实不可没。各地根据各自方言特点编著的测试、培训指导用书,多兼有教材的作用,不少做到了普通话与方言辨正相结合,基础知识与训练相结合,针对性强,实用性突出。但也存在水平参差的现象,有些有抄袭《大纲》之嫌,有些则擅自对《大纲》规定的测试内容进行了删改,这就必然给测试工作带来一定负面影响。

二 学术阵地不断延伸,研究者队伍逐渐壮大

学术刊物是开展科研工作的重要依托,在普通话水平测试开展初期,关于测试研究的论文仅见于国家语委主管的两刊一报——《语言文字应用》《语文建设》《语言文字报》,以及开展普通话水平测试较早的云南等地的地方刊物。据统计,见于1994年至1998年"人大索引"的37篇论文中,刊于《语言文字应用》和《语文建设》的达24篇之多,这固然与两刊所肩负的学术建设责任不无关系,但也足可说明当时普通话水平测试研究的学术阵地过于集中和狭小。1999年至2001年73篇论文的分布有了很大改观,刊于《语言文字应用》和《语文建设》的仅有4篇,其余的散见于全国20多个省市的50余种学术刊物中,包括《中国语文》《语文研究》等核心刊物。这虽与《语文建设》改刊有一定关系,但也反映出普通话水平测试作为一个新的科研课题,已逐渐被众多学术刊物所认可,它的学术阵地正不断延伸。

随着普通话水平测试研究从"冷门"逐渐走向"热门",研究者队伍也日益壮大。1998年以前,研究者以国家语委研究人员为主,现在以国家级普通话水平测试员为主干的研究队伍已基本形成,据不完全统计,他们发表的论文数量已占论文总数的八成以上,显示出勃勃生机。

三 研究领域有所拓展,研究角度趋于多样化

普通话水平测试是我国新兴的一种语言测试,在学科划分上

属应用语言学研究范畴,具有明显的交叉性、接缘性特点。普通话水平测试的研究,涉及"语言学、语言规划(包括有关的管理)、现代汉语(包括方言学)本体研究的众多分支和语言教学论,……必须运用教育学、心理学、教育测量学、统计学、信息学等许多学科的理论和方法"。[②]1994年以来,普通话水平测试的研究在以上领域均有所拓展,研究角度,研究方法也趋于多样化。如:张传曾《普通话水平测试等级的音位学阐述》(《语文建设》,1998年10期),刘俐李《普通话水平测试标准的音位学思考》(《语文研究》,2001年2期),叶军《普通话水平测试的社会语言学思考》(《语文建设》1997年12期),分别从音位学和社会语言学角度对测试进行了探讨。研究者们在以下方面做出的探索尤其值得称道:

(一) 教育测量学理论、方法及信息技术的运用

这方面有云南王渝光和上海赵伟国等人的研究。王渝光等在《普通话水平测试题库建设的理论与实践》(《语言文字应用》,1997年3期)及《普通话水平测试员信度研究》(云南集)等文中,运用教育测量学理论和方法,借助计算机技术,对试卷和测试员信度以及试卷难度、区分度进行了探讨,率先对测试题库系统的研制进行了尝试,初步设计出试卷自动生成系统。赵伟国等在准确把握《大纲》的创意和要求的前提下,在题库建设方面取得了实质性成绩,在信息技术的运用上也走在全国的前列。他们的研究成果体现在《关于普通话水平测试计算机制卷的若干问题》《关于普通话水平测试计算机制卷的研究报告》《关于PSC计算机信息管理系统的改进方案》(均见于上海集)。试卷生成系统有的虽通过地方鉴定,但作为实用试题,尚需人工干预,有待进一步完善。建立统一的国家测试题库,现已列为国家语委"十五"重点科研规划项目——普

通话水平测试研究的重点子课题之一,建议在国家语委普通话培训测试中心协调下,协同攻关。

(二) 实验语音学理论和方法的运用

在语音实验的帮助下,可以"逐步增加客观性,减少主观性,使我们的测试更具权威性"。[3]梁建芬、毛世桢《普通话语调的PSC评价体系初探》,林霄、张庆翔《关于建立前后鼻音的声学判别标准的讨论》,朱川《普通话水平测试"缺陷"实验研究》(以上均见于(上海集)等论文),均运用实验语音学方法和理论,分别对测试中的某些敏感问题进行全新角度的探讨,在研究方法上给人以新的启发。

(三) 心理学理论和方法的运用

蔡玉芝《试析普通话测试中应试者的心理作用》(《河南大学学报》1997年6期),田皓《论普通话水平测试焦虑心理及调节》(《常德师院学报》2000年5期),许云辉《普通话水平测试对象的心理研究》(云南集),段灵《中师生普通话水平测试的心理障碍及其疏导》(云南集)等论文,对应试者的心理作用做了初步的调查和分析,提出心理调节的对策。常月华《普通话水平测试中的几个问题——对一项问卷调查结果的分析》(《郑州大学学报》2000年5期),从交际学角度讨论了应试距离和测试员态度对应试者心理的影响,提出应试距离以1—2米为宜,意见具有建设性。周维琴《测试员心理定势分析》(《普通话水平测试研究》(云南集)),则通过对测试员心理定势的分析,提出克服心理定势副作用的建议。

四 某些具体问题得到较集中的探讨

1994年以来,普通话水平测试某些具体问题的讨论比较集中,有些问题研究得比较充分。

(一) 关于等级标准与评分标准

等级标准,是普通话水平测试的基本依据,关于等级标准的研究自然是普通话水平测试研究的重大课题。陈章太《论普通话水平测试等级标准》(《语言文字应用》1997年3期),对普通话水平测试等级标准研制的背景、等级划分的原则和依据、等级内容的描述、等级的掌握与实施等问题做了全面而深入的论述。宋欣桥《普通话水平的语言表征与相应的测试等级》(《语言文字应用》2000年3期),对反映普通话水平的某些语言表征与相应测试等级之间的关系进行了较为详细的阐述,进一步论证了普通话水平测试标准的可靠性。

关于评分标准的研究,一直是普通话水平测试中直接关系如何科学操作的热点课题。最值一提的是宋欣桥的两篇文章:《普通话水平测试评分中的几个问题》(《语言文字应用》1997年3期)和《语音评定参照细则框架》(《普通话水平测试员实用手册》)。前者对"三级六等"的基本特征、临界等级的把握做了探讨,提出制定"普通话水平测试语音评定参照细则"的基本设想,对语音评定"正确""错误""缺陷"进行了概括性的界定,并对"尖音"、合口呼零声母的读音、轻声词、儿化词等若干具体语音评定问题以及朗读项"语速""停顿""方言语调"的评分,发表了看法。后者则是对"语音评定参照细则"设想的具体化。文中列举了130条细则,对声母、韵母、声调及变调、音变、轻重音等语音评定要素,按"语音错误""语音缺陷"和"不作为'语音错误'或'语音缺陷'"三种处理类型进行了概括。作者指出(此框架)"实际上是不可能把全部语音问题概括详尽的,虽用'细则'二字,仍属'举例'性质",话虽如此,"供测试员在语音评定中参考"的目的,无疑是达到了。

除宋文外,孟晖《从普通话水平测试谈新时期普通话的语音规范》(《语言文字应用》2000年1期),针对普通话水平测试反映出来的语音评定问题,就如何把握普通话语音标准的"规范度"做了探讨,"规范度"的提法在普通话水平测试研究中比较新颖,值得深入研究。不仅语音评定,词汇、语法的评判也应注意"规范度"问题。此外"人大索引"中另有24篇论文讨论了评分标准的有关问题。讨论比较集中的有"说话""朗读"项的评分,"方言语调"的把握,轻重音(包括轻声)、儿化韵及叠字形容词的处理等问题。

(二) 关于测试对教学的反馈

语言测试是语言教学不可缺少的一个重要环节,普通话水平测试的一个重要目的就是通过测试反映普通话教学的现状,发现教学的不足,从而推动普通话教学和研究的发展。因此,关于测试对教学反馈的研究,也成为研究的热点之一。如:四川师范学院唐韵、康健等"从普通话水平测试的情况谈普通话教学的对策"系列论文,[4]形成一定特色。其他如:彭国强《从普通话水平测试看中师普通话教学》(《语文建设》1998年10期),毛力群《从普通话水平测试看高师普通话教学》(《浙江师范大学学报》2001年2期),张惠鲜《从普通话水平测试看师专普通话教学》(《南宁师专学报》2001年1期),梁驰华《从普通话水平测试看方言区普通话教学》(《社科与经济信息》2001年3期),荆莉《普通话水平测试与师范普通话教学》(《安徽师范大学学报》1999年1期),文红《从普通话水平测试看声调、语调教学的重要性》(《桂林市教育学院学报》2000年3期),田晋音、文红《普通话声调测试与训练有关问题初探》(《四川教育学院学报》2001年1期),张弗等《普通话水平测试的反思与探索》(《玉溪师专学报》2000年4期)等论文,都分别从测试反馈角度,对改进普通话教学的内容、方式乃至教材体系提出各自的见解。

(三) 关于测试员素质

普通话水平测试是典型的主观性测试,评分中个人识断起着重要的作用,因此测试员的素质从某种意义上讲,对测试信度、效度起着决定性的作用。不少论文对此进行了探讨。如:卢开礦《普通话水平测试的三个问题》(《语文建设》1996年2期),常月华《普通话水平测试中"主观因素"的思考、分析与对策》(《山东师范大学学报》1998年增刊),王磊《论普通话水平测试员应具备的素质》(《牡丹江师范学院学报》1999年1期),屠国平《普通话水平测试员审音失度之成因及对策》(《绍兴文理学院学报》2000年2期),赵国方《简论普通话测试员的素质》(《镇江师专学报》2001年1期),路玉才《谈普通话水平测试员的形象塑造》(《沧州师专学报》2000年1期),赵国利《关于加强普通话水平测试员队伍管理的思考》(上海集)等论文,通过对测试员思想政治素质、业务素质的论述,提出规范测试员行为,加强测试员队伍管理的具体建议。

五 几点建议

1994年以来,普通话水平测试的研究取得了不小进展。但无论从普通话水平测试自身发展的需要来说,还是与语言学科其他研究领域相比,普通话水平测试的研究还是相当薄弱的,今后应大力加强。

(一) 加强普通话水平测试的学科理论研究

综观1994年以来的研究状况,可以说普通话水平测试的理论框架体系尚未建立,支撑学科发展的众多理论问题,特别是一些基础理论问题研究得并不充分。

例如,关于普通话水平测试中的"中介语"理论,"理论研究要考察的是'测什么'的问题……普通话水平测试实际上所测试的是Li这种中介语"。⑤中介语理论通常运用于"第二语言"学习的研究,用于普通话水平测试研究的尚不多见。普通话水平的"三级六等"的划分也借鉴了中介语评论,但不同等级的语言系统有什么特点,有什么语言表征,这些语言表征与方言底层的关系如何都研究得很不充分。

又如,关于普通话水平测试的性质,是普通话水平测试的基本问题之一,而《大纲》并没有明确的说明。仲哲明认为"基本上属于目前比较通行的所谓标准参照性或者说达标性测试的范围,而不是选拔性的常模参照性测试"。⑥但有学者认为"在筛选题目时,标准参照测验不以难易度和区分度为主要标准",⑦那么《大纲》词表区分单星号、双星号如何解释?试卷分析统计时一再使用"难度""区分度(区别度)"等概念如何解释?笔者希望引起讨论,更希望研究教育测量的专家关注普通话水平测试。

(二) 加强学科方法论的研究

方法的科学性对研究起着决定性的作用。普通话水平测试的交叉性,决定了其研究方法应当是一个体系。普通话水平测试虽然在研究领域上不断拓展,但研究方法尚不够丰富。经验式研究较多,理论挖掘不够;举例性研究较多,定量分析不足;归纳描写较多,实验研究缺乏,这些都制约着普通话水平测试研究的发展。建议把方法论问题列为专项课题进行研究,使普通话水平测试研究的科学性更上一个台阶。

(三) 加强普通话水平测试中词汇、语法的研究

相对于语音研究,普通话水平测试词汇、语法的研究明显滞后。如《大纲》词表有诸多问题需要深入研究,比如收词原则、词量、词级等都值得再探讨。再如,关于词汇、语法的题型设计,采用"选择判断"的显性形式,证明效果不佳,各地对此测试项的取舍也不统一。测试内容不一致,又缺乏等值研究,会直接影响测试的信度。词汇、语法怎么考,应引起我们的思考。词汇、语法评分研究也明显不足,除朱恩淦等《关于普通话测试中词汇语法评分的情况调查》(上海集)外,尚无专文论述。这方面的研究亟待加强。

(四) 加强比较研究

作为一种尚不十分完善的语言测试,普通话水平测试的研究,特别需要比较研究的成果。田小琳《中国内地与香港特区普通话水平测试之比较研究》(《中国语文》2001年1期),在这方面做了有益的尝试。汉语水平考试(HSK)及国内外其他一些语言测试,在测试理论、试卷设计原则、题库建设、统计分析、施测科学化、信息反馈等研究方面都有值得我们学习和借鉴之处,我们应通过比较研究,广泛吸收成果,使普通话水平测试日趋完善。

(五) 加强信息技术的运用

飞速发展的现代信息技术,已应用于语言教学领域。信息技术在普通话水平测试中的运用与开发已迫在眉睫。上海、湖北、黑龙江三省市语委办组织开发的PSC管理软件已通过鉴定,值得其他地区借鉴。除了在考务管理、测试员管理、培训管理领域,信息技术在题库建设、语音库建设、辅助测试、网络教学、教材编写、课件库资源开发等方面都可大有作为。

(六) 扎扎实实做好资料的积累和整理工作

理论和材料是科学研究的两个翅膀。在七年多的测试实践中,各地均积累了大量的资料。历次测试的试卷、测试员的评分记录、分数的统计,特别是应试人的录音带,这些都是极其宝贵的研究资料,但并未得到应有的重视和充分的利用。对于这些数量巨大的资料,国家语委普通话培训测试中心可组织协调,统一要求,做好整理工作,条件成熟的应进行数字化处理。全国范围数字化资源库(包括题库、音档库、测试数据库等)的建立,对普通话水平测试研究,乃至整个推广普通话工作的意义将是无比重大的。

附注

① 参见陈章太《论普通话水平测试等级标准》,《语言文字应用》1997(3)。孙修章《"普通话水平测试标准"的研制与实践》,《语言文字应用》1992(1)。于根元《二十世纪的中国语言应用研究》,192—193页,书海出版社,1996。

② 许嘉璐《普通话水平测试研究》(云南集)序,语文出版社,1997。

③ 朱川《普通话水平测试"缺陷"实验研究》,《普通话水平测试研究》(上海集),上海教育出版社,2002。

④ 参见唐韵、康健等《纠正方音,发好标准音——从普通话水平测试的情况谈普通话教学的对策(一)》《四川师范学院学报》,1997(6);《努力克服方言障碍,说好普通话——从普通话水平测试的情况谈普通话教学的对策(二)》,《四川师范学院学报》,1998(6);《准确、规范、恰当、流畅地朗读作品——从普通话水平测试的情况谈普通话教学的对策(三)》,《四川师范学院学报》,1999(2);《谈谈"轻声"教学的几个问题——从普通话水平测试看"轻声"的教学》,《四川师范学院学报》,2000(1)。

⑤ 李宇明《关于普通话水平测试的思考》,《〈普通话水平测试研究〉序》(上海集),2002。

⑥ 仲哲明《普通话水平测试若干问题的讨论》,《语言文字应用》,1997(3)。

⑦ 张凯《标准参照性的语言能力测验——兼论 HSK 的参照性质》,《汉语水平考试研究论文集》,现代出版社,1995。

参考文献

[1] 刘照雄主编《普通话水平测试大纲》,吉林人民出版社,1994。
[2] 国家语委普通话培训测试中心、《语言文字应用》编辑部合编《普通话水平测试的理论与实践》,商务印书馆,1998。
[3] 宋欣桥编《普通话水平测试员手册》,商务印书馆,2000。
[4] 戴梅芳主编《普通话水平测试研究》,语文出版社,1997。
[5] 上海市普通话培训测试中心编《普通话水平测试研究》,上海教育出版社,2001。
[6] 云南省普通话培训测试中心编《普通话水平测试文集》,语文出版社,1996。
[7] 刘镰力主编《汉语水平测试研究》,北京语言文化大学出版社,1997。
[8] 于根元《二十世纪的中国语言应用研究》,书海出版社,1996。

(原载《语言文字应用》2003 年第 2 期)

编 后 话

1994年10月,国家语言文字工作委员会、国家教育委员会、广播电影电视部正式发布《关于开展普通话水平测试工作的决定》,包括《普通话水平测试实施办法(试行)》和《普通话水平测试等级标准(试行)》。同时公布了国家语言文字工作委员会组织审定的《普通话水平测试大纲》。以此为标志,普通话水平测试成为推广普通话工作的重要组成部分,成为推广普通话工作走向科学化、规范化、制度化的里程碑。几年来,全国测试工作发展很快,据不完全统计,全国已经测试约230万人次。普通话水平测试已经成为全国语言文字工作备受关注的项目。各级教育行政部门、语言文字工作机构都十分重视测试员的培训工作。全国现已培训国家级测试员2000多人,培训省级测试员14000多人。为了确保测试工作的健康发展,培训一批合格的国家级、省级测试员,进一步提高现有测试员队伍的业务水平是开展测试工作的重要环节。

我在国家主管语言文字工作机构从事普通话教学和推广工作二十多年,亲身参与普通话水平测试等级标准的课题研究和《普通话水平测试大纲》的研制和编写工作。国家语言文字工作委员会从1994年年底开始举办国家级普通话水平测试员资格考核培训班,从第一期至第九期,我担任主讲教师。我今年又继续担任第二十四期、第二十五期的教学工作。回顾整理几年来积累的研究教学资料,萌发编写这本手册的愿望。我首先请教了我的老师刘照雄先生。刘先生是国家语委研究员,原普通话推广司司长、原普通话培训测试中心主任,也是《普通话水平测试大纲》的主编。他在推动全国开展普通话水平测试的工作中付出了巨大努力,有不可抹煞的功绩。当听说编辑手册这个想法时,他当即表示支持,鼓励我尽快着手编辑,并对具体编辑内容、出版发行方面提出了许多指导性意见。

着手编辑的过程正值我在国家高级教育行政学院举办第二十四期、二十五期国家级测试员培训班授课。当我在教学中透露这个消息时,学员们反响强烈。他们真挚热切的求知愿望,深深地打动了我。测试员可以参考的书籍太少了,太需要一本这样的手册了。尽管这本手册的内容还有不成熟的地方,我还是把它发表出来,供大家参考。

在繁忙的教学间隙编辑此书,多亏有我的同事刘新珍女士协助。她的教学和编辑经验还为完成琐碎细致的"双音节词语训练部分"的编写工作提供了条件。我还要感谢商务印书馆的周洪波和刘玲同志为编辑出版这本手册所做的努力,没有他们的大力支持和积极运作,这本手册是不可能这样快就同测试员见面的。

普通话水平测试是个系统工程,仍处在开创的阶段。我们需要不断探索,不断总结,不断完善。这本手册所编录的包括反映开创阶段的部分论文,多带有研究探索的性质,一定有许多需要完善、充实的地方。重新辑录这些论文的意义在于真实地反映测试研究和实践的发展过程,阐述开创普通话水平测试的本意——目的是推广普通话,普及和提高工作都要加大力度。随着测试工作的开展,国家有关主管部门将会对测试工作提出一些新的要求和规定,测试工作自然应贯彻执行正式下发的有关新规定。

愿我国推广普通话和水平测试工作,在深入进行语言教学和语言测试科学研究的基础上,在"大力推行,积极普及,逐步提高"的方针指引下健康发展!

编　者

1999 年 11 月

本书初版发行后多次印刷,在国家级和省级测试员的培训上充分发挥了作用。我感到十分欣慰。

2003 年 5 月,教育部正式颁布了《普通话水平测试管理规定》,并同时下发了《普通话水平测试工作评估指导标准》和《普通话水平测试规程》,接着 2003 年 10 月教育部颁布印发了《普通话水平测试大纲》,并于 2004 年 1 月出版《普通话水平测试实施纲要》,全国普通话水平测试工作进入了一个新的阶段。为了贯彻执行有关普通话水平测试的文件,本手册作了相应的增订,供测试员学习和参考。

编　者

2004 年 1 月